한국민법 I

민법총칙

현대호 저

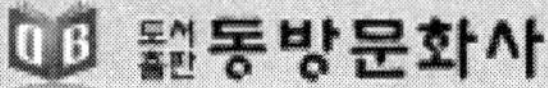

머리말

Ⅰ. 저자의 사고

우리 민법은 일본민법, 독일민법, 스위스민법, 프랑스민법, 만주국민법, 중화민국민법을 참조하여 1958년에 제정되었으며 19세기 말에서 20세기 초의 개인주의·자유주의 및 인문주의에 기초를 두고 있다. 민법은 제정 이후 여러 차례의 개정이 있었으나 친족편과 상속편을 중심으로 개정되었다. 따라서 친족편·상속편은 민법 제정 이후에 나타난 사회변화를 적극 수용하여 관습법에 따른 남녀차별 등을 혁명적으로 개선하였다. 그렇지만 총칙편과 물권편 및 채권편은 사회변화에도 불구하고 소극적으로 대응하여 최소한의 개정에 머물렀다. 이와 같은 입법자의 태도로 말미암아 우리 민법은 사회변화를 보다 적극적으로 수용하여 현실규범력을 높여야 하는 입법과제를 안고 있다.

우리나라에서 민사특별법의 제·개정은 민법의 드문 개정과 달리 활발히 이루어져 왔으며 현실에 대한 규범력을 강화하였다. 민사특별법의 번성은 민법을 개정하는 대신에 민사특별법의 제·개정을 통하여 사회변화에 대응한 것이 주요 원인이었다. 따라서 일상적인 민사거래를 규율하는 민사특별법이 상당수 존재하고 있어서 '살아있는 민법'을 살펴봄에 있어 민사특별법의 고찰은 필수적이다.

판례는 민법 및 민사특별법과 함께 민사거래를 실질적으로 규율하는 중요한 법원에 해당된다. 즉 판례는 당사자의 법률행위가 불명확한 경우 민법과 민사특별법을 적용하거나 당사자의 의사를 보완하는 보충적인 역할을 한다. 또한 판례는 드물게 민법과 민사특별법을 적용함에 있어서 해당 법조항을 구체적인 사안에 맞게 수정하는 역할도 한다.

이와 같은 우리 법현실을 고려하여 저자는 이 책에서 '살아 있는 민법'을 고찰하고자 민법전, 민사특별법 및 판례를 중심으로 기술하였다.

Ⅱ. 한국민법(1권, 2권, 3권, 4권)의 체계와 구성

이상과 같은 인식에 따라 저자는 '살아있는 민법'의 모습을 알기 위하여 다음과 같은 기준에 따라 이 책(한국민법)을 저술하였다.

첫째, 이 책에서는 '형식적 의미의 민법(민법전)'의 편별과 구성을 중심으로 민사특별법 및 판례를 보충하는 방식으로 기술하였다. 이와 같은 기술방식의 도입은 일상생활을 규율하는 실질적인 의미의 민법을 탐구하고자 하는 의도에 따른 결과이다. 따라서 이 책은 민법전의 편(編), 장(章), 절(節), 관(款) 등에 따라 구성하였으며 민사특별법이 있는 경우 이를 보충하였다.

둘째, 이 책에서는 민법과 민사특별법에 대한 보충적·보완적인 해석을 하고 있는 판례가 있는 경우 이를 기술하였다. 판례는 최근의 것이거나 전원합의체의 것을 우선적으로 인용하되, 내용상 가장 적합한 것을 선정하여 기술하였다. 다만, 이 책에서는 유사한 내용의 판례는 대표적인 것만을 기술하였다.

셋째, 이 책에서는 민법과 민사특별법의 내용이 불명확하거나 또는 이해하기가 곤란한 경우에 관련 판례가 없다면, 가상적인 사례를 예시하여 독자의 이해를 돕고자 하였다.

넷째, 이 책에서는 실질적인 의미의 민법을 고찰함에 있어서 필요 이상의 난해한 용어의 사용이나 불필요한 법리구성을 생략하였다. 또한 살아있는 민법을 이해하는 데에 도움이 되지 아니하는 논쟁(학설 등)에 대하여도 생략하였다.

다섯째, 이 책에서 인용한 민법과 민사특별법은 현시점에서 시행 여부와 상관없이 국회를 통과한 법률을 중심으로 기술하였다. 따라서 이 책에서 소개한 민법과 민사특별법은 구독하는 시점에 시행 중인 현행법이 아닐 수 있다. 그 이유는 우리나라도 최근에 민법과 민사특별법을 빈번히 제·개정하고 있어서 이를 미리 반영한 결과이다.

여섯째, 이 책에서 인용한 민법과 민사특별법의 조항은 원칙적으로 본래의 모습 그대로 수록하되, 한글화(또는 용어 순화) 등의 차원에서 일부 수정하였다. 즉 이 책에서는 민법의 원래 모습(한자를 병행하여 사용하는 민법전)을 직접 인용하여 독자들에게 민법을 보다 쉽게 이해할 수 있게 하는 동시에 자신의 읽고 있는 조항의 모습과 위상을 알 수 있도록 하였다. 경우에 따라서는 법조항을 단순화 내지 요약하였는데, 법조항을 그대로 인용한 것으로 인한 독자의 피로감(이해도의 감소)을 줄이고자 노력하였다. 판례도 해당 민법과 민사특별법의 조항을 어떻게 적용하고 있는지를 알 수 있도록 같은 방식으로 인용하되, 주요쟁점을 중심으로 요약 또는 축약하여 소개하였다. 일부 판례는 현행 민법의 적용 모습과 사실관계를 알 수 있도록 각주에서 쟁점을 중심으로 직접 인용하였다. 결과적으로 이 책에서는 민법의 경우 그대로의 모습으로 인용하는 것을 원칙으로 하였고 민사특별법과 판례의 경우 민사관계에 관한 주요 내용만을 발췌하거나 요약하여 인용하는 것을 원칙으로 하였다.

일곱째, 이 책에서는 민법을 중심으로 민사특별법과 판례를 소개하는 방식으로 구체적인 사건의 해결에 적용되는 법조항의 내용을 기술하였다. 즉 독자는 먼저, 일반법인 민법의 적용을 검토하고 다음으로, 민사특별법을 검토하며 마지막으로, 법원의 판례를 검토하게 된다(그러나 실무가(변호사)의 입장에서는 판례, 민사특별법, 그리고 민법의 순서로 검토한다). 이를 통하여 해당 사안의 해결에 적합한 관련된 법조항을 인용하고 이에 더하여 유사한 판례를 적용할 수 있도록 하였다.

Ⅲ. 한국민법 1권(민법총칙)의 구성과 내용

민법 제1편 총칙이 현실을 어떻게 규율하고 있는지를 이해하기 위해서는 민법총칙, 민사특별법 및 판례를 함께 고찰하는 것이 중요하다. 따라서 이 책에서는 '살아있는 민법총칙'을 알기 위하여 민법총칙의 체계에 따라 민사특별법과 판례를 삽입하는 형태로 기술하였다. 이 책(민법총칙)에서 기술한 민법총칙은 다음과 같은 특성이 있다.

첫째, 이 책에서는 헌법에 맞게 민법을 제·개정하고 적용하는 원리에 대하여 기술하였다. 이를 통하여 헌법에 기초한 민법 제·개정의 한계를 밝히고 민법의 적용과 해석에 있어서도 헌법에 기초한 개인의 기본권을 구체화하는 각종의 민법상 권리의무에 대한 근원을 밝혔다.

둘째, 이 책에서는 민법총칙에서 규정한 사람과 물건 그리고 법률행위 등에 관한 사항이 현재에도 그 유효성을 지니고 있음을 주목하였다. 다만, 오늘날 거래주체는 사인(개인) 사이의 거래를 전제한 민법과 달리 대부분의 거래가 소비자와 사업자 사이에 체결되고 있는 현상도 주목하였다. 즉 이 책에서는 소비자와 사업자라는 새로운 거래주체 사이의 상품 또는 서비스를 거래하는 소비자계약이 특수한 분야에 한정되지 아니하고 일반거래에서 나타나고 있는 현실을 반영하였다. 따라서 새로운 법률행위의 주체로 '소비자'와 '사업자'를 기술하였으며, 이들 사이의 '소비자계약'을 소개하였다.

셋째, 이 책에서는 민법총칙과 보완(또는 대체)관계에 있는 민사특별법을 기술하였으며, 그 중에서도 민사거래 일반에 관한 사항을 규율하는 민사특별법의 주요 내용을 소개하였다. 예컨대, 부동산 관련 민사특별법, 소비대차 관련 민사특별법, 손해배상 관련 민사특별법 등을 소개하였다.

넷째, 이 책에서는 민법총칙의 적용과 해석을 구체화하고 있는 판례를 소개하였다. 판례는 대부분 민법총칙의 조항을 보충하거나 보완하는 것이나, 일부는 민법총칙 또는 민사특별법의 적용을 달리하거나 확대한 것도 있다. 예컨대, 민법 제2조의 신의성실 또는 권리남용에 기초한 판례는 민법을 적용하거나 보충하는 것이 대부분이나, 드물게는 민법과 민사특별법의 적용 또는 해석을 달리한 것도 있다.

목 차

제 1 장 통 칙

Ⅰ. 사법관계의 기본원리 ········· 3
Ⅱ. 법원 ········· 9
Ⅲ. 신의성실과 권리남용 ········· 16

제 2 장 사 람(人)

제1절 능력
Ⅰ. 권리능력 ········· 29
Ⅱ. 의사능력제도와 제한능력제도 ········· 32

제2절 주소
Ⅰ. 주소 ········· 46
Ⅱ. 거소 ········· 47
Ⅲ. 가주소 ········· 48

제3절 부재와 실종
Ⅰ. 개관 ········· 48
Ⅱ. 부재자의 재산관리제도 ········· 49
Ⅲ. 실종선고제도 ········· 54
Ⅳ. 특별법상의 부재선고 및 인정사망제도 ········· 57
Ⅴ. 동시사망의 추정 ········· 57

제 3 장 법 인

제1절 총칙

Ⅰ. 개관 ····· 59
Ⅱ. 법인의 성립 ····· 73
Ⅲ. 법인의 권리능력 ····· 75
Ⅳ. 법인 대표기관의 불법행위에 대한 책임 ····· 75
Ⅴ. 법인의 공익성 ····· 78
Ⅵ. 영리법인 ····· 79

제2절 설립

Ⅰ. 개관 ····· 80
Ⅱ. 사단법인의 설립 ····· 81
Ⅲ. 재단법인의 설립 ····· 82
Ⅳ. 법인의 등기 ····· 87
Ⅴ. 재산목록과 사원명부 ····· 90
Ⅵ. 사원권의 양도와 상속금지 ····· 91

제3절 기관

Ⅰ. 의의 ····· 92
Ⅱ. 이사 ····· 92
Ⅲ. 감사 ····· 100
Ⅳ. 총회 ····· 101

제4절 해산

Ⅰ. 해산 ····· 105
Ⅱ. 청산법인 ····· 106
Ⅲ. 법원의 감독과 검사 ····· 114

제5절 벌칙

제 4 장 소비자와 사업자

제1절 개관

제2절 소비자계약

Ⅰ. 소비자계약의 의의 ······ 117
Ⅱ. 소비자계약의 유형과 내용 ······ 118

제 5 장 물 건

Ⅰ. 물건의 정의 ······ 119
Ⅱ. 동산과 부동산 ······ 120
Ⅲ. 주물과 종물 ······ 125
Ⅳ. 과실과 그 취득 ······ 128

제 6 장 법률행위

제1절 총칙

Ⅰ. 반사회질서의 법률행위 ······ 131
Ⅱ. 불공정한 법률행위 ······ 136
Ⅲ. 법률행위의 해석 ······ 140

제2절 의사표시

Ⅰ. 개관 ······ 143
Ⅱ. 의사와 표시의 불일치 ······ 144
Ⅲ. 하자있는 의사표시 ······ 148
Ⅳ. 의사표시의 효력발생 ······ 154

제3절 대리
Ⅰ. 개관 156
Ⅱ. 대리권 157
Ⅲ. 대리행위 163
Ⅳ. 대리행위의 효과 167
Ⅴ. 복대리 167
Ⅵ. 표현대리 169
Ⅶ. 무권대리 175

제4절 무효와 취소
Ⅰ. 법률행위의 무효 179
Ⅱ. 법률행위의 취소 182

제5절 조건과 기한
Ⅰ. 조건 187
Ⅱ. 기한 192

제 7 장 기 간

Ⅰ. 기간의 의의와 적용 범위 196
Ⅱ. 기간의 계산방법 196

제 8 장 소멸시효

Ⅰ. 소멸시효의 의의 200
Ⅱ. 채권 및 재산권의 소멸시효 201
Ⅲ. 소멸시효의 중단 208
Ⅳ. 소멸시효의 정지 216
Ⅴ. 소멸시효의 효력 218

한국민법 [I]

민법총칙

제1장 통칙
제2장 사람(人)
제3장 법인
제4장 소비자와 사업자
제5장 물건
제6장 법률행위
제7장 기간
제8장 소멸시효

제1장 통칙

Ⅰ. 사법관계의 기본원리

개인이 스스로 공동체(또는 단체)를 이루고 살기 위해서는 두 가지의 원리, 즉 '인간의 존엄과 가치'와 '개인의 자기결정권(自己決定權)'이 보장되어야 한다. 전자는 같은 공동체 내에 모여 사는 개인은 상호 공격해서는 안 된다는 단순한 이념에서 출발하고 있다. 후자는 개인이 자신에 관한 일을 스스로 결정하는 것이 더 행복하다 라는 역사적·경험적 사실에 기초를 두고 있다. 이들 원리는 인류의 문명·문화의 발전에 따라 강화 내지는 보편화되어 왔다.

1. 헌법상 이념의 실현

헌법은 '개인이 가지는 기본권'에 관한 사항과 '국가의 통치구조'에 관한 사항으로 크게 규율하고 있는데, 양자 중에서 어느 하나로 구분하기 어려운 헌법제정자의 기본적인 결단(선택)으로 도입한 제도(예컨대, 사유재산제도, 가족제도, 혼인제도 등)도 있으며, 여기서는 기본권과 제도보장이 문제된다. 먼저, 헌법상 기본권은 민사관계에서 직접적으로 개인의 권리의무를 형성하는 법규로 작용하기 보다는 민법 및 민사특별법의 제·개정하고 적용(해석)하는 상위규범으로 작용한다. 따라서 헌법상 기본권은 민법이나 민사특별법을 통하여 민사상 권리의무로 구체화된다. 그렇지만 헌법상 기본권은 개인이 가지는 기본권을 규율하기에 민법이나 민사특별법과 관계없이 개인 사이의 민사관계에 바로 적용되는 경우(예컨대, 자유권적 기본권 등)가 있다.

다음으로, 헌법상 제도보장도 민사관계법의 제·개정 시에 그 한계를 설정하는 상위규범으로서의 역할을 한다. 따라서 민사관계법은 헌법상 도입된 제도보장을 구체화하는 것에 머물 수밖에 없으며, 이를 부정하거나 불합치하는 것은 헌법재판소의 결정으로 그 효력이 부정된다.

(1) 인간의 존엄과 가치 및 행복추구권

헌법은 제10조에서 「모든 국민은 인간으로서의 존엄과 가치를 가지며, 행복을 추구할 권리를 가진다. 국가는 개인이 가지는 불가침의 기본적 인권을 확인하고 이를 보장할 의무를 진다」고 규정하고 있다. 여기서 '인간의 존엄과 가치'와 '행복추구권'은 일종의 이념에 해당되고 민사상 구체적인 권리로 볼 수는 없다. 그렇지만 이들 헌법상 이념은 민법에서 구체화하고 있는 각종 개인의 권리나 의무를 성립시키는 기본원리로 작용하며 민법을 제·개정하고 해석하는 원리로 작용한다.

(2) 개인의 기본권

(가) 인격권

헌법상 개인의 기본권은 민법 제정의 기본원리로 작용하며, 특히 개인이 가지는 기본권 중에서 자유권적 기본권이 그러하다. 자유권적 기본권은 개인이 태어나면서부터 가지는 원초적이고 본질적인 권리로 국가의 간섭을 배제하는 것을 주된 목적으로 한다. 자유권적 기본권 중에서 민사적 권리관계에 직접적으로 적용될 수 있는 기본권으로는 신체의 자유(헌법 제12조제1항), 사생활의 비밀과 자유(헌법 제17조), 통신의 비밀(헌법 제18조), 양심의 자유(헌법 제19조), 언론·출판의 자유(헌법 제21조) 등이 여기에 해당된다. 헌법 제37조제2항에서도 국민의 자유와 권리는 헌법에 열거되지 아니한 이유로 경시되지 아니한다고 규정하여 개인이 가지는 기본권에 대한 포괄적인 보호를 선언하고 있다. 이들 기본권은 민사관계를 규율하는 상위규범으로 역할을 한다.

민법은 제3조에서 「사람은 생존한 동안 권리와 의무의 주체가 된다」라고 규정하여 사람이 생존하는 동안 소유의 객체가 아니라 소유의 주체임을 선언하고 있으며, 헌법상 기본권에 대한 침해행위는 민법 제750조와 제751조의 불법행위로 다루어지고 일정한 요건 하에 사전적·예방적 금지도 청구할 수 있다.[1)] 즉 헌법상 개인의 기본권은 민사관계에서 인격권으로 표상되는데, 여기서 '인격권'이라는 용어는 강학상의 개념이고 개인의 생명·신체의 완전성, 명예권, 사생활권(또는 프라이버시권), 감정적 평온 등으로 구체화된다.

第3條 (權利能力의 存續期間) 사람은 生存한 동안 權利와 義務의 主體가 된다.

(나) 자기결정권

개인이 가지는 기본권으로 자기결정권은 헌법상 '인간의 존엄과 가치' 및 '행복추구권', 그리고 '자유권적 기본권'에서 도출할 수 있다. 개인의 자기결정권은 '개인이 자신의 일을 스스로 결정하는 것이 가장 행복하다'라는 경험적 사실에 근거한 기본권으로 민법에서 '사적 자치'의 원칙으로 구체화되어 민법의 제·개정, 해석 및 적용을 직접적으로 구속한다.

---

1) 출판물에 대한 발행·판매 등의 금지는 표현행위에 대한 사전억제에 해당하고, 그 대상이 종교단체에 관한 평가나 비판 등의 표현행위에 관한 것이라고 하더라도 그 표현행위에 대한 사전금지는 원칙적으로 허용되어서는 안 될 것이다. 다만, 그 표현내용이 진실이 아니거나 그것이 공공의 이해에 관한 사항으로서 그 목적이 오로지 공공의 이익을 위한 것이 아니며, 또한 피해자에게 중대하고 현저하게 회복하기 어려운 손해를 입힐 우려가 있는 경우에는 그와 같은 표현행위는 그 가치가 피해자의 명예에 우월하지 아니하는 것이 명백하고, 또 그에 대한 유효적절한 구제수단으로서 금지의 필요성도 인정되므로 이러한 실체적인 요건을 갖춘 때에 한하여 예외적으로 사전금지가 허용된다(대판 2005.1.17. [2003마1477]).

(3) 제도보장

헌법은 개인이 가지는 기본권 이외에도 역사적 경험을 통하여 도입된 각종의 제도, 즉 재산제도·혼인제도·상속제도 등을 규정하고 있다. 이들 제도는 개인이 가지는 '기본권' 보다는 '제도' 그 자체의 보호를 통하여 사회질서를 유지하는 기능을 한다. 헌법에서 시장경제제도의 도입도 역사적 투쟁과 정치적 결단을 통하여 도입된 것이고, 시장경제제도는 개인의 영업행위 자유와 생산수단의 사유화 등을 통해 구체화된다.

(가) 재산권

헌법은 제23조제1항에서 모든 국민의 재산권을 보장하고, 그 내용과 한계를 법률로 제한할 수 있도록 규정하고 있다. 이와 같은 헌법상 재산권의 보호는 개인이 가지는 기본권보호(基本權保護)와 역사상으로 형성된 제도를 보호하는 제도보장(制度保障)의 특성을 모두 가진다. 따라서 헌법은 제23조제3항에서 「공공필요에 의한 재산권의 수용·사용 또는 제한 및 그에 대한 보상은 법률로써 하되, 정당한 보상을 지급하여야 한다」라고 선언하고 있다. 더 나아가서 헌법은 제37조제2항에서 「국민의 모든 자유와 권리는 국가안전보장·질서유지 또는 공공복리를 위하여 필요한 경우에 한하여 법률로써 제한할 수 있으며, 제한하는 경우에도 자유와 권리의 본질적인 내용을 침해할 수 없다」라고 규정하여 재산권 제한의 한계도 규정하고 있다.

(나) 시장경제제도

헌법은 제119조제1항에서 「대한민국의 경제질서는 개인과 기업의 경제상의 자유와 창의를 존중함을 기본으로 한다」라고 규정하여 시장경제제도를 도입하고 생산수단의 사적 소유를 인정하는 것을 경제질서의 기본원칙으로 함을 선언하고 있다.

(다) 혼인 및 가족제도

헌법은 제36조제1항에서 「혼인과 가족생활은 개인의 존엄과 양성의 평등을 기초로 성립되고 유지되어야 하며, 국가는 이를 보장한다」고 하여 혼인제도와 가족제도를 인정함과 동시에 그 성립의 기초로 개인의 존엄과 양성(兩性)의 평등을 제시하고 있다. 구체적으로 혼인제도와 가족제도는 민법 '제4편 친족(親族)'에서 규율하고 있다. 헌법은 종래 민법(친족편·상속편)과 관습법으로 규율하고 있었던 양성의 불평등 등을 폐지·수정하는 상위규범으로 역할을 하여 왔다.

2. 민법의 기본원리

(1) 재산법에 있어서 자기결정권

개인의 자기결정권, 즉 사적 자치는 '계약자유의 원칙', '소유권 절대의 원칙', 및 '과실책임의 원칙'으로 구체화된다. 먼저, 개인의 자기결정권은 계약자유의 원칙을 포함한다. 계약자유는 재산과 친족·상속에 관한 계약을 그 대상으로 하고 계약당사자의 의사를 절대적으로 존중한다. 다음으로, 개인의 자기결정권은 재산권에 대한 보호 원칙('소유권 절대의 원칙')과 자신의 고의 또는 과실에 따른 행위에 대하여서만 책임을 부담하는 원칙('과실책임의 원칙')을 포함한다.

(가) 계약자유의 원칙

계약자유의 원칙이란 개인이 스스로의 의사에 따라 계약의 체결여부, 계약체결의 상대방 선택, 계약 내용의 결정 및 계약체결의 방식을 정할 수 있는 것을 말한다.[2)] 이에 따라 계약 당사자들이 스스로 체결한 계약은 당사자

---

2) 계약자유의 원칙이란 계약을 체결할 것인가의 여부, 체결한다면 어떠한 내용의, 어떠한 상대방과의 관계에서, 어떠한 방식으로 계약을 체결하느냐 하는 것도 당사자 자

쌍방을 모두 구속하는 법적 효력이 발생하며, 그 계약의 효력은 민법 및 민사특별법상의 임의규정에 우선한다. 따라서 국가는 개인 사이의 계약에 따라 형성된 권리·의무에 간섭할 수 없고, 그 효력은 임의규정을 개폐하는 효력이 있다. 마찬가지로 계약내용의 변경을 목적으로 하는 국가의 간섭도 배제되고 법관에 의한 계약내용의 변경도 원칙적으로 허용되지 아니한다.

따라서 법원은 계약내용이 불분명한 경우 당사자의 의사를 밝히는 법률행위의 해석에 중심을 두고서 계약을 보완 내지는 보충하는 역할이 중심을 차지한다. 즉 법관의 임무는 우선적으로 당사자의 의사를 밝히는 법률행위의 해석에 있고, 그 의사를 밝힐 수 없는 경우에는 사실인 관습에 따른다. 사실인 관습도 없으면 임의법규를 적용한다.

(나) 소유권 절대의 원칙

개인의 신체는 물질로 이루어져 있으므로 의식주를 해결해야 생존할 수 있다. 따라서 개인은 사회가 어떠한 정치제도나 경제제도를 가지고 있는가에 상관없이 물건을 이용하지 않을 수 없다. 특히, 시장경제제도에 있어서 개인은 생산수단(토지, 공장 등)에 대한 이용을 넘어서 생산수단을 소유한다. 즉 시장경제제도를 선택한 국가에서는 물건의 소유 또는 이용을 규율하는 실질적 의미의 민법이 탄생할 수밖에 없다. 우리나라의 민법은 시장경제제도에 따라 개인의 재산에 대한 소유와 이용이 중심을 차지한다.

(다) 과실책임의 원칙

개인은 자기의 고의 또는 과실에 따른 행위에 대하여서만 책임을 진다. 즉 개인은 자신의 고의, 중과실, 경과실에 대하여서만 손해배상책임이 있다. 이 경우 과실은 법률이나 계약에 따라 형성된 관계에서만 발생한다. 이러한

신이 자기의사로 결정하는 자유뿐만 아니라, 원치 않으면 계약을 체결하지 않을 자유를 말하며, 이는 헌법상의 행복추구권속에 함축된 일반적 행동자유권으로부터 파생되는 것이라 할 것이다(헌재(전합) 1991.6.3. [89헌마204]).

관계가 없는 일반적 과실은 원칙적으로 인정되지 아니한다. 다만, 본인은 본인과 동일시 할 수 있는 이행보조자의 행위에 대하여 직접적으로 그 책임을 부담한다. 또한 본인의 이익영역(또는 지배영역)에 있어서 피용자가 제3자에 가한 손해에 대하여도 대신하여 배상할 책임이 있다.

(2) 친족 · 상속법에 있어서 자기결정권

친족법에 있어서 자기결정권은 혼인의 자유, 이혼의 자유 등에서 분명해진다. 예컨대, 18세의 미성년자가 부모의 동의 없이 혼인한 경우는 무효가 아니라 취소의 대상이 된다.

상속법에 있어서 자기결정권은 유언의 자유, 상속의 포기 등에서 분명해진다. 예컨대, 유언의 자유를 위반한 경우 그 유언은 무효이고, 이 경우 무효는 전환(轉換)이나 추인(追認)이 허용되지 않는다.

Ⅱ. 법원

민법은 제1조에서 「민사에 관하여 법률에 규정이 없으면 관습법에 의하고 관습법이 없으면 조리에 의한다」라고 하여 법원(法源)의 종류와 그 적용순위를 규정하고 있다. 민법 제1조는 스위스민법 제1조에서 직접적으로 영향을 받았는데, 스위스민법은 역사법학파(歷史法學派)와 자유법학파(自由法學派)의 산물이라고 할 수 있을 정도로 관습법과 법관에 의한 법형성(法形成)을 강조하였다. 이를 계수한 우리 민법도 법원에 대한 이념에 있어서 관습법과 조리를 중시하는 역사법학파와 자유법학파의 영향을 받으면서도 원칙적으로 성문법의 불가침성을 인정하고 있다. 따라서 민법 제1조는 성문법이 1차적인 법원이고, 관습법과 조리가 2차적인 법원으로 적용순위를 규정하고 있다.

第1條 (法源) 民事에 關하여 法律에 規定이 없으면 慣習法에 依하고 慣習法이 없으면 條理에 依한다.

1. 법원의 개념

법원은 철학상 두 가지의 의미로 사용된다. 먼저, 인식론적 의미(認識論的 意味)의 법원이다. '법이란 무엇인가' 라는 질문에 사람들이 법으로 인식할 수 있는 것을 말한다. 여기에는 민법 제1조에서 밝힌 법률, 관습법, 조리가 해당된다. 다음으로, 존재론적 의미(存在論的 意味)의 법원이다. 현실적으로 '법이 어떤 형태로 존재하는가' 라고 할 때에는 성문법·판례만이 법원에 해당된다. 이 경우 관습법과 조리는 판례를 통하여 확인되어야 비로소 법으로 실체를 가진다.

2. 법원의 내용

(1) 성문법

(가) 민법

우리 민법은 일본민법을 중심으로 독일민법, 프랑스민법, 스위스민법, 중화민국민법, 만주국민법 등을 참조하여 제정되었고, 독일식 편별에 따라 총칙, 물권, 채권, 친족, 상속의 5편으로 구성되어 있다. 우리 민법의 특징은 자유주의·개인주의·인문주의적 성격이 강하게 나타나며 19세기 말의 상대적 자연법(이성법)을 그 시대적 배경으로 한다.

(나) 민사특별법

민법의 기초자는 개인의 일상생활에서 발생하는 모든 민사관계에 대하여 민법이라는 하나의 법전으로 규율하여 법률관계의 명료성과 예측가능성을 높이고자 의도하였다. 그러나 이와 같은 의도는 하나의 이상론에 불과하고 세세한 부분에 대해서는 민사특별법에 의존할 수밖에 없다. 또한 수시로 변화하는 사회현상에 대하여 민법이 신속히 개정되어야 하지만 현실적으로 나타나는 여러 원인에 따라 민법의 개정보다는 민사특별법의 제·개정을 시도하는 현상이 빈번히 나타나고 있다. 특히, 우리나라의 경우 민법의 드문 개정은 많은 민사특별법의 제·개정을 초래하고 있으며, 민사특별법에는 다음과 같은 법률이 있다.

첫째, 총칙에 관련되는 것은 부재선고 등에 관한 특별조치법, 공익법인의 설립·운영에 관한 법률 등이 있다. 둘째, 물권에 관련된 것은 집합건물의 소유 및 관리에 관한 법률, 입목에 관한 법률, 부동산등기법, 부동산 거래신고에 관한 법률, 부동산등기특별조치법, 부동산 실권리자명의 등기에 관한 법률, 공유토지 분할에 관한 특례법, 가등기담보 등에 관한 법률, 동산·채권 등의 담보에 관한 법률, 공장 및 광업재단 저당법, 자동차 등 특정동산 저당법, 신탁법, 외국인토지법, 농지법, 특허법, 상표법, 저작권법, 광업법, 수산업법, 산림보호법, 도로법, 하천법, 공익사업을 위한 토지 등의 취득 및 보상에 관한 법률, 대기환경보전법, 자연환경보전법, 토양환경보전법, 유실물법 등이 있다. 셋째, 채권에 관련된 것은 이자제한법, 주택임대차보호법, 상가건물 임대차보호법, 실화책임에 관한 법률, 신원보증법, 보증인 보호를 위한 특별법, 국가배상법, 자동차손해배상 보장법, 원자력손해배상법, 공탁법, 소비자기본법, 방문판매 등에 관한 법률, 약관의 규제에 관한 법률, 전자문서 및 전자거래 기본법, 전자상거래 및 소비자보호 등에 관한 법률 등이 있다. 넷째, 친족에 관련된 것은 혼인신고특례법, 결혼중개업의 관리에 관한 법률, 가족관계의 등록 등에 관한 법률 등이 있다. 다섯째, 상속에 관련된 것은 국가에 귀속하는 상속재산 이전에 관한 법률, 남북 주민 사이의 가족관계와 상속 등에 관한 특례법 등이 있다.

(2) 관습법

(가) 의의

관습법은 법률(특히, 민법)과 판례를 통하여 그 존재가 확인되는데, 일반적 관습법과 지역적 관습법으로 구분할 수 있다.

첫째, 일반적 관습법(一般的 慣習法)은 지역에 한정되지 아니하고 국가 내지 일반계층에 적용된다. 일반적 관습법은 당사자가 관습법의 존재를 주장하는 경우 우리나라에서도 그 존재가 인정된다. 다만, 관습법의 특성상 해당 지역이나 해당 분야에서 관습상 권리·의무가 있음을 입증하여야 하고, 구체적으로 해당 관습의 존재와 그 내용을 밝힐 필요가 있다. 일반적 관습법은 민법의 조항에서 그 존재가 확인되는 '관습에 의한 비용부담(민법 제224조 · 제290조 · 제319조, 민법 제237조)'과 '상린관계에 관한 관습(민법 제229조, 민법 제242조)'이 있으며, 민법 제1조에 근거하여 판례가 그 존재를 확인하는 명의신탁, 양도담보, 명인방법 등이 있다. 또한 민법 제185조에 기초하여 독립된 물권으로 그 존재를 확인하는 '공유하천용수권(민법 제231조 · 제232조 · 제233조 · 제234조)', '특수지역권(민법 제302조)'이 있으며, 판례가 그 존재를 확인하는 '관습법상의 법정지상권', '분묘기지권'이 있다.

둘째, 지역적 관습법(地域的 慣習法)은 한정된 지역 내지는 일정한 계층에서만 존재한다. 본래의 의미의 지역적 관습법, 즉 한정된 지역에서만 존재하는 관습법은 우리나라의 경우 현재 그 존재를 찾기가 어렵다.

(나) 성립요건

관습법은 국회의 입법행위에 아니라 사회의 필요에 따라 자생적으로 발생되기에 그 존재와 내용이 모호할 수 있다. 즉 관습법은 법률 또는 판례에 따라 구체화되거나 그 존재와 내용이 분명해진다. 따라서 관습법의 성립과 그 내용에 대하여 법률이나 판례가 없는 경우 그 존재가 문제되며 다음과 같은 성립요건을 갖추어야 한다. 첫째, 역사성을 지녀야 한다. 즉 관습법은 오래 전부터 존재해야만 한다. 둘째, 지속성을 지녀야 한다. 즉 관습법이 중단되면 그 권리의 존재는 인정되지 않는다. 반면에 관습법이 단순히 사용되지 아니한다고 하여도 관습법이 부정되는 것은 아니다. 관습법상의 권리가 일단 인정되면, 상반되는 새로운 관습법의 성립이나 법률에 따라 폐지되기 전에는 그 관습법은 계속 존재하는 것으로 본다. 셋째, 평온성을 가져야 한다. 즉 관습법은 보편적으로 동의를 얻어야만 한다. 따라서 관습법상의 권리는 강박이나 은밀함 속에서는 성립하지 아니한다. 넷째, 강제성을 지녀야 한다. 즉 관습법은 단순한 윤리규범과 구별된다. 다섯째, 관습법은 어느 정도 내용이 확실해야만 한다. 여섯째, 일관성을 지녀야 한다. 즉 한정된 지역 내에 있는 관습법 사이에는 모순이 있어서는 안 된다. 일곱째, 합리성을 지녀야 한다. 여기서 합리성은 관습법의 성립요건이라기 보다는 관습법의 효력을 부정하는 역할을 한다.

이상의 성립요건 외에도 법적 확신이 관습법의 성립에 요구되는가가 문제된다. 여기서 법적 확신이라는 개념은 불확정 개념에 해당된다.[3] 따라서 관습이 법적 확신을 가지느냐의 여부는 위에서 언급한 관습법의 판단기준을 모두 충족하는 경우에 추정되는 것으로 볼 수 있으며, '강제성'이라는 요건과 긴밀한 관련성이 있다. 판례도 사회의 거듭된 관행으로 생성된 사회생활규범이 관습법으로 승인되었다고 하더라도 사회 구성원들이 그러한 관행의 법적 구속력에 대하여 확신을 갖지 않게 되었다거나, 사회를 지배하는 기본적 이념이나 사회질서의 변화로 인하여 그러한 관습법을 적용하여야 할 시점에 있어서의 전체 법질서에 부합하지 않게 되었다면 그러한 관습법은 법적 규범으로서의 효력이 부정될 수밖에 없다고 보았다.[4] 그 대표적인

---

3) 법령과 같은 효력을 갖는 관습법은 당사자의 주장 입증을 기다림이 없이 법원이 직권으로 이를 확정하여야 하고 사실인 관습은 그 존재를 당사자가 주장 입증하여야 하나, 관습은 그 존부자체도 명확하지 않을 뿐만 아니라 그 관습이 사회의 법적 확신이나 법적 인식에 의하여 법적 규범으로까지 승인되었는지의 여부를 가리기는 더욱 어려운 일이므로, 법원이 이를 알 수 없는 경우 결국은 당사자가 이를 주장입증할 필요가 있다(대판 1983.6.14. [80다3231]).

사례로 ① 민법이 시행되기 전에 존재하던 관습 중에서 "상속회복청구권은 상속이 개시된 날부터 20년이 경과하면 소멸한다"라는 관습을 부정한 사례[5]와 ② 성년 남자만을 종중의 구성원으로 하고 여성은 종중의 구성원이 될 수 없다는 관습을 부정한 사례[6] 등이 있다.

(다) 효력

관습법은 성문법이 없는 경우 법원(法源)의 역할을 하므로 성문법이 존재하는 때에는 보충적 효력밖에 없다. 즉 관습법은 성문법이 없는 경우에 보충적 효력(補充的 效力)을 가진다. 따라서 헌법재판소에 따르면, 관습법이 헌법에 위반되는 경우 법원이 그 관습법의 효력을 부인할 수 있으므로 결국 관습법은 헌법재판소의 위헌법률 심판의 대상이 아니라고 보았다.[7]

---

4) 대판(전합) 2005.7.21. [2002다1178]

5) 민법이 시행되기 전에 존재하던 관습 중 "상속회복청구권은 상속이 개시된 날부터 20년이 경과하면 소멸한다"는 내용의 관습은 이를 적용하게 되면 20년의 경과 후에 상속권침해가 있을 때에는 침해행위와 동시에 진정상속인은 권리를 잃고 구제를 받을 수 없는 결과가 되므로 소유권은 원래 소멸시효의 적용을 받지 않는다는 권리의 속성에 반할 뿐 아니라 진정상속인으로 하여금 참칭상속인에 의한 재산권침해를 사실상 방어할 수 없게 만드는 결과로 되어 불합리하고, 헌법을 최상위 규범으로 하는 법질서 전체의 이념에도 부합하지 아니하여 정당성이 없으므로, 위 관습에 법적 규범인 관습법으로서의 효력을 인정할 수 없다(대판(전합) 2003.7.24. [2001다48781]).

6) 공동선조의 후손 중 성년 남자만을 종중의 구성원으로 하고 여성은 종중의 구성원이 될 수 없다는 종래의 관습은, 공동선조의 분묘수호와 봉제사 등 종중의 활동에 참여할 기회를 출생에서 비롯되는 성별만에 의하여 생래적으로 부여하거나 원천적으로 박탈하는 것으로서, 우리의 전체 법질서에 부합하지 아니하여 정당성과 합리성이 있다고 할 수 없으므로, 종중 구성원의 자격을 성년 남자만으로 제한하는 종래의 관습법은 이제 더 이상 법적 효력을 가질 수 없게 되었다(대판(전합) 2005.7.21. [2002다1178]).

7) 헌법 제111조제1항제1호 및 헌법재판소법 제41조제1항에서 규정하는 위헌심사의 대상이 되는 법률은 국회의 의결을 거친 이른바 형식적 의미의 법률을 의미하고, 또한 민사에 관한 관습법은 법원에 의하여 발견되고 성문의 법률에 반하지 아니하는 경우에 한하여 보충적인 법원(法源)이 되는 것에 불과하여(민법 제1조) 관습법이 헌법에 위반되는 경우 법원이 그 관습법의 효력을 부인할 수 있으므로 결국 관습법은 헌법재판소의 위헌법률심판의 대상이 아니라 할 것이다(대판 2009.5.28. [2007카기134]).

(3) 조리

우리 민법은 스위스민법과 마찬가지로 법관에게 법형성 권능을 인정한다. 따라서 민법 제1조에서는 민사에 관하여 성문법과 관습법이 없다면 '조리(條理)'에 따르라고 규정하고 있는데, 그 의미는 스위스민법과 유사하게 해석된다. 즉 조리는 법률이나 관습법이 존재하지 아니한 경우 법관이 '입법자이었더라면 설정하였을 규범'에 따라 재판하라는 의미이고, 법관에게 법형성권능을 부여한 것에 해당된다. 여기서 '조리'란 사물의 본질적 법칙 또는 사람의 이성에 의하여 타당하다고 생각되는 규범을 말한다. 다시 말해서 일반인이 보통 인정한다고 생각되는 객관적인 원리 또는 법칙이고, 이른바 '경험칙'이라는 것도 여기에 포함된다. 경우에 따라서는 사회통념 · 사회정의 · 사회적 타당성 · 신의성실 · 사회질서 · 형평 · 정의 · 이성 · 법에 있어서의 체계적 조화 · 법의 일반원칙 등의 이름으로 표현되고, 어떤 정형적인 의미 내지 내용을 가진 것이 아니고 유동적인 개념이다.

이러한 불확정적 개념인 조리를 법원으로 인정하는 이유는 성문법과 관습법이 없는 경우에도 재판을 거부할 수 없기 때문이다. 그러면서도 법관에게 사물의 객관적 성질, 즉 이성법적 접근방법과 사회적 필요성이라는 정책적 고려에 기초한 법형성을 허용한 것이다.

3. 판례의 법원성

판례는 성문법 국가에 있어서 성문법을 해석하고 적용하는 역할을 한다. 즉 판례는 성문법을 구체화하거나 보완하는 기능을 수행한다. 드물게는 성문법을 변경 · 폐지하는 기능도 수행한다. 우리나라의 경우처럼 관습법과 조리를 법원으로 인정하는 국가에 있어서 판례는 관습이나 조리를 확인하고 그 내용을 확정하는 기능도 수행한다.

이와 같은 판례의 기능에도 불구하고 그 법원성이 부정되는 이유는 민법 제1조에서 법률, 관습법, 조리를 법원으로 한정하고 있다는 점과 판례가 스스로를 정당화할 수 없다는 법철학상의 원리에 따른 결과이다. 그러나 일상생활을 규율하는 법의 형식, 즉 존재론적인 측면에서 본다면 관습법과 조리는 성문법과 판례를 통하여 확인되므로 성문법과 판례만이 법형태로 존재한다.

Ⅲ. 신의성실과 권리남용

1. 신의성실

(1) 의의

민법은 제2조제1항에서 「권리의 행사와 의무의 이행은 신의에 좇아 성실히 하여야 한다」고 선언하고 있는데, 민법 제2조제1항은 두 가지의 중요한 역할을 한다. 먼저, 민법 제2조제1항은 개인 사이의 권리와 의무를 설정하는 실체법적 조항(행위규범)으로 역할을 한다. 다음으로, 민법 제1조가 법관이 재판을 함에 있어서 따라야 할 규범을 정한 것이라면, 민법 제2조제1항은 이를 적용하는 법관의 임무를 규정한 조항으로 역할을 한다.

第2條 (信義誠實) ① **權利**의 **行使**와 **義務**의 **履行**은 **信義**에 좇아 **誠實**히 하여야 한다.

(2) 신의성실의 행위규범성

신의성실은 법률행위자(수범자)의 행위규범으로 역할을 한다. 따라서 행위자는 자신의 행위로 야기된 상대방의 신뢰를 보호하여야 한다. 이 경우 신의성실에 위반된다는 이유로 그 권리의 행사를 부정하기 위해서는 상대방에게 신의를 공여하였다거나 객관적으로 보아 상대방이 신의를 가짐이 정당한 상태에 있어야 하며, 이러한 상대방의 신의에 반하여 권리를 행사하는 것이 정의관념에 비추어 용인될 수 없는 정도의 상태에 이르러야 한다.[8] 예컨대, 법정지상권을 가진 건물소유자로부터 건물을 양수하면서 법정지상권까지 양도받기로 한 자는 채권자대위의 법리에 따라 전건물소유자 및 대지소유자에 대하여 차례로 지상권의 설정등기 및 이전등기절차이행을 구할 수 있다 할 것이므로 이러한 법정지상권을 취득할 지위에 있는 자에 대하여 대지소유자가 소유권에 기하여 건물철거를 구함은 지상권의 부담을 용인하고 그 설정등기절차를 이행할 의무있는 자가 그 권리자를 상대로 한 청구라 할 것이어서 신의성실의 원칙상 허용될 수 없다.[9] 마찬가지로 어느 일방이 교섭단계에서 계약이 확실하게 체결되리라는 정당한 기대 내지 신뢰를 부여하여 상대방이 그 신뢰에 따라 행동하였음에도 상당한 이유 없이 계약의 체결을 거부하여 손해를 입혔다면 이는 신의성실의 원칙에 비추어 볼 때 계약자유 원칙의 한계를 넘는 위법한 행위로서 불법행위를 구성한다.[10] 이와 같이 민법 제2조제1항의 신의성실은 법률행위자에 대하여 행위규범성을 가지고 있으며, 이 경우 신의성실은 사정변경의 원칙, 실효의 원칙 및 모순행위금지의 원칙으로 구체화된다.

(가) 사정변경의 원칙(事情變更의 原則)

사정변경의 원칙이란 법률행위의 성립에 있어서 그 기초가 된 사정이

---

8) 강행법규를 위반한 자가 스스로 그 약정의 무효를 주장하는 것이 신의칙에 위배되는 권리의 행사라는 이유로 그 주장을 배척한다면, 이는 오히려 강행법규에 의하여 배제하려는 결과를 실현시키는 셈이 되어 입법 취지를 완전히 몰각하게 되므로 달리 특별한 사정이 없는 한 위와 같은 주장은 신의칙에 반하는 것이라고 할 수 없고, 한편 신의성실의 원칙에 위배된다는 이유로 그 권리의 행사를 부정하기 위해서는 상대방에게 신의를 공여하였다거나 객관적으로 보아 상대방이 신의를 가짐이 정당한 상태에 있어야 하며, 이러한 상대방의 신의에 반하여 권리를 행사하는 것이 정의관념에 비추어 용인될 수 없는 정도의 상태에 이르러야 한다(대판 2007.11.29. [2005다64552]).

9) 대판(전합) 1985.4.9. [84다카1131,1132]

10) 대판 2013.6.13. [2010다65757]

그 후에 당사자가 예상하지 못한 또는 예견할 수 없었던 중대한 변경을 받게 되어 당초에 정하여진 행위의 효과를 그대로 유지하거나 강제한다면 부당한 결과가 생기는 경우 일방당사자가 그 행위의 효과를 신의성실에 맞도록 적당히 변경할 것을 상대방에게 청구하거나 또는 계약을 해제·해지할 수 있다는 원칙을 말한다. 여기에서 말하는 '사정'이란 계약의 기초가 되었던 객관적인 사정으로서 일방당사자의 주관적 또는 개인적인 사정을 의미하는 것은 아니다. 예컨대, 지방자치단체로부터 매수한 토지가 공공공지에 편입되어 매수인이 의도한 음식점 등의 건축이 불가능하게 되었더라도 이는 매매계약을 해제할 만한 사정변경에 해당하지 않고, 매수인이 의도한 주관적인 매수목적을 달성할 수 없게 되어 손해를 입었다 하더라도 매매계약을 그대로 유지하는 것이 신의성실에 반한다고 볼 수 없다.[11]

판례는 사정변경의 원칙을 적용한 경우와 적용하지 아니한 경우가 있다. 먼저, 사정변경의 원칙을 적용한 사례로 보증계약의 경우와 임대차계약의 경우가 있다. 예컨대, 판례는 회사의 요구로 부득이 회사와 제3자 사이의 계속적 거래로 인한 회사의 채무에 대하여 보증인이 된 자가 그 후 회사로부터 퇴사한 때에는 보증계약성립 당시의 사정에 현저한 변경이 생긴 경우에 해당하므로 사정변경을 이유로 보증계약을 해지할 수 있다고 보았다.[12] 마찬가지로 판례는 임대차계약에 있어서 차임불증액의 특약이 있더라도 그 약정

11) 사정변경으로 인한 계약해제는 계약성립 당시 당사자가 예견할 수 없었던 현저한 사정의 변경이 발생하였고, 그러한 사정의 변경이 해제권을 취득하는 당사자에게 책임 없는 사유로 생긴 것으로서 계약내용대로의 구속력을 인정한다면 신의칙에 현저히 반하는 결과가 생기는 경우에 계약준수의 원칙의 예외로서 인정되는 것이고, 여기에서 말하는 사정이라 함은 계약의 기초가 되었던 객관적인 사정으로서, 일방당사자의 주관적 또는 개인적인 사정을 의미하는 것은 아니라 할 것이다. 지방자치단체로부터 매수한 토지가 공공공지에 편입되어 매수인이 의도한 음식점 등의 건축이 불가능하게 되었더라도 이는 매매계약을 해제할 만한 사정변경에 해당하지 않고, 매수인이 의도한 주관적인 매수목적을 달성할 수 없게 되어 손해를 입었다 하더라도 매매계약을 그대로 유지하는 것이 신의칙에 반한다고 볼 수도 없다(대판 2007.3.29. [2004다31302]).

12) 대판 1990.2.27. [89다카1381]

후 특약을 그대로 유지시키는 것이 신의성실에 반한다고 인정될 정도의 사정변경이 있다고 보여지는 경우에는 형평의 원칙상 임대인에게 차임증액청구를 인정하여야 한다고 보았다.[13] 다음으로, 사정변경의 원칙의 적용을 부정한 판례로 매매계약을 맺은 때와 그 잔대금을 지급할 때와의 사이에 오랜 시일이 지나서 매수인이 애초에 계약할 당시의 금액표시대로 잔대금을 제공한다면 매매목적물의 가격에 비하여 그것이 현저하게 균형을 잃은 이행이 되는 경우라 할지라도 민법상 매도인으로 하여금 사정변경의 원리를 내세워서 그 매매계약을 해제할 수 있는 권리는 생기지 않는다고 보았다.[14]

(나) 실효의 원칙(失效의 原則)

권리자가 그의 권리를 장기간 행사하지 않았기 때문에 상대방이 이제는 그 권리를 행사하지 않을 것으로 믿을 만한 상당한 사유가 있게 된 경우 새삼스럽게 그 권리를 행사하는 것은 신의성실에 반한다. 이 경우 상대방은 그 권리행사에 대하여 실효의 항변으로써 대항할 수 있다는 것이 이른바 '실효의 원칙'이다. 실효의 원칙을 적용한 사례는 근로계약과 매매계약에서 찾아볼 수 있다. 예컨대, 판례는 근로자가 의원면직된 때로부터 12년, 그 의원면직처분이 무효임을 안 때로부터 2년 4개월 후에 제기한 근로자지위확인의 소는 허용될 수 없다고 보았다.[15] 마찬가지로 판례는 이미 발생한 해

13) 대판 1996.11.16. [96다34061]

14) 대판 1963.9.12. [63다452]

15) 甲에 대한 의원면직처분의 기초가 된 조건부 징계해임처분의 사유는 甲이 수용가로부터 금품을 받았다는 것이고, 위 징계해임처분의 무효 사유는 사용자인 乙이 인사위원회의 심리기일에 결석한 甲에 대하여 심리기일을 1회 연기하지 아니하고 막바로 징계결의를 하였다는 것인바, 이러한 사정들과 甲이 이 사건 의원면직처분이 무효인 것임을 알고서도 2년 4개월 남짓한 동안이나 그 처분이 무효인 것이라고 주장하여 자신의 권리를 행사한 바 없다는 점을 함께 고려하여 보면, 甲이 의원면직처분으로 면직된 때로부터 12년 이상이 경과된 후에 새삼스럽게 그 처분의 무효를 이유로 乙과의 사이에 고용관계가 있다고 주장하여 소를 제기하는 것은, 노동분쟁의 신속한 해결이라는 요청과 신의성실의 원칙 및 실효의 원칙에 비추어 허용될 수 없다(대판 1992.1.21. [91다30118]).

제권을 장기간 행사하지 않고 오히려 매매계약이 여전히 유효함을 전제로 잔존채무의 이행을 최고함에 따라 상대방이 해제권은 더 이상 행사되지 않을 것으로 신뢰하였고 그와 같이 신뢰한 데에 정당한 사유도 있었다면, 그 후 그 해제권을 행사한다는 것은 신의성실의 원칙에 반하여 허용되지 않는다고 보았다.[16] 또한 판례는 사용자가 근로자에 대한 미지급 임금채무 등을 승인함과 아울러 그 당시 약정한 변제기에 이를 지급하기로 하는 내용의 채무변제계약 공정증서를 작성하고 그 후 근로자에게 미지급 임금 중 일부를 지급하는 등 임금채무를 자진하여 변제할 것과 같은 태도를 보임에 따라 근로자가 이를 신뢰하고 그 임금에 대한 권리행사나 시효중단 조치를 취하지 않았던 사안에서 사용자가 미지급 임금채무 중 일부에 관하여 소멸시효의 완성을 주장할 수 없다고 보았다[17]

그렇지만 판례는 송전선이 토지 위를 통과하고 있다는 점을 알고서 토지를 취득하였다고 하여 그 취득자가 그 소유 토지에 대한 소유권의 행사가 제한된 상태를 용인하였다고 할 수 없으므로, 그 취득자의 송전선 철거청구 등 권리행사가 신의성실의 원칙에 반하지 않는다고 보았다.[18] 따라서 종전 토지 소유자가 자신의 권리를 행사하지 않았다는 사정은 그 토지의 소유권을 적법하게 취득한 새로운 권리자에게 실효의 원칙을 적용함에 있어서 고려하여야 할 것은 아니다.

---

16) 해제의 의사표시가 있은 무렵을 기준으로 볼 때 무려 1년 4개월 가량 전에 발생한 해제권을 장기간 행사하지 아니하고 오히려 매매계약이 여전히 유효함을 전제로 잔존채무의 이행을 최고함에 따라 상대방으로서는 그 해제권이 더 이상 행사되지 아니할 것으로 신뢰하였고 또 매매계약상의 매매대금 자체는 거의 전부가 지급된 점 등에 비추어보면 그와 같이 신뢰한 데에는 정당한 사유도 있었다고 봄이 상당하다면, 그 후 새삼스럽게 그 해제권을 행사한다는 것은 신의성실의 원칙에 반하여 허용되지 아니한다 할 것이므로, 이제 와서 매매계약을 해제하기 위하여는 다시 이행제공을 하면서 최고를 할 필요가 있다(대판 1994.11.25. [94다12234]).

17) 대판 2010.6.10. [2010다8266]

18) 대판 1995.8.25. [94다27069]

(다) 모순행위금지의 원칙

모순행위금지의 원칙이란 이전의 행위와 이후의 행위 사이에 일정한 신뢰관계가 형성되어 있는 경우 이전의 행위를 신뢰하여 법률행위를 하였다면 이후의 행위는 신의성실에 위반할 수 없다는 원리를 말한다. 예컨대, 판례는 공장기계 등을 소유권유보부로 판매한 자가 그 대금 전액에 대한 영수증을 발급함으로써 이를 믿은 은행이 그 기계류 등을 담보로 하여 대출한 경우 그 판매인이 은행의 담보권 실행에 대하여 유보된 소유권을 주장하는 것은 신의성실에 반한다고 보았다.[19] 또한 판례는 채무자가 시효완성 전에 채권자의 권리행사나 시효중단을 불가능 또는 현저히 곤란하게 하거나 그러한 조치가 불필요하다고 믿게하는 행동을 하였거나, 객관적으로 채권자가 권리를 행사할 수 없는 장애사유가 있었거나, 또는 일단 시효완성 후에 채무자가 시효를 원용하지 아니할 것 같은 태도를 보여 권리자로 하여금 그와 같이 신뢰하게 하였거나, 채권자 보호의 필요성이 크고 같은 조건의 다른 채권자가 채무의 변제를 수령하는 등의 사정이 있어 채무 이행의 거절을 인정함이 현저히 부당하거나 불공평하게 되는 등의 특별한 사정이 있는 경우에 한하여 채무자가 소멸시효의 완성을 주장하는 것이 신의성실의 원칙에 반할 수 있다고 보았으며,[20] 대리권한 없이 타인의 부동산을 매도한 자가 그 부동산을 상속한 후 소유자의 지위에서 자신의 대리행위가 무권대리로 무효임을 주장하여 등기말소 등을 구하는 것이 금반언원칙이나

19) 甲이 공장기계류를 乙에게 소유권 유보부로 할부 매매하였음에도 불구하고 乙로 하여금 은행으로부터 금융의 편의를 받도록 도와 줄 목적으로 기계 등의 매매대금을 전액 영수하였다는 내용의 세금계산서를 발급하여 준 것이라면 乙로서는 은행이 신뢰할 수 있는 외관을 스스로 만들어 내었다 할 것이며, 은행이 이를 신뢰한 나머지 그것을 기초로 담보권설정 및 대출행위를 하게 된 것으로 그 과정에서 은행에게 어떠한 잘못이 있었던 것으로는 보이지 아니하는 이상, 甲이 은행의 담보권 실행에 대하여 그 기계 등이 자신의 소유라고 주장하면서 그 담보권의 효력을 다투는 것은 은행의 신뢰를 배반하여 은행에게 회복할 수 없는 손해를 입히는 것이어서 형평의 원리 및 정의관념에 현저히 반한다(대판 1995.12.22. [94다37103]).

20) 대판 1999.12.7. [98다42929]

신의성실상 허용될 수 없다고 보았다.[21] 마찬가지로 판례는 "채무자의 소멸시효에 기한 항변권의 행사도 우리 민법의 대원칙인 신의성실의 원칙과 권리남용금지의 원칙의 지배를 받으므로, 채무자가 시효완성 전에 채권자의 권리행사나 시효중단을 불가능 또는 현저히 곤란하게 하였거나 그러한 조치가 불필요하다고 믿게 하는 행동을 하였거나, 객관적으로 채권자가 권리를 행사할 수 없는 사실상의 장애사유가 있었거나, 일단 시효완성 후에 채무자가 시효를 원용하지 아니할 것 같은 태도를 보여 채권자로 하여금 그와 같이 신뢰하게 하였거나, 채권자를 보호할 필요성이 크고 같은 조건의 그 채권자들 중 일부가 이미 채무의 변제를 수령하는 등 채무이행의 거절을 인정함이 현저히 부당하거나 불공평하게 되는 등의 특별한 사정이 있는 경우에는, 채무자가 소멸시효의 완성을 주장하는 것이 신의성실의 원칙에 반하여 권리남용으로서 허용될 수 없다"고 보았다.[22]

그러나 판례는 법정대리인의 동의 없이 신용구매계약을 체결한 미성년자가 그 동의 없음을 이유로 그 계약을 취소하는 것이 신의성실에 위배되

---

21) 甲이 대리권 없이 乙 소유 부동산을 丙에게 매도하여 부동산소유권이전등기등에관한특별조치법에 의하여 소유권이전등기를 마쳐주었다면 그 매매계약은 무효이고 이에 터잡은 이전등기 역시 무효가 되나, 甲은 乙의 무권대리인으로서 민법 제135조 제1항의 규정에 의하여 매수인인 丙에게 부동산에 대한 소유권이전등기를 이행할 의무가 있으므로 그러한 지위에 있는 甲이 乙로부터 부동산을 상속받아 그 소유자가 되어 소유권이전등기이행의무를 이행하는 것이 가능하게 된 시점에서 자신이 소유자라고 하여 자신으로부터 부동산을 전전매수한 丁에게 원래 자신의 매매행위가 무권대리행위여서 무효였다는 이유로 丁 앞으로 경료된 소유권이전등기가 무효의 등기라고 주장하여 그 등기의 말소를 청구하거나 부동산의 점유로 인한 부당이득금의 반환을 구하는 것은 금반언의 원칙이나 신의성실의 원칙에 반하여 허용될 수 없다(대판 1994.9.27. [94다20617]).

22) 근로자가 입은 부상이나 질병이 업무상 재해에 해당하는지 여부에 따라 요양급여 신청의 승인, 휴업급여청구권의 발생 여부가 차례로 결정되고, 따라서 근로복지공단의 요양불승인처분의 적법 여부는 사실상 근로자의 휴업급여청구권 발생의 전제가 된다고 볼 수 있는 점 등에 비추어, 근로자가 요양불승인에 대한 취소소송의 판결확정시까지 근로복지공단에 휴업급여를 청구하지 않았던 것은 이를 행사할 수 없는 사실상의 장애사유가 있었기 때문이라고 보아야 하므로, 근로복지공단의 소멸시효 항변은 신의성실의 원칙에 반하여 허용될 수 없다(대판(전합) 2008.9.18. [2007두2173]).

지는 아니한다고 보았다.[23)]

(3) 신의성실의 재판규범성

민법 제2조제1항의 신의성실은 재판규범의 역할도 한다. 이 기능은 로마법에서 법무관의 임무로 알려진, '시민법'을 세부에 이르기까지 명확하게 하고, 보충하고, 변경한다는 것에 상응한다. 이 경우 민법 제2조제1항의 신의성실 기능은 법률이나 당사자의 의사를 구체화하는 해석기능, 형평기능, 보충기능, 수정기능으로 나눌 수 있다.

(가) 해석기능(解釋機能)

신의성실은 당사자 사이의 계약에서 명확하게 정하여지지 아니한 사항에 대하여 계약내용을 구체화하는 기능을 한다. 이러한 신의성실은 민법 제106조 법률행위의 해석을 어떻게 하느냐의 방법 내지는 기준으로서 기능을 한다. 즉 당사자 사이에 계약을 체결한 후 계약이 세부적인 부분까지 명확하지 아니한 경우에 신의성실을 기준으로 계약당사자의 의사를 보충하는 역할을 한다. 따라서 새로운 법률관계를 형성하는 데까지 이르지는 아니하며, 단지 이미 존재하고 있는 법률관계의 내용을 보다 구체적으로 정하는 기능을 수행한다. 즉 신의성실은 민법이나 민사특별법을 해석하고 적용하

---

23) 신용카드 가맹점이 미성년자와 신용구매계약을 체결할 당시 향후 그 미성년자가 법정대리인의 동의가 없었음을 들어 스스로 위 계약을 취소하지는 않으리라고 신뢰하였다 하더라도 그 신뢰가 객관적으로 정당한 것이라고 할 수 있을지 의문일 뿐만 아니라, 그 미성년자가 가맹점의 이러한 신뢰에 반하여 취소권을 행사하는 것이 정의관념에 비추어 용인될 수 없는 정도의 상태라고 보기도 어려우며, 미성년자의 법률행위에 법정대리인의 동의를 요하도록 하는 것은 강행규정인데, 위 규정에 반하여 이루어진 신용구매계약을 미성년자 스스로 취소하는 것을 신의칙 위반을 이유로 배척한다면, 이는 오히려 위 규정에 의해 배제하려는 결과를 실현시키는 셈이 되어 미성년자 제도의 입법 취지를 몰각시킬 우려가 있으므로, 법정대리인의 동의 없이 신용구매계약을 체결한 미성년자가 사후에 법정대리인의 동의 없음을 사유로 들어 이를 취소하는 것이 신의칙에 위배된 것이라고 할 수 없다(대판 2007.11.16 [2005다71659, 71666, 71673]).

는 기준으로서 기능을 한다.

(나) 형평기능(衡平機能)

신의성실은 계약체결시 비록 공정한 계약이라고 하여도 그 이행기 또는 효력 발생시에 불공정한 경우 그 계약의 내용 및 효력을 제한할 수 있다. 이 신의성실의 기능에서 실효의 원칙 내지 사정변경의 원칙이 파생된다. 이 경우 신의성실은 추상적·일반적인 법률 기타 법규범이 입법과정에 있어서 충분히 고려하여 줄 수 없었던 모든 개별사안의 특수성을 적용과정에서 정당하게 평가하는 기능을 한다. 이 기능은 세부적인 법형성 내지는 적용과정에 있어서 개별적인 사건의 개성을 살려준다. 예컨대, 토지소유자 甲이 토지의 경계를 넘어 건물을 소유하고 있는 乙에 대하여 건물의 철거 및 인도소송을 제기한 경우 그 소송이 권리남용에 해당한다면, 乙은 지상권 설정계약 또는 임대차계약의 체결을 요청할 수 있고 甲은 신의성실에 따라 이에 응하여야 한다.

(다) 보충기능(補充機能)

신의성실은 당사자의 의사가 불명확한 경우 법률행위의 해석에서 계약당사자의 의사를 보충하는 역할을 한다. 즉 신의성실은 계약이나 법률상 내용이 흠결 내지는 모순이 발생한 경우에 법관이 마치 입법자처럼 법률행위를 보완하는 역할을 한다.

(라) 수정기능(修正機能)

신의성실은 입법 당시 비록 그 시대의 상황에 부합하는 입법이라고 하여도 법률의 적용시에 그 법률을 적용하는 것이 불합리한 경우 성문법의 적용을 거부하고 새로운 법을 형성할 수 있다. 이 경우 신의성실은 성문법의 해석이나 보충이 아니라 성문법을 폐지하고 새로운 입법을 하는 것에 해당된다. 마찬가지로 법관이 신의성실에 근거하여 당사자의 명시적 의사를 부정하고 계약내용을 추가하는 것과 같은 신의성실의 기능은 원칙적으로 허용되지 아니한다.

2. 권리남용

(1) 의의

민법은 제2조제2항에서 「권리는 남용하지 못한다」고 선언하고 있다. 여기서 '권리의 남용'이란 권리행사의 목적이 타인을 해하거나 또는 그 권리행사의 이익이 사회적 한계를 벗어난 경우를 말한다. 판례는 권리행사가 권리의 남용에 해당한다고 할 수 있으려면, 주관적으로는 그 권리행사의 목적이 오직 상대방에게 고통을 주고 손해를 입히려는 데 있을 뿐 권리를 행사하는 사람에게 아무런 이익이 없는 경우이어야 하고, 객관적으로는 그 권리행사가 사회질서에 위반된다고 볼 수 있어야 하는 것이며, 이와 같은 경우에 해당되지 않는 한 비록 그 권리의 행사에 의하여 권리행사자가 얻은 이익보다 상대방이 입을 손해가 현저히 크다고 하여도 그러한 사정만으로는 권리남용이라고 할 수 없다고 보았다.[24] 이 경우 그 권리의 행사가 상대방에게 고통이나 손해를 주기 위한 것이라는 주관적 요건은 권리자의 정당한 이익을 결여한 권리행사로 보이는 객관적 사정에 의하여 추정할 수 있으며, 어느 권리행사가 권리남용이 되는가의 여부는 개별적이고 구체적인 사안에 따라 판단되어야 한다고 보았다.[25]

第2條 (信義誠實) ② 權利는 濫用하지 못한다.

---

24) 대판 2006.11.23. [2004다44285]

25) 송전선로철거소송에 이르게 된 과정, 계쟁 토지가 51㎡에 불과한 점, 위 송전선을 철거하여 이설하기 위하여는 막대한 비용과 손실이 예상되는 반면 송전선이 철거되지 않더라도 토지를 이용함에 별다른 지장이 없는 점 등에 비추어 농로 위로 지나가는 송전선의 철거를 구하는 청구가 권리남용에 해당한다(대판 2003.11.27. [2003다

(2) 권리남용의 유형과 내용

(가) 시카아네 금지(Schikane Verbot)

권리 자체는 무제한적이고 어떠한 제약도 받지 아니하나, 권리의 행사에는 일정한 제한이 따른다. 즉 권리행사가 오직 타인을 해할 목적(고의보다 높은 유책사유)인 경우 권리행사에 대한 법적 효력을 부정하는데, 이를 시카아네 금지라 한다. 이와 같이 권리행사자의 주관적 목적으로 그 권리의 남용여부를 판단하는 것이 전형적인 권리남용이다. 판례는 건물이 서 있는 토지를 매수하여 그 시가의 7배가 넘는 건물의 철거를 요구하면서 그 인접 토지가격보다 2배 이상 되는 가격에 그 토지를 매수할 것을 요구하는 것은 권리의 남용에 해당한다고 보았다.[26] 또 판례는 건물철거청구에 있어서 타인의 토지를 침범한 건물부분을 철거하더라도 원고에게 별다른 이득이 없는 반면 건물소유자인 피고에게는 막대한 손실이 발생하는 경우에 권리남용으로 보았다. 이외에도 판례는 ① 원고가 공유물의 보존행위로서 피고 소유의 건물 중 경계를 침범 건축된 1평방미터 부분의 철거를 구하는 청구는 원고에게 경계침범 대지부분의 2분의 1지분에 대하여 취득시효 완성을 원인으로 하는 소유권이전등기를 피고에 대하여 해 주어야 할 의무가 있을 뿐 아니라 철거를 구하는 부분이 겨우 1평방미터에 불과한 건물 모서리의 벽면을 이루는 부분으로서 이를 철거할 경우 원고에게는 별다른 이득이 없는 반면에 피고에게는 막대한 손해가 발생하는 점 등에 비추어 권리남용에 해당한다고 보았고,[27] ② 토지의 면적이 264평방미터임에 비하여 철거를 구하는 건축물의 침범부분은 약 11.6평방미터에 불과하다면 위 토지의 현황과 이용실태, 위 토지를 취득하게 된 경위, 소송을 통하여 이루려는 목적 및 침범된 부분의 면적과 침범건축물의 형태 등에 비추어 토지 소유자가 침범

40422]).

26) 대판 1964.11.10. [64다720]

27) 대판 1991.6.11 [91다8593]

부분의 토지에 대한 부당이득을 구함은 별론으로 하고 그 소유권에 기하여 침범된 건축물의 철거와 그 부분 토지의 인도를 구하는 것은 권리남용에 해당한다고 보았으며,[28] ③ 건물철거소송에 이른 사정, 계쟁토지가 0.3㎡에 불과한 점, 철거에 상당한 비용이 들고 철거 후에도 잔존 2층건물의 효용이 크게 감소되리라는 점 등에 비추어 권리남용에 해당된다고 보았다.[29]

(나) 권리행사의 사회적 한계

주관적 의사에 따른 권리남용의 판단기준과 달리 권리행사에 있어서 행사하는 권리의 이익과 사회적 이익을 비교 형량하여 그 한계를 넘어서는 경우에 권리남용으로 권리행사를 제한하는 사례도 있다. 예컨대, 판례는 외국에 이민을 가 있어 주택에 입주하지 않으면 안될 급박한 사정이 없는 딸이 고령과 지병으로 고통을 겪고 있는 상태에서 달리 마땅한 거처도 없는 아버지와 그를 부양하면서 동거하고 있는 남동생을 상대로 자기 소유 주택의 명도 및 퇴거를 청구하는 행위가 인륜에 반하는 행위로서 권리남용에 해당한다고 보았다.[30] 마찬가지로 판례는 한국전력공사가 정당한 권원에 의하여 토지를 수용하고 그 지상에 변전소를 건설하였으나 토지소유자에게 그 수용에 따른 손실보상금을 공탁함에 있어서 착오로 부적법한 공탁이 되어 수용재결이 실효됨으로써 결과적으로 그 토지에 대한 점유권원을 상실하게 된 경우, 토지소유자가 그 변전소의 철거와 토지의 인도를 청구하는 것은 권리남용에 해당한다고 보았다.[31]

한편, 판례는 경매를 통하여 토지를 취득한 자가 그 지상 건물의 철거와 토지의 인도를 구하는 사안에서, 건물의 철거로 인한 권리행사자의 이익보다 건물 소유자의 손해가 현저히 크고 사회경제적으로도 큰 손실이 될 것

28) 대판 1992.7.28. [92다16911,92다16928]
29) 대판 1993.5.14. [93다4366]
30) 대판 1998.6.12. [96다52670]
31) 대판 1999.9.7. [99다27613]

으로 보이기는 하나, 건물소유자가 위 건물에 대한 권리를 인수할 당시 그 철거가능성을 알았다고 보이는 점, 토지에 대한 투자가치가 있어 건물 철거 등의 청구가 권리행사자에게 아무런 이익이 없다거나 오직 상대방에게 손해를 입히려는 것이라고 보기 어려운 점 등에 비추어 권리남용에 해당하지 않는다고 본 사례도 있다.[32] 마찬가지로 판례에 따르면, 상계 제도의 목적이나 기능을 일탈하고, 법적으로 보호받을 만한 가치가 없는 경우 상계권의 행사는 일반적인 권리 남용의 경우에 요구되는 주관적 요건을 필요로 하지 아니하며 신의칙에 반하거나 상계에 관한 권리를 남용하는 것으로서 허용되지 않는다고 보았다.[33]

(3) 권리남용의 효과

권리남용에 해당하면 그 권리의 행사는 아무런 법적 효력이 없다. 해당 권리의 행사가 위법성을 가지는 경우 민법 제750조의 불법행위가 성립할 수 있다. 권리남용의 법리는 권리 그 자체의 제한이 아니라 권리행사에 대한 제한이기 때문에 권리의 박탈은 예컨대, 민법 제924조의 친권 상실 등의 경우처럼 법률의 규정이 있는 경우에만 가능하다.

---

32) 대판 2010.2.25. [2009다58173]

33) 원래 상계제도가 서로 대립하는 채권, 채무를 간이한 방법에 의하여 결제함으로써 양자의 채권채무관계를 원활하고 공평하게 처리함을 목적으로 하고 있고, 상계권을 행사하려고 하는 자에 대하여는 수동채권의 존재가 사실상 자동채권에 대한 담보로서의 기능을 하는 것이어서 그 담보적 기능에 대한 당사자의 합리적 기대가 법적으로 보호받을 만한 가치가 있음에 근거하는 것이므로 당사자가 상계의 대상이 되는 채권이나 채무를 취득하게 된 목적과 경위, 상계권을 행사함에 이른 구체적·개별적 사정에 비추어, 그것이 위와 같은 상계 제도의 목적이나 기능을 일탈하고, 법적으로 보호받을 만한 가치가 없는 경우에는, 그 상계권의 행사는 신의칙에 반하거나 상계에 관한 권리를 남용하는 것으로서 허용되지 않는다고 함이 상당하고, 상계권 행사를 제한하는 위와 같은 근거에 비추어 볼 때 일반적인 권리 남용의 경우에 요구되는 주관적 요건을 필요로 하는 것은 아니다(대판 2003.4.11. [2002다59481]).

제2장 사람(人)

제1절 능력

Ⅰ. 권리능력

1. 권리능력의 시기

사람은 생존하는 동안 권리와 의무의 주체가 된다(민법 제3조). 즉 사람은 살아서 태어난 시점부터 권리능력을 가지게 되고 사망으로 모든 권리능력을 상실한다. 여기서 '살아있는 사람'은 장기등 이식에 관한 법률에 따른 뇌사판정기준 및 뇌사판정절차에 따라 뇌 전체의 기능이 되살아날 수 없는 상태로 정지되었다고 판정된 사람(뇌사자)을 제외한 사람을 말한다(장기등 이식에 관한 법률 제4조제5호). 따라서 사람은 태아일 때는 모의 신체에 종속되고, 태아가 죽어 모체와 분리된 경우에는 특수한 물건으로 취급된다. 예외적으로 태아는 법인격이 인정되는 일부권리에 대한 권리능력을 가질 뿐이다.

第3條 (權利能力의 存續期間) 사람은 生存한 동안 權利와 義務의 主體가 된다.

2. 태아의 권리능력

사람의 전단계인 수태시로부터 출생 완료시까지를 태아라고 하는데, 태아는 아직 출생하지 않았으므로 권리능력이나 인격권을 가질 수 없고 모의 신체의 일부분에 불과하다. 그러므로 출생 후에 권리능력을 가질 태아는 불리한 입장에 놓이게 된다. 이러한 불합리를 방지하기 위하여 민법은 중요한 법률관계에 대하여 개별적으로 인격권을 부여하여 권리능력을 인정한다. 즉 민법은 ① 불법행위에 기한 손해배상청구권(민법 제762조)[34], ② 재산상속능력(민법 제1000조제3항), ③ 대습상속능력(민법 제1001조), ④ 유증받을 능력(민법 제1064조), ⑤ 인지받을 능력(민법 제858조)에 한정하여 이미 출생한 것으로 보아 권리능력을 부여한다.

따라서 판례는 태아가 모체와 함께 사망하여 출생의 기회를 못가진 이상 배상청구권을 논할 여지가 없다고 보았다.[35] 또한 판례는 현행 민법에서 태아에 수증능력에 대한 간주규정이 없어서 태아인 동안에는 법정대리인이 있을 수 없으므로 법정대리인에 의한 수증행위도 할 수 없다고 보았다.[36] 결국 판례는 태아가 살아서 출생한 때에 비로소 출생시기가 문제된 사건의

---

34) 태아도 손해배상청구권에 관하여는 이미 출생한 것으로 보는바, 부가 교통사고로 상해를 입을 당시 태아가 출생하지 아니하였다고 하더라도 그 뒤에 출생한 이상 부의 부상으로 인하여 입게 될 정신적 고통에 대한 위자료를 청구할 수 있다(대판 1993.4.27. [93다4663]).

35) 대판 1976.9.14. [76다1365]

36) 현행 민법이 태아의 권리능력에 관하여 개별주의를 취하고 있는 것과 마찬가지로 이 사건 증여행위가 있은 당시에 시행되던 조선민사령에 의한 의용 민법이나 구관습(이하, 구법이라 약칭한다) 아래에서도 태아에게는 일반적으로 권리능력이 인정되지 아니하고 손해배상청구권(위 의용 민법 제721조 참조) 또는 상속등 특별한 경우에 한하여 제한된 권리능력을 인정하였을 따름이었으며 증여에 관하여는 태아의 수증능력을 인정하는 구법상 근거가 없다. 더욱이 증여는 구법하에서도 증여자와 수증자 간의 계약으로서 수증자의 승낙을 요건으로 하는 것이므로 태아에 대한 증여에 있어서도 태아의 수증행위가 필요한 것인바, 구법하에서 개별적으로 태아의 권리능력이 인정되는 경우에도 그 권리능력은 태아인 동안에는 없고 살아서 출생하면 문제된 사건의 시기까지 소급하여 그때에 출생한 것과 같이 법률상 간주되었던 것이므로, 태아인 동안에는 법정대리인이 있을 수 없고, 따라서 법정대리인에 의한 수증행위도 불가능한 것이어서 증여와 같은 쌍방행위가 아닌 손해배상청구권의 취득이나 상속 또는 유증의 경우를 유추하여 태아의 수증능력을 인정할 수 없는 것이다(대판 1982.2.9. [81다534]).

시기까지 소급하여 태아를 출생한 것으로 본다. 예컨대, 甲이 자신의 재산(1억원) 중에서 5,000만원을 동거녀가 포태하고 있는 다른 사람의 자인 丙에게 유증하고 사망한 경우 甲에게는 처(妻) 乙과 부(父) 丁이 있다면, 법정상속분에 따라 乙은 6,000만원, 丁은 4,000만원씩을 상속하게 된다. 후에 태아인 丙이 살아서 출생하면 乙은 3,000만원을, 丁은 2,000만원을 丙에게 반환하여야 한다.

3. 권리능력의 제한

(1) 권리능력의 평등

사람은 누구든지 평등하게 권리능력을 가진다. 즉 자연인은 성별・연령・지능이나 체력 등 자연적 불평등이나 직업・학력・빈부 등 사회적 불평등에 관계없이 모두 평등하게 권리능력을 가진다.

(2) 외국인의 권리능력

외국인도 국적에 관계없이 평등하게 권리능력을 가진다. 그러나 헌법은 제6조제2항에서 「외국인은 국제법과 조약에 정하는 바에 의하여 그 지위가 보장된다」라고 하여 외국인의 권리능력을 제한적으로 인정한다. 예컨대, 외국인은 한국선박 및 한국 항공기의 소유권(선박법 제2조, 항공법 제4조)을 취득할 수 없으며, 외국인의 토지취득(외국인토지법 제3조), 특허권・실용신안권・디자인권・상표권・저작권 등의 지식재산권 취득(특허법 제25조, 실용신안법 제3조, 디자인보호법 제27조, 상표법 제5조의24, 저작권법 제3조) 및 광업권의 취득(광업법 제6조)은 상호주의에 따르고, 어업권의 취득(수산업법 제5조)은 지방자치단체 등의 허가를 필요로 한다.

한국국적을 가진 자만이 권리능력을 가지는 권리에 대하여는 국적을 상실하면 그 권리능력도 상실한다. 이에 따라 대한민국의 국민만이 누릴 수 있는 권리 중 대한민국의 국민이었을 때 취득한 것으로서 양도(讓渡)할 수 있는 것은 그 권리와 관련된 법령에서 따로 정한 바가 없으면 3년 내에 대한민국의 국민에게 양도하여야 한다(국적법 제18조제2항).

4. 권리능력의 종기

자연인은 사망으로 그 권리능력을 상실하며, 자연인의 사망시기는 가족관계등록부에 기재된 시점으로 추정된다.[37] 따라서 사망시기와 다른 시점에 사망하였다면 이를 주장하는 자가 주장 및 입증하여야 한다.[38]

자연인의 경우 사망사실을 확인할 수 없는 경우가 발생할 수 있는데, 이를 대비하여 실종선고제도나 인정사망제도가 있고 일정한 기간경과 또는 사실조사 후에 사망한 것으로 의제나 추정하여 권리능력을 상실시킨다.

Ⅱ. 의사능력제도와 제한능력제도

1. 의사무능력제도

의사무능력자제도는 미성년자 중에서 일정한 연령(예컨대, 7세 미만)을 기준으로 의사능력이 결여된 것으로 보아 획일적으로 그 자의 행위를 무효로 하는 것을 의미하는데, 우리 민법은 이를 도입하지 않았다. 따라서 법원

37) 호적에 기재된 사항은 일응 진실에 부합하는 것이라는 추정을 받는다 할 것이나, 그 기재에 반하는 증거가 있거나, 그 기재가 진실이 아니라고 볼만한 특별한 사정이 있는 때에는 그 추정을 번복할 수 있다(대판 1994.6.10. [94다1883])

38) 채권자대위소송에 있어 피대위자가 1938년에 함경북도로 전적한 후 호적, 주민등록 등 생존을 입증할 증거가 없다 하더라도 그가 허무인이 아닌 실존인물임이 명백하고, 또한 오늘날에 있어서 사람이 95세까지 생존한다는 것이 매우 희귀한 예에 속한다고도 할 수 없는 것이어서, 특별한 사정이 없는 한 현재 생존하고 있는 것으로 추정된다 할 것이고, 오히려 그가 사망하였다는 점은 상대방이 이를 적극적으로 입증하여야 한다(대판 1995.7.28. [94다42679]).

이 사안별로 의사능력의 결여 여부를 판단하여 법률행위의 무효를 선언할 수밖에 없다.[39] 예컨대, 판례는 직접 금융기관을 방문하여 5,000만원을 대출받고 금전소비대차약정서 및 근저당권설정계약서에 날인하였더라도 일련의 법률적인 의미와 효과를 이해할 수 있는 의사능력을 갖추고 있었다고 볼 수 없는 경우 그 계약은 의사능력을 흠결한 상태에서 체결된 것으로서 무효라고 보았다.[40] 이 경우 판례는 의사무능력을 이유로 한 무효의 경우 취득한 이익이 금전인 때에는 이를 취득한 자가 소비하였는가의 여부를 불문하고 현존하는 것으로 추정되므로, 위 이익이 현존하지 아니함은 이를 주장하는 자, 즉 의사무능력자 측에 입증책임이 있다고 보았다.[41]

---

39) 의사능력이란 자신의 행위의 의미나 결과를 정상적인 인식력과 예기력을 바탕으로 합리적으로 판단할 수 있는 정신적 능력 내지는 지능을 말하는바, 특히 어떤 법률행위가 그 일상적인 의미만을 이해하여서는 알기 어려운 특별한 법률적인 의미나 효과가 부여되어 있는 경우 의사능력이 인정되기 위하여는 그 행위의 일상적인 의미뿐만 아니라 법률적인 의미나 효과에 대하여도 이해할 수 있을 것을 요한다고 보아야 하고, 의사능력의 유무는 구체적인 법률행위와 관련하여 개별적으로 판단되어야 할 것이다(대판 2006.9.22. [2006다29358]).

40) 직접 금융기관을 방문하여 5,000만원을 대출받고 금전소비대차약정서 및 근저당권설정계약서에 날인하였더라도, 그가 어릴 때부터 지능이 낮아 정규교육을 받지 못한 채 가족의 도움으로 살아왔고 위 계약일 2년 8개월 후 실시된 신체감정 결과 지능지수는 73, 사회연령은 6세 수준으로서 이름을 정확하게 쓰지 못하고 간단한 셈도 불가능하며 본래 지능수준도 이와 크게 다르지 않을 것으로 추정된다는 감정결과가 나왔다면, 그가 위 계약당시 결코 적지 않은 금액을 대출받고 이에 대하여 자신 소유의 부동산을 담보로 제공함으로써 만약 대출금을 변제하지 못하면 근저당권의 실행으로 인하여 소유권을 상실할 수 있다는 일련의 법률적인 의미와 효과를 이해할 수 있는 의사능력을 갖추고 있었다고 볼 수 없고, 따라서 위 계약은 의사능력을 흠결한 상태에서 체결된 것으로서 무효이다(대판 2002.10.11. [2001다10113]).

41) 무능력자의 책임을 제한하는 민법 제141조 단서는 부당이득에 있어 수익자의 반환범위를 정한 민법 제748조의 특칙으로서 무능력자의 보호를 위해 그 선의·악의를 묻지 아니하고 반환범위를 현존 이익에 한정시키려는 데 그 취지가 있으므로, 의사능력의 흠결을 이유로 법률행위가 무효가 되는 경우에도 유추적용되어야 할 것이나, 법률상 원인 없이 타인의 재산 또는 노무로 인하여 이익을 얻고 그로 인하여 타인에게 손해를 가한 경우에 그 취득한 것이 금전상의 이득인 때에는 그 금전은 이를 취득한 자가 소비하였는가의 여부를 불문하고 현존하는 것으로 추정되므로, 위 이익이 현존하지 아니함은 이를 주장하는 자, 즉 의사무능력자 측에 입증책임이 있다. 따라서 의사무능력자가 자신이 소유하는 부동산에 근저당권을 설정해 주고

2. 제한능력자제도

법률행위자가 법률행위 당시에 의사능력을 가지고 있었는지의 여부를 문제 삼지 않고서 외부에서 인식할 수 있는 획일적인 기준에 의하여 일정 범위의 법률행위에 관하여는 일률적으로 취소할 수 있다. 이러한 객관적·획일적 기준이 바로 제한능력제도이다.

우리 민법은 제한능력자로 ① 19세가 되지 않은 자(미성년자), ② 질병, 장애, 노령, 그 밖의 사유로 인한 정신적 제약으로 사무를 처리할 능력이 지속적으로 결여된 사람에 대하여 가정법원으로부터 성년후견개시의 심판을 받은 자(피성년후견인), 그리고 ③ 같은 사유로 인한 정신적 제약으로 사무를 처리할 능력이 부족한 사람에 대하여 가정법원으로부터 한정후견개시의 심판을 받은 자(피한정후견인)로 규정하고 있다.

(1) 미성년자제도

(가) 성년기

사람은 19세로 성년이 된다(민법 제4조). 즉 이때부터 완전히 독립된 법률행위자로서 권리의무의 주체가 된다. 연령의 계산은 출생일을 산입하며(민법 제158조), 가족관계등록부의 기재된 대로 추정적 효력을 받게 된다.

제4조(성년) 사람은 19세로 성년에 이르게 된다.

금융기관으로부터 금원을 대출받아 이를 제3자에게 대여한 사안에서, 대출로써 받은 이익이 위 제3자에 대한 대여금채권 또는 부당이득반환채권의 형태로 현존하므로, 금융기관은 대출거래약정 등의 무효에 따른 원상회복으로서 위 대출금 자체의 반환을 구할 수는 없더라도 현존 이익인 위 채권의 양도를 구할 수 있다(대판 2009.1.15. [2008다58367]).

(나) 미성년자의 행위능력

(a) 법정대리인의 동의 또는 허락에 따른 행위능력

(i) 법률행위의 동의 또는 허락

미성년자가 법률행위를 함에는 법정대리인의 동의를 얻어야 한다(민법 제5조제1항 전단). 여기서 미성년자의 법률행위는 재산법상 법률행위이든 친족법상 법률행위이든 간에 모두 적용된다.

그러나 미성년자가 권리만을 얻거나 의무만을 면하는 행위는 단독으로 할 수 있다(민법 제5조제1항 후단). 예컨대, 부양을 받을 미성년자라 하더라도 부양의무자인 친권자가 그를 부양하고 있지 않은 이상 그 부양료를 부양의무자인 친권자에게 직접 청구할 수 있다.[42)]

第5條 (未成年者의 能力) ① 未成年者가 法律行爲를 함에는 法定代理人의 同意를 얻어야 한다. 그러나 權利만을 얻거나 義務만을 免하는 行爲는 그러하지 아니하다.

(ii) 영업행위의 허락

법정대리인이 범위를 정하여 처분을 허락한 재산은 미성년자가 임의로 처분할 수 있다(민법 제6조). 판례는 법정대리인의 묵시적 동의나 처분허락이 있다고 볼 수 있는지 여부를 판단함에 있어서 만 19세가 넘은 미성년자가 월 소득범위 내에서 신용구매계약을 체결한 사안에서, 스스로 얻고 있던 소득에 대하여는 법정대리인의 묵시적 처분허락이 있었다고 보아 이 신용구매계약은 처분허락을 받은 재산범위 내의 처분행위에 해당한다고 보았다.[43)]

---

42) 미성년자라 하더라도 권리만을 얻는 행위는 법정대리인의 동의가 필요 없으며 친권자와 자 사이에 이해상반되는 행위를 함에는 그 자의 특별대리인을 선임하도록 하는 규정이 있는 점에 비추어 볼 때, 청구인(미성년자인 혼인외의 자)은 피청구인(생부)이 인지를 함으로써 청구인의 친권자가 되어 법정대리인이 된다 하더라도 피청구인이 청구인을 부양하고 있지 않은 이상 그 부양료를 피청구인에게 직접 청구할 수 있다 할 것이다(대판 1972.7.11. [72므5]).

43) 미성년자의 법률행위에 있어서 법정대리인의 묵시적 동의나 처분허락이 있다고 볼

第6條 (處分을 許諾한 財産) 法定代理人이 範圍를 定하여 處分을 許諾한 財産은 未成年者가 任意로 處分할 수 있다.

(iii) 동의 또는 허락의 취소

미성년자가 법정대리인의 동의를 얻지 아니한 법률행위는 취소할 수 있다(민법 제5조제2항). 예컨대, 친권을 상실한 모(母) 乙과 미성년자 甲사이에 다툼이 있는 부동산의 지분에 대하여 부제소합의(不提訴合議)를 한 경우 미성년자 甲 또는 다른 법정대리인이나 미성년후견인이 이를 취소할 수 있다.

법정대리인은 미성년자가 아직 법률행위를 하기 전에는 법률행위의 동의와 재산처분에 대한 허락을 취소할 수 있다(민법 제7조).

第5條 (未成年者의 能力) ② 前項의 規定에 違反한 行爲는 取消할 수 있다.

第7條 (同意와 許諾의 取消) 法定代理人은 未成年者가 아직 法律行爲를 하기 前에는 前 2 條의 同意와 許諾을 取消할 수 있다.

(b) 영업의 허락에 따른 능력

미성년자는 법정대리인으로부터 허락을 얻은 특정한 영업에 대하여 성년자와 동일한 행위능력이 있다(민법 제8조제1항). 다만, 영업이 상행위인 경우 미성년자가 법정대리인의 허락을 얻어 영업을 하는 때에는 등기를 하여야 한다(상법 제6조).

한편, 법정대리인은 영업의 허락을 취소 또는 제한할 수 있다. 그러나 선의의 제3자에게 대항하지 못한다(같은 조 제2항).

수 있는지 여부를 판단함에 있어서는, 미성년자의 연령·지능·직업·경력, 법정대리인과의 동거 여부, 독자적인 소득의 유무와 그 금액, 경제활동의 여부, 계약의 성질·체결경위·내용, 기타 제반 사정을 종합적으로 고려하여야 할 것이다(대판2007.11.16. [2005다71659, 71666, 71673]).

第8條 (營業의 許諾) ① 未成年者가 法定代理人으로부터 許諾을 얻은 特定한 營業에 關하여는 成年者와 同一한 行爲能力이 있다.
② 法定代理人은 前項의 許諾을 取消 또는 制限할 수 있다. 그러나 善意의 第3者에게 對抗하지 못한다.

(c) 법률의 규정에 따른 능력

① 혼인한 미성년자의 행위(민법 제826조의 2), ② 유언행위(민법 제1062조), ③ 법정대리인의 허락을 얻어 회사의 무한책임사원이 된 미성년자가 그 사원자격에 기하여 행하는 행위(상법 제7조), ④ 임금의 청구(근로기준법 제68조)의 경우는 법률의 규정에 따라 미성년자가 법정대리인의 동의 없이 단독으로 법률행위를 할 수 있다.

대리인은 행위능력자임을 요하지 아니한다(민법 제117조). 왜냐하면 대리행위는 법률행위에 해당되고 타인의 대리인이 되는 경우에는 민법 제5조가 적용되어 법정대리인의 동의를 얻어야 하지만, 다른 법률행위와 마찬가지로 법정대리인이 후에 미성년자의 대리행위를 취소할 수 있기 때문이다. 예컨대, 본인 甲은 미성년자 乙에게 대리권을 수여(일종의 위임계약)한 후 乙의 과실로 채권자 丙에 대한 채무의 이행을 지체한 경우 甲은 미성년자 乙에게 주의의무위반을 이유로 손해배상을 청구할 수 있다. 그러나 乙 또는 乙의 법정대리인 丁은 언제든지 乙의 대리행위를 소급적으로 소멸시킬 수 있다.

(2) 성년후견인제도

(가) 성년후견의 심판

가정법원은 질병, 장애, 노령, 그 밖의 사유로 인한 정신적 제약으로 사무를 처리할 능력이 지속적으로 결여된 사람에 대하여 본인, 배우자, 4촌 이내의 친족, 미성년후견인, 미성년후견감독인, 한정후견인, 한정후견감독인, 특정후견인, 특정후견감독인, 검사 또는 지방자치단체의 장의 청구에 따라

성년후견개시의 심판을 한다(민법 제9조제1항). 이 경우 가정법원은 성년후견개시의 심판을 할 때 본인의 의사를 고려하여야 한다(민법 제9조제2항). 성년후견심판 이전의 법률행위에 대하여는 성년후견심판을 이유로 취소할 수 없다.[44)]

제9조(성년후견개시의 심판) ① 가정법원은 질병, 장애, 노령, 그 밖의 사유로 인한 정신적 제약으로 사무를 처리할 능력이 지속적으로 결여된 사람에 대하여 본인, 배우자, 4촌 이내의 친족, 미성년후견인, 미성년후견감독인, 한정후견인, 한정후견감독인, 특정후견인, 특정후견감독인, 검사 또는 지방자치단체의 장의 청구에 의하여 성년후견개시의 심판을 한다.
② 가정법원은 성년후견개시의 심판을 할 때 본인의 의사를 고려하여야 한다.

(나) 피성년후견인의 행위와 취소

피성년후견인의 법률행위는 취소할 수 있다(민법 제10조제1항). 다만, 일용품의 구입 등 일상생활에 필요하고 그 대가가 과도하지 아니한 법률행위는 성년후견인이 취소할 수 없다(민법 제10조제4항).

가정법원은 취소할 수 없는 피성년후견인의 법률행위의 범위를 정할 수 있으며(민법 제10조제2항), 이 경우 가정법원은 본인, 배우자, 4촌 이내의 친족, 성년후견인, 성년후견감독인, 검사 또는 지방자치단체의 장의 청구에 따라 그 범위를 변경할 수 있다(민법 제10조제3항).

제10조(피성년후견인의 행위와 취소) ① 피성년후견인의 법률행위는 취소할 수 있다.
② 제1항에도 불구하고 가정법원은 취소할 수 없는 피성년후견인의 법률행위의 범위

44) 표의자가 법률행위 당시 심신상실이나 심신미약상태에 있어 금치산 또는 한정치산 선고를 받을 만한 상태에 있었다고 하여도 그 당시 법원으로부터 금치산 또는 한정치산선고를 받은 사실이 없는 이상 그 후 금치산 또는 한정치산선고가 있어 그의 법정대리인이 된 자는 금치산 또는 한정치산자의 행위능력 규정을 들어 그 선고 이전의 법률행위를 취소할 수 없다(대판 1992.10.13. [92다6433]).

를 정할 수 있다.
③ 가정법원은 본인, 배우자, 4촌 이내의 친족, 성년후견인, 성년후견감독인, 검사 또는 지방자치단체의 장의 청구에 의하여 제2항의 범위를 변경할 수 있다.
④ 제1항에도 불구하고 일용품의 구입 등 일상생활에 필요하고 그 대가가 과도하지 아니한 법률행위는 성년후견인이 취소할 수 없다.

(다) 성년후견종료의 심판

가정법원은 성년후견개시의 원인이 소멸된 경우 본인, 배우자, 4촌 이내의 친족, 성년후견인, 성년후견감독인, 검사 또는 지방자치단체의 장의 청구에 따라 성년후견종료의 심판을 한다(민법 제11조).

제11조(성년후견종료의 심판) 성년후견개시의 원인이 소멸된 경우에는 가정법원은 본인, 배우자, 4촌 이내의 친족, 성년후견인, 성년후견감독인, 검사 또는 지방자치단체의 장의 청구에 의하여 성년후견종료의 심판을 한다.

(3) 한정후견인제도

한정후견인제도는 기존의 한정치산자제도를 변용한 것에 해당된다. 그러나 한정후견인의 경우는 원칙적으로 모든 행위를 단독으로 할 수 있으며, 예외적으로만 법률이나 가정법원이 정한 행위의 범위에서 한정후견인의 동의를 받아야 한다. 즉 한정치산자는 원칙적으로 행위무능력자이나, 한정후견인은 원칙적으로 행위능력자이다. 따라서 각종의 법률에서 규정하고 있던 '한정치산자'를 '한정후견인'으로 바로 변경할 수 없게 되었다.[45)]

45) 상법 제6조에서 영업이 상행위인 경우 한정치산자는 법정대리인의 허락을 얻어 영업을 하는 때에는 등기를 하도록 되어 있는데, 상법 제6조는 민법 제13조를 아직까지 미반영한 것으로 개정이 필요하다.

(가) 한정후견개시의 심판

가정법원은 질병, 장애, 노령, 그 밖의 사유로 인한 정신적 제약으로 사무를 처리할 능력이 부족한 사람에 대하여 본인, 배우자, 4촌 이내의 친족, 미성년후견인, 미성년후견감독인, 성년후견인, 성년후견감독인, 특정후견인, 특정후견감독인, 검사 또는 지방자치단체의 장의 청구에 따라 한정후견개시의 심판을 한다(민법 제12조제1항). 이 경우 가정법원은 성년후견개시의 심판을 할 때 본인의 의사를 고려하여야 한다(민법 제12조제2항).

> 제12조(한정후견개시의 심판) ① 가정법원은 질병, 장애, 노령, 그 밖의 사유로 인한 정신적 제약으로 사무를 처리할 능력이 부족한 사람에 대하여 본인, 배우자, 4촌 이내의 친족, 미성년후견인, 미성년후견감독인, 성년후견인, 성년후견감독인, 특정후견인, 특정후견감독인, 검사 또는 지방자치단체의 장의 청구에 의하여 한정후견개시의 심판을 한다.
> ② 한정후견개시의 경우에 제9조제2항을 준용한다.

(나) 피한정후견인의 행위와 동의

가정법원은 피한정후견인이 한정후견인의 동의를 받아야 하는 행위의 범위를 정할 수 있다(민법 제13조제1항). 이 경우 가정법원은 본인, 배우자, 4촌 이내의 친족, 한정후견인, 한정후견감독인, 검사 또는 지방자치단체의 장의 청구에 따라 한정후견인의 동의를 받아야만 할 수 있는 행위의 범위를 변경할 수 있다(민법 제13조제2항). 또한 가정법원은 한정후견인의 동의를 필요로 하는 행위에 대하여 한정후견인이 피한정후견인의 이익이 침해될 염려가 있음에도 그 동의를 하지 않는 경우에는 피한정후견인의 청구에 따라 한정후견인의 동의를 갈음하는 허가를 할 수 있다(민법 제13조제3항).

피한정후견인이 한정후견인의 동의가 필요한 법률행위를 한정후견인의 동의 없이 하였을 때에는 그 법률행위를 취소할 수 있다. 다만, 일용품의 구입 등 일상생활에 필요하고 그 대가가 과도하지 아니한 법률행위에 대해서는 취소할 수 없다(민법 제13조제4항).

제13조(피한정후견인의 행위와 동의) ① 가정법원은 피한정후견인이 한정후견인의 동의를 받아야 하는 행위의 범위를 정할 수 있다.
② 가정법원은 본인, 배우자, 4촌 이내의 친족, 한정후견인, 한정후견감독인, 검사 또는 지방자치단체의 장의 청구에 의하여 제1항에 따른 한정후견인의 동의를 받아야만 할 수 있는 행위의 범위를 변경할 수 있다.
③ 한정후견인의 동의를 필요로 하는 행위에 대하여 한정후견인이 피한정후견인의 이익이 침해될 염려가 있음에도 그 동의를 하지 않는 때에는 가정법원은 피한정후견인의 청구에 의하여 한정후견인의 동의를 갈음하는 허가를 할 수 있다.
④ 한정후견인의 동의가 필요한 법률행위를 피한정후견인이 한정후견인의 동의 없이 하였을 때에는 그 법률행위를 취소할 수 있다. 다만, 일용품의 구입 등 일상생활에 필요하고 그 대가가 과도하지 아니한 법률행위에 대해서는 그러하지 아니하다.

(다) 한정후견종료의 심판

가정법원은 한정후견개시의 원인이 소멸된 경우 본인, 배우자, 4촌 이내의 친족, 한정후견인, 한정후견감독인, 검사 또는 지방자치단체의 장의 청구에 따라 한정후견종료의 심판을 한다(민법 제14조).

제14조(한정후견종료의 심판) 한정후견개시의 원인이 소멸된 경우에는 가정법원은 본인, 배우자, 4촌 이내의 친족, 한정후견인, 한정후견감독인, 검사 또는 지방자치단체의 장의 청구에 의하여 한정후견종료의 심판을 한다.

(라) 특정후견의 심판 등

가정법원은 질병, 장애, 노령, 그 밖의 사유로 인한 정신적 제약으로 일시적 후원 또는 특정한 사무에 관한 후원이 필요한 사람에 대하여 본인, 배우자, 4촌 이내의 친족, 미성년후견인, 미성년후견감독인, 검사 또는 지방자치단체치단체의 장의 청구에 따라 특정후견의 심판을 한다(민법 제14조의2 제1항). 특정후견은 본인의 의사에 반하여 할 수 없으며(민법 제14조의2 제2항), 특정후견의 심판을 하는 경우에는 특정후견의 기간 또는 사무의 범위를 정하여야 한다(민법 제14조의2 제3항).

가정법원이 피한정후견인 또는 피특정후견인에 대하여 성년후견개시의 심판을 할 때에는 종전의 한정후견 또는 특정후견의 종료 심판을 한다(민법 제14조의3 제1항). 가정법원이 피성년후견인 또는 피특정후견인에 대하여 한정후견개시의 심판을 할 때에도 종전의 성년후견 또는 특정후견의 종료 심판을 한다(민법 제14조의3 제2항).

제14조의2(특정후견의 심판) ① 가정법원은 질병, 장애, 노령, 그 밖의 사유로 인한 정신적 제약으로 일시적 후원 또는 특정한 사무에 관한 후원이 필요한 사람에 대하여 본인, 배우자, 4촌 이내의 친족, 미성년후견인, 미성년후견감독인, 검사 또는 지방자치단체의 장의 청구에 의하여 특정후견의 심판을 한다.

② 특정후견은 본인의 의사에 반하여 할 수 없다.

③ 특정후견의 심판을 하는 경우에는 특정후견의 기간 또는 사무의 범위를 정하여야 한다.

제14조의3(심판 사이의 관계) ① 가정법원이 피한정후견인 또는 피특정후견인에 대하여 성년후견개시의 심판을 할 때에는 종전의 한정후견 또는 특정후견의 종료 심판을 한다.

② 가정법원이 피성년후견인 또는 피특정후견인에 대하여 한정후견개시의 심판을 할 때에는 종전의 성년후견 또는 특정후견의 종료 심판을 한다.

3. 제한능력자의 상대방

(1) 상대방 보호의 필요성

제한능력자의 법률행위는 제한능력자 쪽에서 언제든지 자유롭게 취소할 수 있고 그 효과는 처음부터 무효이었던 것과 같이 소급효가 있다. 더 나아가 제한능력자 법률행위의 취소는 상대방 이외에 제3자에 대하여도 그 효력이 미친다. 따라서 제한능력자와 거래한 당사자는 물론 제3자도 불확정한 법률상태에 놓이게 된다. 이 경우 제한능력자와 거래한 자는 민법 제146조에 의한 취소권의 소멸을 주장하거나 또는 민법 제145조의 법정추인제도를 이용할 수 있다.

그러나 취소권의 소멸기간은 비교적 장기간이어서 제한능력자의 상대방이 불확정한 상태에 놓이게 되고, 법정추인제도(法定追認制度)도 예외적인 경우에 한정된다. 따라서 이러한 불안전한 법률관계를 해결하기 위하여 민법은 특별히 제한능력자의 상대방에게 최고권, 철회권과 거절권, 제한능력자의 사술에 의한 취소권 상실에 관한 규정을 두고 있다.

(2) 상대방의 최고권

(가) 제한능력자가 능력자가 된 경우

제한능력자의 상대방은 제한능력자가 능력자가 된 후에 그에게 1개월 이상의 기간을 정하여 그 취소할 수 있는 행위를 추인할 것인지 여부의 확답을 촉구할 수 있다(민법 제15조제1항 전단). 능력자로 된 사람이 그 기간 내에 확답을 발송하지 아니하면 그 행위를 추인한 것으로 본다(같은 조 제1항 후단).

> 제15조(제한능력자의 상대방의 확답을 촉구할 권리) ① 제한능력자의 상대방은 제한능력자가 능력자가 된 후에 그에게 1개월 이상의 기간을 정하여 그 취소할 수 있는 행위를 추인할 것인지 여부의 확답을 촉구할 수 있다. 능력자로 된 사람이 그 기간 내에 확답을 발송하지 아니하면 그 행위를 추인한 것으로 본다.

(나) 제한능력자가 능력자가 되지 못한 경우

제한능력자가 아직 능력자가 되지 못한 경우에는 그의 법정대리인에게 취소할 수 있는 행위를 추인할 것인지 여부의 확답을 촉구할 수 있고, 법정대리인이 그 정해진 기간 내에 확답을 발송하지 아니한 경우에는 그 행위를 추인한 것으로 본다(민법 제15조제2항).

> 제15조(제한능력자의 상대방의 확답을 촉구할 권리) ② 제한능력자가 아직 능력자가 되지 못한 경우에는 그의 법정대리인에게 제1항의 촉구를 할 수 있고, 법정대리인이 그 정해진 기간 내에 확답을 발송하지 아니한 경우에는 그 행위를 추인한 것으로 본다.

(다) 특별한 절차를 요하는 경우

특별한 절차가 필요한 행위는 그 정해진 기간 내에 그 절차를 밟은 확답을 발송하지 아니하면 취소한 것으로 본다(민법 제15조제3항). 여기서 '특별한 절차'란 법정대리인이 후견감독인의 동의를 얻도록 하는 절차 등을 의미한다.

> 제15조(제한능력자의 상대방의 확답을 촉구할 권리) ③ 특별한 절차가 필요한 행위는 그 정해진 기간 내에 그 절차를 밟은 확답을 발송하지 아니하면 취소한 것으로 본다.

(3) 상대방의 철회권과 거절권

(가) 철회권(撤回權)

제한능력자가 맺은 계약은 추인이 있을 때까지 상대방이 그 의사표시를 철회할 수 있다. 그러나 상대방이 계약 당시에 제한능력자임을 알았을 때에는 철회할 수 없다(민법 제16조제1항). 예컨대, 휴대폰판매업자 乙이 휴대폰을 판매할 당시 甲이 미성년자라는 것을 알고서도 甲의 부모로부터 동의를 받지 아니한 경우 甲 또는 甲의 부모는 이 계약을 취소할 수 있다. 그렇지만 乙은 이 계약을 철회할 수 없다.

> 第16조(제한능력자의 상대방의 철회권과 거절권) ① 제한능력자가 맺은 계약은 추인이 있을 때까지 상대방이 그 의사표시를 철회할 수 있다. 다만, 상대방이 계약 당시에 제한능력자임을 알았을 경우에는 그러하지 아니하다.

(나) 거절권(拒絕權)

제한능력자의 단독행위는 추인이 있을 때까지 상대방이 거절할 수 있다(민법 제16조제2항). 여기에서 '단독행위'란 상대방 있는 단독행위, 즉 채무면제와 상계 등을 의미한다. 예컨대, 미성년자 甲은 乙에게 1,000만원의 채권을 가지고 있고 乙 또한 甲에게 500만원의 채권을 가지고 있는 경우 甲이 乙에게 500만원에 대한 상계의 의사표시를 하였다면, 乙은 甲의 부모로부터 동의를 받을 때까지 甲의 상계표시를 거절하고 甲에게 500만원의 이행을 청구할 수 있다.

> 第16조(제한능력자의 상대방의 철회권과 거절권) ② 제한능력자의 단독행위는 추인이 있을 때까지 상대방이 거절할 수 있다.

(다) 철회 및 거절의 상대방

철회나 거절의 의사표시는 제한능력자에 대하여도 할 수 있다(민법 제16조제3항). 즉 미성년자, 피성년후견인 또는 피한정후견인에 대하여도 철회나 거절에 대한 의사표시는 유효하다.

> 第16조(제한능력자의 상대방의 철회권과 거절권) ③ 제1항의 철회나 제2항의 거절의 의사표시는 제한능력자에게도 할 수 있다.

(4) 제한능력자의 사술

제한능력자가 속임수로써 자기를 능력자로 믿게 한 경우에는 그 행위를 취소할 수 없다(민법 제17조제1항). 미성년자나 피한정후견인이 속임수로써 법정대리인의 동의가 있는 것으로 믿게 한 경우에도 같다(같은 조 제2항). 판례는 사술에 대하여 적극적으로 사기수단을 쓴 것을 말하는 것이고 단순히 능력자라고 말하는 것은 사술에 해당되지 아니한다고 보았다.[46]

제17조(제한능력자의 속임수) ① 제한능력자가 속임수로써 자기를 능력자로 믿게 한 경우에는 그 행위를 취소할 수 없다.
② 미성년자나 피한정후견인이 속임수로써 법정대리인의 동의가 있는 것으로 믿게 한 경우에도 제1항과 같다.

제2절 주소

Ⅰ. 주소

1. 의의

생활의 근거되는 곳이 주소(住所)이고(민법 제18조제1항), 주소는 동시에 두 곳 이상 있을 수 있다(같은 조 제2항). 특별한 사정이 없는 한 주민등록법상의 주민등록지가 주소이다(주민등록법 제23조제1항).

---

46) 무능력자가 능력자인 것을 믿게 하기 위하여 사술을 쓴 때라 함은 무능력자가 상대방으로 하여금 그 능력자임을 믿게 하기 위하여 적극적으로 사기수단을 쓴 것을 말하는 것으로서 단순히 자기가 능력자라 칭한 것만으로는 같은 조에 소위 사술을 쓴 것이라 할 수 없다(대판 1971.12.14. [71다2045]).

第18條 (住所) ① 生活의 根據되는 곳을 住所로 한다.
② 住所는 同時에 두 곳 以上 있을 수 있다.

2. 주소의 법적 효력

민법이나 그 밖의 법률이 주소에 일정한 법적 효과를 주고 있는 경우는 ① 부재 및 실종의 표준(민법 제22조 · 제27조), ② 변제의 장소(민법 제467조), ③ 상속개시의 장소(민법 제998조), ④ 어음지급의 장소(어음법 제2조제3항 · 제4조 · 제21조 · 수표법 제8조), ⑤ 재판관할의 표준(민사소송법 제2조, 가사소송법 제13조 · 제22조 · 제26조 · 제30조 · 35조 · 제44조 · 제46조, 비송사건절차법 제32조 · 제72조, 채무자 회생 및 파산에 관한 법률 제3조 등), ⑥ 민사소송법상 부가기간의 표준(민사소송법 제172조제2항), ⑦ 국제사법상 준거법을 결정하는 표준(국제사법 제2조 · 제19조 · 제26조), ⑧ 귀화 및 국적회복의 요건(국적법 제5조 내지 제9조) 등이 있다.

Ⅱ. 거소

주소를 알 수 없으면 거소(居所)를 주소로 본다(민법 제19조). 국내에 주소없는 자에 대하여서는 국내에 있는 거소를 주소로 본다(민법 제20조).

第19條 (居所) 住所를 알 수 없으면 居所를 住所로 본다.

第20條 (居所) 國內에 住所없는 者에 對하여는 國內에 있는 居所를 住所로 본다.

Ⅲ. 가주소

어느 행위에 있어서 가주소(假住所)를 정한 때에는 그 행위에 관하여는 이를 주소로 본다(민법 제21조). 즉 가주소는 당사자의 의사에 따라 편의상 설정하는 것으로 생활의 실질과는 관계없다.

第21條 (假住所) 어느 行爲에 있어서 假住所를 定한 때에는 그 行爲에 關하여는 이를 住所로 본다.

제3절 부재와 실종

Ⅰ. 개관

사람이 그의 주소를 떠나서 단기간 내에 돌아올 가능성이 없는 경우에는 그 잔유재산의 보존하거나 또는 잔존배우자나 상속인 등의 이익을 보호하기 위하여 조치를 강구하는 것이 필요하다. 따라서 민법은 제1단계의 조치로서 부재자가 아직 생존하고 있는 것으로 전제하여 그의 재산을 관리해주면서 돌아오기를 기다리는 부재자의 재산관리제도를 두고 있다. 제2단계의 조치로서 부재자의 생사불명 상태가 일정기간 계속된 경우에 그 자를 일응 사망한 것으로 보고 그 자를 중심으로 하는 법률관계를 확정적으로 종결케 하는 실종선고제도(失踪宣告制度)를 두고 있다.

Ⅱ. 부재자의 재산관리제도

1. 부재자의 의의

부재자란 종래의 주소나 거소를 떠나서 당분간 돌아올 가망이 없어서 종래의 주소나 거소에 있는 그의 재산이 관리되지 못하고 방치되는 상태에 있는 자를 가리킨다.

2. 부재자의 재산의 관리

(1) 관리인의 선임 등

법원은 종래의 주소이나 거소를 떠난 자가 재산관리인을 정하지 아니한 경우 이해관계인이나 검사의 청구에 따라 재산관리에 필요한 처분을 명하여야 하며, 본인의 부재중 재산관리인의 권한이 소멸한 때에도 같다(민법 제22조제1항). 여기서 법원의 처분명령은 재산관리인의 선임(가사소송규칙 제41조)과 부재자 재산의 매각(동 규칙 제49조)이 있으나, 원칙적으로 재산관리인을 선임하여야 한다. 그 후 본인이 재산관리인을 정한 경우 법원은 본인, 재산관리인, 이해관계인 또는 검사의 청구에 따라 명령을 취소하여야 하다(민법 제22조제2항).

第22條 (不在者의 財産의 管理) 從來의 住所나 居所를 떠난 者가 財産管理人을 定하지 아니한 때에는 法院은 利害關係人이나 檢事의 請求에 依하여 財産管理에 關하여 必要한 處分을 命하여야 한다. 本人의 不在 中 財産管理人의 權限이 消滅한 때에도 같다.

② 本人이 그 後에 財産管理人을 定한 때에는 法院은 本人, 財産管理人, 利害關係人 또는 檢事의 請求에 依하여 前項의 命令을 取消하여야 한다.

(2) 관리인의 개임

법원은 부재자가 재산관리인을 둔 경우에 부재자의 생사가 분명하지 아니한 때에는 재산관리인, 이해관계인 또는 검사의 청구에 따라 재산관리인을 개임(改任)할 수 있다(민법 제23조). 여기서 '이해관계인'이란 상속인, 배우자, 부양의무자, 채권자, 보증인, 연대채무자 등 법률상 이해관계를 가지는 자를 말한다. 판례는 이해관계인을 그 실종선고로 인하여 일정한 권리를 얻고 의무를 면하는 등의 신분상 또는 재산상의 이해관계를 갖는 자에 한한다고 보았다. 따라서 부재자의 종손자로서 부재자가 사망할 경우 제1순위의 상속인이 따로 있어 제2순위의 상속인에 불과한 청구인은 특별한 사정이 없는 한 위 부재자에 대하여 실종선고를 청구할 수 있는 신분상 또는 경제상의 이해관계를 가진 자라고 할 수 없다고 보았다.[47)]

법원이 부재자가 선임한 재산관리인을 개임하는 경우 법정대리인이 재산관리인이 되고, 유임하는 경우 더 이상 임의대리인이 아니라 법원이 선임한 것과 동일하게 법정대리인으로서의 지위를 가진다.

第23條 (管理人의 改任) 不在者가 財産管理人을 定한 境遇에 不在者의 生死가 分明하지 아니한 때에는 法院은 財産管理人, 利害關係人 또는 檢事의 請求에 依하여 財産管理人을 改任할 수 있다.

3. 재산관리인

(1) 관리인의 직무

법원이 선임한 재산관리인은 관리할 재산목록을 작성하여야 한다(민법 제24조제1항). 이 경우 법원은 그 선임한 재산관리인에 대하여 부재자의 재

---

47) 대판 1992.4.14. 자 [92스4,92스5,92스6]

산을 보존하기 위하여 필요한 처분을 명할 수 있고(같은 조 제2항), 부재자의 생사가 분명하지 아니하다면 이해관계인이나 검사의 청구가 있는 때에는 부재자가 정한 재산관리인에게 부재자의 재산을 보존하기 위하여 필요한 처분을 명할 수 있다(같은 조 제3항).

이들 경우 관리인의 직무에 따른 비용은 부재자의 재산에서 지급한다(같은 조 제4항).

第24條 (管理人의 職務) ① 法院이 選任한 財産管理人은 管理할 財産目錄을 作成하여야 한다.
② 法院은 그 選任한 財産管理人에 對하여 不在者의 財産을 保存하기 爲하여 必要한 處分을 命할 수 있다.
③ 不在者의 生死가 分明하지 아니한 경우에 利害關係人이나 檢事의 請求가 있는 때에는 法院은 不在者가 定한 財産管理人에게 前2項의 處分을 命할 수 있다.
④ 前3項의 境遇에 그 費用은 不在者의 財産으로써 支給한다.

(2) 관리인의 권한

법원이 선임한 재산관리인이 민법 제118조에 규정한 권한을 넘는 행위를 함에는 법원의 허가를 얻어야 한다(민법 제25조 전단). 즉 권한을 정하지 아니한 대리인의 행위, 즉 '보존행위'·'대리의 목적인 물건이나 권리의 성질을 변하지 아니하는 범위에서 그 이용 또는 개량하는 행위'를 넘는 경우에는 법원의 허가를 얻어야 한다. 이 경우 법원의 허가는 장래의 처분행위에 대해서 뿐만 아니라 과거의 처분행위에 대한 추인을 위해서도 할 수 있다.[48] 부재자의 생사가 분명하지 아니한 경우에 부재자가 정한 재산관리인

48) 부재자 재산관리인에 의한 부재자 소유의 부동산 매매행위에 대한 법원의 허가결정은 그 허가를 받은 재산에 대한 장래의 처분행위뿐만 아니라 기왕의 매매를 추인하는 방법으로도 할 수 있고, 부재자 재산관리인의 권한초과행위에 대한 법원의 사후허가는 사인의 법률행위에 대하여 법원이 후견적·감독적 입장에서 하는 비쟁송적인 것으로서 그 허가 여부는 전적으로 법원의 권한에 속하는 것이기는 하나 그 신청절

이 권한을 넘는 행위를 할 때에도 같다(민법 제25조 후단). 예컨대, 판례는 부재자의 건물을 임대하여 그 임대보증금을 부재자재산의 차임청구나 불법행위로 인한 손해배상청구 또는 등기청구나 인도청구를 위한 소송비용으로 사용한 사례에서 재산관리인이 단독으로 할 수 있다고 보았으나,[49] 법원의 허가를 얻어 부재자의 재산을 처분한 경우라도 부재자의 재산관리행위로 볼 수 없는 경우 부재자를 위한 처분행위로 볼 수 없다고 보았다.[50]

판례는 재산관리인이 권한을 넘는 행위를 법원에 허가를 얻어 행하는 경우에 비록 실종선고기간이 만료된 경우에도 그 선임결정이 취소되지 아니하는 한 유효하다고 보았으며,[51] 재산관리인의 선임결정을 취소해야 할 사유가 있는 경우에 종전의 처분명령을 취소하기 까지는 재산관리인의 권한은 소멸하지 아니한다고 보았다.[52] 또한 판례는 재산관리인에 대한 선임결정이 취소되기 전에 재산관리인의 처분행위에 기하여 경료된 등기의 경

차는 소의 제기 또는 그에 준하는 신청과는 달리 그 의사표시의 진술만 있으면 채무자의 적극적인 협력이나 계속적인 행위가 없더라도 그 목적을 달성할 수 있는 것이므로, 비록 그 허가신청이 소송행위로서 공법상의 청구권에 해당하더라도 부재자 재산관리인이 권한초과행위에 대하여 허가신청절차를 이행하기로 약정하고도 그 이행을 태만히 할 경우에는 상대방은 위 약정에 기하여 그 절차의 이행을 소구할 수 있고, 이러한 의사 진술을 명하는 판결이 확정되면 민사소송법 제695조 제1항에 의하여 허가신청의 진술이 있는 것으로 간주된다(대판 2000.12.26. [99다19278]).

49) 부재자 재산관리인이 부재자를 위한 소송비용 때문에 피고로부터 돈을 차용하고, 그 돈을 임대보증금으로 하여 본건 임야를 골프장을 하는 피고에게 임대하였다면 이는 본법 제118조 소정의 물건의 성질을 변하지 아니한 이용 또는 개량행위로서 법원의 허가를 요하지 아니한다(대판 1980.11.11. [79다2164]).

50) 부재자 재산관리인이 법원의 매각처분허가를 얻었다 하더라도 부재자와 아무런 관계가 없는 남의 채무의 담보만을 위하여 부재자 재산에 근저당권을 설정하는 행위는 통상의 경우 객관적으로 부재자를 위한 처분행위로서 당연하다고는 경험칙상 볼 수 없다(대판 1976.12.21. [75마551]).

51) 부재자 재산관리인으로서 권한초과행위의 허가를 받고 그 선임결정이 취소되기 전에 위 권한에 의하여 이루어진 행위는 부재자에 대한 실종선고기간이 만료된 뒤에 이루어졌다고 하더라도 유효하다(대판 1981.7.28. [80다2668]).

52) 법원에 의하여 부재자의 재산관리인에 선임된 자가 선임결정이 취소되기 전에 법원의 허가를 얻어서 한 처분행위는 설사 부재자의 사망이 확인된 후라 할지라도 부재자의 상속인에게 그 효과가 미친다(대판 1971.3.23. [71다189]).

우 법원의 처분허가 등 모든 절차를 거쳐 적법하게 경료된 것으로 추정된다고 보았다.[53]

第25條 (管理人의 權限) 法院이 選任한 財産管理人이 第118條에 規定한 權限을 넘는 行爲를 함에는 法院의 許可를 얻어야 한다. 不在者의 生死가 分明하지 아니한 境遇에 不在者가 定한 財産管理人이 權限을 넘는 行爲를 할 때에도 같다.

(3) 관리인의 담보제공 및 보수

법원은 그 선임한 재산관리인으로 하여금 재산의 관리 및 반환에 관하여 상당한 담보를 제공하게 할 수 있으며(민법 제26조제1항), 그 선임한 재산관리인에 대하여 부재자의 재산으로 상당한 보수를 지급할 수 있다(같은 조 제2항).

부재자의 생사가 분명하지 아니한 경우에 부재자가 정한 재산관리인에 대하여서도 위와 같이 담보제공의무와 보수청구권을 적용한다(같은 조 제3항).

第26條 (管理人의 擔保提供, 報酬) ① 法院은 그 選任한 財産管理人으로 하여금 財産의 管理 및 返還에 關하여 相當한 擔保를 提供하게 할 수 있다.

② 法院은 그 選任한 財産管理人에 對하여 不在者의 財産으로 相當한 報酬를 支給할 수 있다.

③ 前2項의 規定은 不在者의 生死가 分明하지 아니한 境遇에 不在者가 定한 財産管理人에 準用한다.

53) 대판 1991.11.26. [91다11810]

Ⅲ. 실종선고제도

1. 의의

실종선고제도(失踪宣告制度)란 부재자로서 일정한 기간 생사불명의 상태가 계속되고 있는 자에 대하여 가정법원의 선고에 따라 사망한 것으로 보는 제도를 말한다.

2. 실종선고

법원은 부재자의 생사가 5년간 분명하지 아니한 경우 이해관계인이나 검사의 청구에 따라 실종선고를 하여야 한다(민법 제27조제1항). 여기서 '이해관계인'이란 부재자의 법률상 사망으로 인하여 직접적으로 신분상 또는 경제상의 권리를 취득하거나 의무를 면하게 되는 사람만을 의미한다.[54] 예컨대, 부재자 상속인의 내연의 처로부터 재산을 매수한 자 또는 부재자의 제1순위 상속인이 있는 경우에 후순위의 상속인(부재자의 형이나 자매 등)은 이해관계인이 아니다. 실종선고시 가정법원은 6개월 이상의 공시최고를 하여야 하고 신고가 없을 때에 실종선고를 하여야 한다(가사소송규칙 제55조 · 제56조). 실종선고의 기산점은 부재자의 생존을 증명할 수 있는 최후의 시기이다. 예컨대, 甲이 2000년 12월 31일에 실종되었고 배우자 乙은 2002년 3월 1일에 甲의 실종선고를 신청하였다면, 실종자 甲은 2006년 1월 1일에 사망한 것으로 본다.

---

54) 민법 제27조의 실종선고를 청구할 수 있는 이해관계인이라 함은 부재자의 법률상 사망으로 인하여 직접적으로 신분상 또는 경제상의 권리를 취득하거나 의무를 면하게 되는 사람만을 뜻하며, 부재자의 자매로서 제2순위 상속인에 불과한 자는 부재자에 대한 실종선고의 여부에 따라 상속지분에 차이가 생긴다고 하더라도 이는 부재자의 사망 간주시기에 따른 간접적인 영향에 불과하고 부재자의 실종선고 자체를 원인으로 한 직접적인 결과는 아니므로 부재자에 대한 실종선고를 청구할 이해관계인이 될 수 없다(대판 1986.10.10. [86스20]).

전지(戰地)에 임(臨)한 자·침몰한 선박 중에 있던 자·추락한 항공기 중에 있던 자 기타 사망의 원인이 될 위난을 당한 자의 생사가 전쟁종지 후 또는 선박의 침몰, 항공기의 추락 기타 위난이 종료한 후 1년간 분명하지 아니한 때에도 같다(민법 제27조제2항).

第27條 (失踪의 宣告) ① 不在者의 生死가 5年間 分明하지 아니한 때에는 法院은 利害關係人이나 檢事의 請求에 依하여 失踪宣告를 하여야 한다.
② 戰地에 臨한 者, 沈沒한 船舶 중에 있던 者, 墜落한 航空機 중에 있던 者 其他 死亡의 原因이 될 危難을 당한 者의 生死가 戰爭終止후 또는 船舶의 沈沒, 航空機의 墜落 기타 危難이 終了한 후 1年間 分明하지 아니한 때에도 第1項과 같다.

3. 실종선고의 효과

실종선고를 받은 자는 실종기간이 만료한 때에 사망한 것으로 본다(민법 제28조). 따라서 실종선고의 효과를 부인하려면 반증으로는 할 수 없으며 실종선고를 취소하여야 한다.[55] 즉 실종선고의 효과는 원칙적으로 실종자의 종래 주소 또는 거소를 중심으로 한 사법상 법률관계에 대하여만 영향을 미치고 공법상의 법률관계에 대하여는 영향을 미치지 아니한다.

부재자의 재산관리인이 부재자의 대리인으로서 소를 제기하여 그 소송계속 중에 부재자에 대한 실종선고가 확정되어 그 소 제기 이전에 부재자가 사망한 것으로 간주되는 경우, 위 소 제기 자체가 소급하여 당사자능력이 없는 사망한 자가 제기한 것으로 되는 것은 아니다.[56]

---

55) 민법 제28조는 "실종선고를 받은 자는 민법 제27조제1항 소정의 생사불명기간이 만료된 때에 사망한 것으로 본다"고 규정하고 있으므로 실종선고가 취소되지 않는 한 반증을 들어 실종선고의 효과를 다툴 수는 없다(대판 1995.2.17. [94다52751]).

56) 부재자의 생사가 분명하지 아니한 경우, 부재자는 법원의 실종선고가 없는 한 사망자로 간주되지 아니하며, 부재자의 재산관리인이 부재자의 대리인으로서 소를 제기하여 그 소송계속 중에 부재자에 대한 실종선고가 확정되어 그 소 제기 이전에 부

第28條 (失踪宣告의 效果) 失踪宣告를 받은 者는 前條의 其間이 滿了한 때에 死亡한 것으로 본다.

4. 실종선고의 취소

실종자의 생존한 사실 또는 실종기간이 만료한 때와 상이한 때에 사망한 사실의 증명이 있으면 본인, 이해관계인 또는 검사의 청구에 따라 가정법원은 실종선고를 취소하여야 한다. 그렇지만 실종선고 후 그 취소 전에 선의로 한 행위의 효력에 영향을 미치지 아니한다(민법 제29조제1항).

실종선고의 취소가 있을 때에 실종의 선고를 직접원인으로 하여 재산을 취득한 자가 선의인 경우에는 그 받은 이익이 현존하는 한도에서 반환할 의무가 있고, 악의인 경우에는 그 받은 이익에 이자를 붙여서 반환하고 손해가 있으면 이를 배상하여야 한다(민법 제29조제2항). 여기서 '실종선고를 직접원인으로 하여 재산을 취득한 자'란 상속인 · 수증자 · 생명보험수익자 등을 가리키며, 이들로부터 재산권을 취득한 이른바 전득자는 포함되지 않는다.

第29條 (失踪宣告의 取消) ① 失踪者의 生存한 事實 또는 前條의 規定과 相異한 때에 死亡한 事實의 證明이 있으면 法院은 本人, 利害關係人 또는 檢事의 請求에 依하여 失踪宣告를 取消하여야 한다. 그러나 失踪宣告後 그 取消前에 善意로 한 行爲의 效力에 影響을 미치지 아니한다.
② 失踪宣告의 取消가 있을 때에 失踪의 宣告를 直接原因으로 하여 財産을 取得한 者가 善意인 境遇에는 그 받은 利益이 現存하는 限度에서 返還할 義務가 있고 惡意인 境遇에는 그 받은 利益에 利子를 붙여서 返還하고 損害가 있으면 이를 賠償하여야 한다.

재자가 사망한 것으로 간주되는 경우에도, 실종선고의 효력이 발생하기 전에는 실종기간이 만료된 실종자라 하여도 소송상 당사자능력을 상실하는 것은 아니므로, 실종선고가 확정된 때에 소송절차가 중단되어 부재자의 상속인 등이 이를 수계할 수 있을 뿐이고, 위 소 제기 자체가 소급하여 당사자능력이 없는 사망한 자가 제기한 것으로 되는 것은 아니다(대판 2008.6.26. [2007다11057]).

Ⅳ. 특별법상의 부재선고 및 인정사망제도

1. 부재선고제도(不在宣告制度)

미수복지구에서 그 이남의 지역에 옮겨 새로이 취적한 자 중 미수복지구 잔유자에 대한 부재선고와 미수복지구 이남의 지역에서 주소나 거소를 떠나 행방불명이 된 자에 대한 실종선고의 절차에 관한 특례법이 '부재선고등에 관한 특별조치법'이다. 이 법에 따라 부재선고를 받은 경우에는 상속, 혼인에 관하여 실종선고를 받은 것으로 본다(부재선고에 관한 특별조치법 제4조).

2. 인정사망제도(認定死亡制度)

수해, 화재나 그 밖의 재난으로 인하여 사망한 사람이 있는 경우에는 이를 조사한 관공서는 지체 없이 사망지의 시·읍·면의 장에게 통보하여야 하며(가족관계의 등록 등에 관한 법률 제87조 전단), 이 통보서에 따라 가족관계등록부에 사망의 기재를 하게 된다(같은 법 제16조). 이 법에 따라 가족관계등록부에 기재된 자는 사망한 것으로 다루어지는데, 이를 인정사망제도라 한다.

Ⅴ. 동시사망의 추정

2인 이상이 동일한 위난으로 사망한 경우에는 동시에 사망한 것으로 추정된다(민법 제30조). 즉 2인 이상이 동일한 위난으로 사망한 경우에 누가 먼저 사망하였는지의 사실확정은 상속여부에 영향을 미치므로 사망시기를 추정하여 그 입증을 완화함으로써 법률관계의 불합리를 조정하려는 규정이고, 이 규정은 동일 위난에 한하고 있어서 동일한 위난이 아닌 경우에는 적용할 수 없다. 예컨대, 처乙과 자丙이 비행기로 여행 중 추락으로 모두 사망하였고 乙에게는 남편 甲과 부모丁·戊가 있으며 상속재산으로 2,100만원을 남긴 경우 丙이 먼저 사망한 것이 증명되면, 甲과 丁·戊는 공동상속인이 되고 그 상속분은 甲이 900만원, 丁·戊는 각각 600만원씩을 상속하게 된다. 그러나 乙이 먼저 사망한 것이 입증되면, 먼저 丙이 상속한 다음에 丙도 사망하였으므로 甲이 단독으로 2,100만원을 상속하게 된다. 한편, 乙과 丙의 사망시기가 증명되지 않으면 동시에 사망한 것으로 추정되어 민법 제1001조의 대습상속에 따라 甲만이 상속인이 된다. 판례도 장인丁, 처乙과 자丙이 동일한 비행기를 타고 가던 중 추락하여 모두 사망한 경우 동시사망으로 추정한 다음 장인丁의 동생己와의 공동상속을 부정하고 사위 甲에게만 대습상속을 인정하였다.57)

第30條 (同時死亡) 2人 以上이 同一한 危難으로 死亡한 境遇에는 同時에 死亡한 것으로 推定한다.

57) 원래 대습상속제도는 대습자의 상속에 대한 기대를 보호함으로써 공평을 꾀하고 생존 배우자의 생계를 보장하여 주려는 것이고, 또한 동시사망 추정규정도 자연과학적으로 엄밀한 의미의 동시사망은 상상하기 어려운 것이나 사망의 선후를 입증할 수 없는 경우 동시에 사망한 것으로 다루는 것이 결과에 있어 가장 공평하고 합리적이라는 데에 그 입법 취지가 있는 것인바, 상속인이 될 직계비속이나 형제자매(피대습자)의 직계비속 또는 배우자(대습자)는 피대습자가 상속개시 전에 사망한 경우에는 대습상속을 하고, 피대습자가 상속개시 후에 사망한 경우에는 피대습자를 거쳐 피상속인의 재산을 본위상속을 하므로 두 경우 모두 상속을 하는데, 만일 피대습자가 피상속인의 사망, 즉 상속개시와 동시에 사망한 것으로 추정되는 경우에만 그 직계비속 또는 배우자가 본위상속과 대습상속의 어느 쪽도 하지 못하게 된다면 동시사망 추정 이외의 경우에 비하여 현저히 불공평하고 불합리한 것이라 할 것이고, 이는 앞서 본 대습상속제도 및 동시사망 추정규정의 입법 취지에도 반하는 것이므로, 민법 제1001조의 '상속인이 될 직계비속이 상속개시 전에 사망한 경우'에는 '상속인이 될 직계비속이 상속개시와 동시에 사망한 것으로 추정되는 경우'도 포함하는 것으로 합목적적으로 해석함이 상당하다. 피상속인의 자녀가 상속개시 전에 전부 사망한 경우 피상속인의 손자녀는 본위상속이 아니라 대습상속을 한다(대판 2001.3.9. [99다13157]).

제3장 법인

제1절 총칙

Ⅰ. 개관

1. 법인의 의의

개인은 사회를 이루고 살고 일정한 목적을 위하여 단체를 조직하여 활동을 한다. 이 경우 개인은 단체에 매몰되고 단체는 구성원이 확대됨에 따라 점차적으로 구성원 개인의 인격과 분리되는 현상이 나타난다. 즉 개인이 모여 형성된 단체는 일정한 수준에 도달하면 자연인과 분리된 독자적인 단체의 의사를 형성하게 되고, 외부에 단체명으로 의사를 표시하여 마치 자연인처럼 의사능력을 가지게 된다. 그리하여 민법은 단체에 대하여 자연인과 동일한 권리능력을 의제하여 법률관계를 획일화(내지는 단순화)시키고 있다. 이와 같이 권리능력을 의제하는 것을 '법인격의 부여'라고 하고, 통상 법인격의 부여는 법률에서 규정된 절차에 따라 설립등기로 이루어지며 법인격을 기준으로 하여 법인격 있는 단체와 법인격 없는 단체로 나누어진다.

단체는 그 성질에 따라 단체의 독자성이 강한 사단(社團)과 구성원의 개성이 법률관계에 나타나는 조합(組合)으로 나눌 수 있다. 또한 단체는 일정한 목적 하에 개인들이 모인 단체(社團)와 일정한 목적에 출연된 재산을 중심으로 모인 단체(財團)로 나누어지며, 전자의 단체에 법인격을 부여한 것을 사단법인(社團法人)이라고 하고, 후자의 단체에 법인격을 부여한 것을 재단법인(財團法人)이라 한다. 재단법인은 비영리를 목적으로 하는 공익법인만이 인정된다.

2. 사단

(1) 법인격 있는 사단

법인격 있는 사단은 그 구성원의 인격을 초월한 존재가 되고 구성원 개개인은 단체 속에 매몰된다. 즉 사단 행위는 대표자 등 기관에 의하여 행하여지고 그 법률효과는 사단 자체에 귀속하며 사단의 구성원에게 귀속하지 않는다. 이 경우 사원은 총회를 통하여 다수결원리에 따라 기관의 행위를 결정하고 단체의 운영에 참여한다. 사단의 자산이나 부채도 모두 사단 자체의 단독소유이고, 사원은 자산으로부터 배당을 받거나 또는 그 설비를 이용할 수 있을 뿐이며 사단의 채무에 대하여 책임을 지지 않는다. 사단의 구성원이 1인만이 남아 있는 경우에도 법인격은 인정될 수 있으며, 법인격의 남용여부는 법인격 형해화의 정도 및 거래상대방의 인식이나 신뢰 등 제반사정을 종합적으로 고려하여 개별적으로 판단한다.[58)]

---

58) 회사가 외형상으로는 법인의 형식을 갖추고 있으나 법인의 형태를 빌리고 있는 것에 지나지 아니하고 실질적으로는 완전히 그 법인격의 배후에 있는 사람의 개인기업에 불과하거나, 그것이 배후자에 대한 법률적용을 회피하기 위한 수단으로 함부로 이용되는 경우에는, 비록 외견상으로는 회사의 행위라 할지라도 회사와 그 배후자가 별개의 인격체임을 내세워 회사에게만 그로 인한 법적 효과가 귀속됨을 주장하면서 배후자의 책임을 부정하는 것은 신의성실의 원칙에 위배되는 법인격의 남용으로서 심히 정의와 형평에 반하여 허용될 수 없고, 따라서 회사는 물론 그 배후자인 타인에 대하여도 회사의 행위에 관한 책임을 물을 수 있다고 보아야 한다. 여기서 회사가 그 법인격의 배후에 있는 사람의 개인기업에 불과하다고 보려면, 원칙적으로 문제가 되고 있는 법률행위나 사실행위를 한 시점을 기준으로 하여, 회사와 배후자 사이에 재산과 업무가 구분이 어려울 정도로 혼용되었는지 여부, 주주총회나 이사회를 개최하지 않는 등 법률이나 정관에 규정된 의사결정절차를 밟지 않았는지 여부, 회사 자본의 부실 정도, 영업의 규모 및 직원의 수 등에 비추어 볼 때, 회사가 이름뿐이고 실질적으로는 개인 영업에 지나지 않는 상태로 될 정도로 형해화되어야 한다. 또한, 위와 같이 법인격이 형해화될 정도에 이르지 않더라도 회사의 배후에 있는 자가 회사의 법인격을 남용한 경우, 회사는 물론 그 배후자에 대하여

(2) 법인격 없는 사단

(가) 의의

법인은 법률의 규정에 따르지 아니하면 성립하지 못한다(민법 제31조). 따라서 현실생활에 존재하는 많은 독립성이 있는 단체는 법인격을 가지지 못하게 되어 법인격 없는 사단이 된다. 판례는 어떤 단체가 고유의 목적을 가지고 사단적 성격을 가지는 규약을 만들어 이에 근거하여 의사결정기관 및 집행기관인 대표자를 두는 등의 조직을 갖추고 있고, 기관의 의결이나 업무집행방법이 다수결의 원칙에 의하여 행하여지며, 구성원의 가입, 탈퇴 등으로 인한 변경에 관계없이 단체 그 자체가 존속되고, 그 조직에 의하여 대표의 방법, 총회나 이사회 등의 운영, 자본의 구성, 재산의 관리 기타 단체로서의 주요사항이 확정되어 있는 경우에는 비법인사단으로서의 실체를 가진다고 보았다.[59] 이와 같이 법인격 없는 사단의 법률관계는 사단과 구성원 사이의 법률관계가 명확하지 않다. 따라서 민사특별법은 법인격 없는 사단에 대하여 예외적으로 부동산등기능력과 소송능력을 인정한다. 즉 부동산등기법은 제26조제1항에서 「종중, 문중 그 밖에 대표자나 관리인이 있는 법인 아닌 사단이나 재단에 속하는 부동산의 등기에 관하여서는 그 사단이나 재단을 등기권리자 또는 등기의무자로 한다」고 규정하여 등기능력을 인정한다. 민사소송법도 제52조에서「법인 아닌 사단이나 재단으로서 대표자 또는 관리인이 있으면 그 이름으로 당사자가 될 수 있다」고 하여 당사자능력을 인정한다.

도 회사의 행위에 관한 책임을 물을 수 있으나, 이 경우 채무면탈 등의 남용행위를 한 시점을 기준으로 하여, 회사의 배후에 있는 사람이 회사를 자기 마음대로 이용할 수 있는 지배적 지위에 있고, 그와 같은 지위를 이용하여 법인 제도를 남용하는 행위를 할 것이 요구되며, 위와 같이 배후자가 법인 제도를 남용하였는지 여부는 앞서 본 법인격 형해화의 정도 및 거래상대방의 인식이나 신뢰 등 제반 사정을 종합적으로 고려하여 개별적으로 판단하여야 한다(대판 2008.9.11. [2007다90982]).

59) 대판 1999.4.23. [99다4504]

판례는 법인격 없는 사단의 경우 법인격을 전제로 하는 것(예컨대, 법인 등기)을 제외하고는 사단법인에 관한 규정이 적용된다고 본다.[60] 예컨대, 임시이사 선임에 관한 민법 제63조의 규정은 법인 아닌 사단 또는 재단에도 유추 적용할 수 있다.[61] 그러나 법인격 없는 사단의 경우에는 대표자의 대표권 제한에 관하여 등기할 방법이 없어 거래 상대방이 그와 같은 대표권 제한 사실을 알았거나 알 수 있었을 경우가 아니라면 그 거래행위는 유효하고, 이 경우 거래의 상대방이 대표권 제한 사실을 알았거나 알 수 있었음은 이를 주장하는 비법인사단측이 주장·입증하여야 한다.[62]

법인격 없는 사단의 경우 총유물의 관리 및 처분에 관하여 정관이나 규약이 정한 바가 있으면 이에 따르고, 정관이나 규약이 정한 바가 없다면 사원총회의 결의에 따라야 한다. 이 경우 사원총회의 결의를 거치지 않은 총

---

60) 비법인사단에 대하여는 사단법인에 관한 민법 규정 가운데서 법인격을 전제로 하는 것을 제외하고는 이를 유추적용하여야 할 것인바, 민법 제62조의 규정에 비추어 보면 비법인사단의 대표자는 정관 또는 총회의 결의로 금지하지 아니한 사항에 한하여 타인으로 하여금 특정한 행위를 대리하게 할 수 있을 뿐 비법인사단의 제반 업무처리를 포괄적으로 위임할 수는 없다 할 것이므로, 비법인사단 대표자가 행한 타인에 대한 업무의 포괄적 위임과 그에 따른 포괄적 수임인의 대행행위는 민법 제62조의 규정에 위반된 것이어서 비법인사단에 대하여는 그 효력이 미치지 아니한다(대판 1996.9.6. [94다18522]).

61) 민법 제63조는 법인의 조직과 활동에 관한 것으로서 법인격을 전제로 하는 조항이 아니고, 법인 아닌 사단이나 재단의 경우에도 이사가 없거나 결원이 생길 수 있으며, 통상의 절차에 따른 새로운 이사의 선임이 극히 곤란하고 종전 이사의 긴급처리권도 인정되지 아니하는 경우에는 사단이나 재단 또는 타인에게 손해가 생길 염려가 있을 수 있으므로, 민법 제63조는 법인 아닌 사단이나 재단에도 유추 적용할 수 있다(대판(전합) 2009.11.19. [2008마699]).

62) 비법인사단의 경우에는 대표자의 대표권 제한에 관하여 등기할 방법이 없어 민법 제60조의 규정을 준용할 수 없고, 비법인사단의 대표자가 정관에서 사원총회의 결의를 거쳐야 하도록 규정한 대외적 거래행위에 관하여 이를 거치지 아니한 경우라도, 이와 같은 사원총회 결의사항은 비법인사단의 내부적 의사결정에 불과하다 할 것이므로, 그 거래 상대방이 그와 같은 대표권 제한 사실을 알았거나 알 수 있었을 경우가 아니라면 그 거래행위는 유효하다고 봄이 상당하고, 이 경우 거래의 상대방이 대표권 제한 사실을 알았거나 알 수 있었음은 이를 주장하는 비법인사단측이 주장·입증하여야 한다(대판 2003.7.22. [2002다64780]).

유물의 관리 및 처분행위는 무효이고, 상대방의 선의 여부는 문제되지 아니한다.[63] 그렇지만 법인격 없는 사단이 타인 사이의 금전채무를 보증하는 행위는 단순한 채무부담행위에 불과하여 총유물의 관리·처분행위로 볼 수 없다. 따라서 법인격 없는 사단의 대표자가 규약에서 정한 사원총회의 결의를 거치지 않았다고 하여도 그것만으로 바로 그 보증계약이 무효가 되는 것은 아니다.[64] 그렇지만 총유재산에 관한 소송은 법인격 없는 사단이 그 명의로 사원총회의 결의를 거쳐 하거나 또는 그 구성원 전원이 당사자가 되어 필수적 공동소송의 형태로 할 수 있을 뿐 그 사단의 구성원은 설령 그가 사단의 대표자라거나 사원총회의 결의를 거쳤다 하더라도 그 소송의 당사자가 될 수 없고, 이러한 법리는 총유재산의 보존행위로서 소를 제기하는 경

---

63) 무주택자들이 조합원이 되어 조합원들의 공동주택을 건립하기 위하여 설립한 주택조합이 공동주택 건설사업이라는 단체 고유의 목적을 가지고 활동하며 규약 및 단체로서의 조직을 갖추고 집행기관인 대표자가 있고 의결이나 업무집행 방법이 총회의 다수결의 원칙에 따라 행해지며 구성원의 가입 탈퇴에 따른 변경에 관계 없이 단체 그 자체가 존속하는 등 단체로서의 중요사항이 확정되어 있다면 조합이라는 명칭에 불구하고 비법인사단에 해당하므로, 주택조합이 주체가 되어 신축 완공한 건물로서 일반에게 분양되는 부분은 조합원 전원의 총유에 속하며, 총유물의 관리 및 처분에 관하여 주택조합의 정관이나 규약에 정한 바가 있으면 이에 따라야 하고, 그에 관한 정관이나 규약이 없으면 조합원 총회의 결의에 의하여야 할 것이며, 그와 같은 절차를 거치지 않은 행위는 무효라고 할 것이다(대판 2003.7.11. [2001다73626]).

64) 민법 제275조, 제276조제1항에서 말하는 총유물의 관리 및 처분이라 함은 총유물 그 자체에 관한 이용·개량행위나 법률적·사실적 처분행위를 의미하는 것이므로, 비법인사단이 타인 간의 금전채무를 보증하는 행위는 총유물 그 자체의 관리·처분이 따르지 아니하는 단순한 채무부담행위에 불과하여 이를 총유물의 관리·처분행위라고 볼 수는 없다. 따라서 비법인사단인 재건축조합의 조합장이 채무보증계약을 체결하면서 조합규약에서 정한 조합 임원회의 결의를 거치지 아니하였다거나 조합원 총회 결의를 거치지 않았다고 하더라도 그것만으로 바로 그 보증계약이 무효라고 할 수는 없다. 다만, 이와 같은 경우에 조합 임원회의의 결의 등을 거치도록 한 조합규약은 조합장의 대표권을 제한하는 규정에 해당하는 것이므로, 거래 상대방이 그와 같은 대표권 제한 및 그 위반 사실을 알았거나 과실로 인하여 이를 알지 못한 때에는 그 거래행위가 무효로 된다고 봄이 상당하며, 이 경우 그 거래 상대방이 대표권 제한 및 그 위반 사실을 알았거나 알지 못한 데에 과실이 있다는 사정은 그 거래의 무효를 주장하는 측이 이를 주장·입증하여야 한다(대판(전합) 2007.4.19. [2004다60072,60089]).

우에도 마찬가지이다.[65)]

(a) 종중

종중은 법인격 없는 사단에 해당하는 대표적인 단체이다. 여기서 '종중'이란 공동선조의 분묘수호와 제사 및 종중원 상호간의 친목 등을 목적으로 하는 자연발생적인 관습상의 종족집단체로서 특별한 조직행위를 필요로 하는 것이 아니고, 공동선조의 후손 중 성년 이상의 남자는 당연히 그 구성원(종원)이 되는 것이며 그 중 일부를 임의로 그 구성원에서 배제할 수 없으므로, 특정지역 내에 거주하는 일부 종중원이나 특정 항렬의 종중원만을 그 구성원으로 하는 단체는 종중 유사의 단체에 불과하고 고유의 의미의 종중은 될 수 없다.[66)] 판례는 종원의 자격을 성년 남자로만 제한하고 여성에게는 종원의 자격을 부여하지 않는 종래 관습에 대하여 변화된 우리의 전체 법질서에 부합하지 아니하여 정당성과 합리성이 있다고 할 수 없으므로 종중 구성원의 자격을 성년 남자만으로 제한하는 종래의 관습법은 이제 더 이상 법적 효력을 가질 수 없게 되었고, 여성도 종중의 구성원이 될 수 있다고 보았다.[67)]

---

65) 민법 제276조제1항은 "총유물의 관리 및 처분은 사원총회의 결의에 의한다.", 같은 조 제2항은 "각 사원은 정관 기타의 규약에 좇아 총유물을 사용·수익할 수 있다."라고 규정하고 있을 뿐 공유나 합유의 경우처럼 보존행위는 그 구성원 각자가 할 수 있다는 민법 제265조 단서 또는 제272조 단서와 같은 규정을 두고 있지 아니한바, 이는 법인 아닌 사단의 소유형태인 총유가 공유나 합유에 비하여 단체성이 강하고 구성원 개인들의 총유재산에 대한 지분권이 인정되지 아니하는 데에서 나온 당연한 귀결이라고 할 것이므로 총유재산에 관한 소송은 법인 아닌 사단이 그 명의로 사원총회의 결의를 거쳐 하거나 또는 그 구성원 전원이 당사자가 되어 필수적 공동소송의 형태로 할 수 있을 뿐 그 사단의 구성원은 설령 그가 사단의 대표자라거나 사원총회의 결의를 거쳤다 하더라도 그 소송의 당사자가 될 수 없고, 이러한 법리는 총유재산의 보존행위로서 소를 제기하는 경우에도 마찬가지라 할 것이다(대판(전합) 2005.9.15. [2004다44971]).

66) 대판 2002.5.10. [2002다4863]

67) 종원의 자격을 성년 남자로만 제한하고 여성에게는 종원의 자격을 부여하지 않는 종래 관습에 대하여 우리 사회 구성원들이 가지고 있던 법적 확신은 상당 부분 흔들리거나 약화되어 있고, 무엇보다도 헌법을 최상위 규범으로 하는 우리의 전체 법

종중의 대표는 종장이지만 별도로 종중대표자를 선임한 경우에는 종중대표자만이 종중의 대표권을 가지고 관리처분권을 가진다.[68] 종중 대표자의 선임에 있어서 그 종중에 규약이나 일반 관례가 있으면 그에 따라 선임하고 그것이 없다면 종장 또는 문장이 그 종원 중 성년 이상의 사람을 소집하여 출석자의 과반수 결의로 선출하며, 평소에 종중에 종장이나 문장이 선임되어 있지 아니하고 선임에 관한 규약이나 일반 관례가 없으면 현존하는 연고항존자가 종장이나 문장이 되어 국내에 거주하고 소재가 분명한 종원에게 통지하여 종중총회를 소집하고 그 회의에서 종중 대표자를 선임하는 것이 일반 관습이라 할 것이고,[69] 문장이나 연고항존자라고 하더라도 그것만으로 당연히 종중재산에 대한 대표권을 갖는 것은 아니다.[70] 종중원들이 종중 재산의 관리 또는 처분 등을 위하여 종중의 규약에 따른 적법한 소집권자 또는 일반 관례에 따른 종중총회의 소집권자인 종중의 연고항존자에게 필요한 종중의 임시총회 소집을 요구하였음에도 그 소집권자가 정당한

질서는 개인의 존엄과 양성의 평등을 기초로 한 가족생활을 보장하고, 가족 내의 실질적인 권리와 의무에 있어서 남녀의 차별을 두지 아니하며, 정치·경제·사회·문화 등 모든 영역에서 여성에 대한 차별을 철폐하고 남녀평등을 실현하는 방향으로 변화되어 왔으며, 앞으로도 이러한 남녀평등의 원칙은 더욱 강화될 것인바, 종중은 공동선조의 분묘수호와 봉제사 및 종원 상호간의 친목을 목적으로 형성되는 종족단체로서 공동선조의 사망과 동시에 그 후손에 의하여 자연발생적으로 성립하는 것임에도, 공동선조의 후손 중 성년 남자만을 종중의 구성원으로 하고 여성은 종중의 구성원이 될 수 없다는 종래의 관습은, 공동선조의 분묘수호와 봉제사 등 종중의 활동에 참여할 기회를 출생에서 비롯되는 성별만에 의하여 생래적으로 부여하거나 원천적으로 박탈하는 것으로서, 위와 같이 변화된 우리의 전체 법질서에 부합하지 아니하여 정당성과 합리성이 있다고 할 수 없으므로, 종중 구성원의 자격을 성년 남자만으로 제한하는 종래의 관습법은 이제 더 이상 법적 효력을 가질 수 없게 되었다(대판(전합) 2005.7.21. [2002다1178]).

68) 종중을 대표하고 종중회의를 소집하는 권한은 관습상 종중원중 연고행존자에 해당하는 종장에게 있으나 다만 종중규약 또는 당해 종중의 관습이나 일반관례에 의하여 별도로 종중대표자를 선임한 경우에는 이러한 종중대표자만이 종중대표권을 가지며 특히 종중재산에 관하여는 종장에게 아무런 권한이 없고 오로지 종중대표자만이 종중을 대표하여 그 관리처분권을 갖는다(대판 1983.12.13. [83다카1463]).

69) 대판 1997.11.14. [96다25715]

70) 대판 1999.7.27. [99다9523]

이유 없이 이에 응하지 아니하는 경우에는 차석 연고항존자 또는 발기인(위 총회의 소집을 요구한 발의자들)이 소집권자를 대신하여 그 총회를 소집할 수 있다.[71] 이 경우 대표자를 선임하기 위하여 개최되는 종중총회의 소집권을 가지는 연고항존자를 확정함에 있어서 여성을 제외할 아무런 이유가 없으므로, 여성을 포함한 전체 종원 중 항렬이 가장 높고 나이가 가장 많은 사람이 연고항존자가 된다. 다만, 이러한 연고항존자는 족보 등의 자료에 의하여 형식적·객관적으로 정하여지는 것이지만 이에 따라 정하여지는 연고항존자의 생사가 불명한 경우나 연락이 되지 아니한 경우도 있으므로, 사회통념상 가능하다고 인정되는 방법으로 생사 여부나 연락처를 파악하여 연락이 가능한 범위 내에서 종중총회의 소집권을 행사할 연고항존자를 특정하면 충분하다.[72]

따라서 종중 총회의 소집통지 대상이 되는 종중원의 범위 확정과 그 소집통지의 방법 및 일부 종중원에 대한 소집통지를 결여한 종중 총회 결의는 효력이 없다.[73] 종중총회는 특별한 사정이 없는 한 족보에 의하여 소집통지 대상이 되는 종중원의 범위를 확정한 후 국내에 거주하여 소재가 분명하여 연락통지가 가능한 모든 종중원에게 개별적으로 소집통지를 함으로써 각자가 회의와 토의와 의결에 참가할 수 있는 기회를 주어야 하고, 일부 종중원에게 소집통지를 결여한 채 개최된 종중총회의 결의는 효력이 없으나(소집권자가 지파 또는 거주지별 대표자에게 총회소집을 알리는 것만으로는 총회소집이 적법하게 통지되었다고 볼 수 없다[74]), 그 소집통지의 방법

---

71) 종중원들이 종중 재산의 관리 또는 처분 등을 위하여 종중의 규약에 따른 적법한 소집권자 또는 일반 관례에 따른 종중총회의 소집권자인 종중의 연고항존자에게 필요한 종중의 임시총회 소집을 요구하였음에도 그 소집권자가 정당한 이유 없이 이에 응하지 아니하는 경우에는 차석 또는 발기인(위 총회의 소집을 요구한 발의자들)이 소집권자를 대신하여 그 총회를 소집할 수 있는 것이고, 반드시 민법 제70조를 준용하여 감사가 총회를 소집하거나 종원이 법원의 허가를 얻어 총회를 소집하여야 하는 것은 아니다(대판 2011.2.10. [2010다83199,83205]).

72) 대판 2010.12.9. [2009다26596]

73) 대판 2007.3.29. [2006다74273]

은 반드시 직접 서면으로 하여야만 하는 것은 아니고 구두 또는 전화로 하여도 되고 다른 종중원이나 세대주를 통하여 하여도 무방하다. 종중총회의 결의방법에 있어 종중규약에 다른 규정이 없는 이상 종원은 서면이나 대리인으로 결의권을 행사할 수 있으므로 일부 종원이 총회에 직접 출석하지 아니하고 다른 출석 종원에 대한 위임장 제출방식에 의하여 종중의 대표자 선임 등에 관한 결의권을 행사하는 것도 허용된다.75)

비법인사단인 종중의 토지 매각대금은 종원의 총유에 속하고, 그 매각대금의 분배는 총유물의 처분에 해당하므로, 정관 기타 규약에 달리 정함이 없는 한 종중총회의 결의에 의하여 그 매각대금을 분배할 수 있고, 그 분배 비율, 방법, 내용 역시 결의에 의하여 자율적으로 결정할 수 있다. 그러나 종중은 공동선조의 분묘수호와 제사 및 종원 상호간의 친목 등을 목적으로 하여 구성되는 자연발생적인 종족집단으로 그 공동선조와 성과 본을 같이 하는 후손은 그 의사와 관계없이 성년이 되면 당연히 그 구성원(종원)이 되는 종중의 성격에 비추어, 종중재산의 분배에 관한 종중총회의 결의 내용이 현저하게 불공정하거나 선량한 풍속 기타 사회질서에 반하는 경우 또는 종원의 고유하고 기본적인 권리의 본질적인 내용을 침해하는 경우 그 결의는 무효이다. 여기서 종중재산의 분배에 관한 종중총회의 결의 내용이 현저하게 불공정한 것인지 여부는 종중재산의 조성 경위, 종중재산의 유지·관리에 대한 기여도, 종중행사 참여도를 포함한 종중에 대한 기여도, 종중재산의 분배 경위, 전체 종원의 수와 구성, 분배 비율과 그 차등의 정도, 과거의 재산분배 선례 등 제반 사정을 고려하여 판단하여야 한다.76)

(b) 교회

교회는 일정한 종교적 목적으로 구성된 법인격 없는 사단에 해당된다.77)

---

74) 대판 1994.6.14. [93다45244]

75) 대판 2000.2.25. [99다20155]

76) 대판 2010.9.9. [2007다42310,42327]

77) 원고 신창교회는 대한기독교 장로회의 소속 교회로서 대한기독교 장로회헌법의 규

교회의 담임목사는 예배 및 종교활동을 주재하는 종교상의 지위와 아울러 비법인사단의 대표자 지위를 겸유하면서 교회 재산의 관리처분과 관련한 대표권을 가진다.[78] 교회에 있어서 교인들의 연보, 헌금 기타 교회의 수입으로 이루어진 재산은 특별한 사정이 없는 한 그 교회 소속 교인들의 총유에 속한다. 따라서 그 재산의 처분은 그 교회의 정관 기타 규약에 의하거나 그것이 없는 경우에는 그 교회 소속 교인들로 구성된 총회의 결의에 따라야 한다. 교회의 대표자는 총유물인 교회 재산의 처분에 관하여 교인총회의 결의를 거치지 아니하고는 이를 대표하여 행할 권한이 없다. 그리고 교회의 대표자가 권한 없이 행한 교회 재산의 처분행위에 대하여는 민법 제126조의 표현대리에 관한 규정이 준용되지 아니한다.[79]

교회의 분열에 대하여는 민법의 사단법인에 관한 규정을 적용한다. 예컨대, 교인들의 일부가 소속 교단을 탈퇴하기로 결의한 다음 종전 교회를 나가 별도의 교회를 설립하여 별도의 대표자를 선정하고 나아가 다른 교단에 가입한 경우, 소속 교단에서의 탈퇴 내지 소속 교단의 변경은 사단법인 정관변경에 준하여 의결권을 가진 교인 3분의2 이상의 찬성에 의한 결의를 필요로 하고, 그 결의요건을 갖추어 소속 교단을 탈퇴하거나 다른 교단으로 변경한 경우에 한정하여 종전 교회의 실체는 새로운 교회로서 존속하고 종전 교회 재산은 새로 설립된 교회 소속 교인들의 총유로 한다.[80]

율을 받는 신도 50여명 정도와 제직 10명 정도를 가지고 있고 목사를 제직회장으로 하고 있으므로 이는 민사소송법 제48조에서 말하는 대표자 있는 법인 아닌 사단에 해당한다 할 것이다(대판 1962.7.12. [62다133]).

78) 교회의 헌법 등에 다른 정함이 있는 등의 특별한 사정이 없는 한, 교회의 대표자(담임목사)는 예배 및 종교활동을 주재하는 종교상의 지위와 아울러 비법인사단의 대표자 지위를 겸유하면서 교회 재산의 관리처분과 관련한 대표권을 가지므로, 재산의 관리처분과 관련한 교회 대표자 지위에 관한 분쟁은 구체적인 권리 또는 법률관계를 둘러싼 분쟁에 해당하여 그 대표자 지위의 부존재 확인을 구하는 것은 소의 이익이 있다(대판 2007.11.16. [2006다41297]).

79) 대판 2009.2.12. [2006다23312]

80) 우리 민법이 사단법인에 있어서 구성원의 탈퇴나 해산은 인정하지만 사단법인의 구성원들이 2개의 법인으로 나뉘어 각각 독립한 법인으로 존속하면서 종전 사단법인

(c) 기타

이 밖에 법인격이 없는 사단으로 볼 수 있는 것으로 사찰, 동(洞)·리(理) 또는 자연부락, 입주자대표회의,[81] 어촌계,[82] 아파트부녀회[83] 등이 있다.

에게 귀속되었던 재산을 소유하는 방식의 사단법인의 분열은 인정하지 아니한다. 그 법리는 법인 아닌 사단에 대하여도 동일하게 적용되며, 법인 아닌 사단의 구성원들의 집단적 탈퇴로써 사단이 2개로 분열되고 분열되기 전 사단의 재산이 분열된 각 사단들의 구성원들에게 각각 총유적으로 귀속되는 결과를 초래하는 형태의 법인 아닌 사단의 분열은 허용되지 않는다. 교회가 법인 아닌 사단으로서 존재하는 이상, 그 법률관계를 둘러싼 분쟁을 소송적인 방법으로 해결함에 있어서는 법인 아닌 사단에 관한 민법의 일반 이론에 따라 교회의 실체를 파악하고 교회의 재산 귀속에 대하여 판단하여야 하고, 이에 따라 법인 아닌 사단의 재산관계와 그 재산에 대한 구성원의 권리 및 구성원 탈퇴, 특히 집단적인 탈퇴의 효과 등에 관한 법리는 교회에 대하여도 동일하게 적용되어야 한다. 따라서 교인들은 교회 재산을 총유의 형태로 소유하면서 사용·수익할 것인데, 일부 교인들이 교회를 탈퇴하여 그 교회 교인으로서의 지위를 상실하게 되면 탈퇴가 개별적인 것이든 집단적인 것이든 이와 더불어 종전 교회의 총유 재산의 관리처분에 관한 의결에 참가할 수 있는 지위나 그 재산에 대한 사용·수익권을 상실하고, 종전 교회는 잔존 교인들을 구성원으로 하여 실체의 동일성을 유지하면서 존속하며 종전 교회의 재산은 그 교회에 소속된 잔존 교인들의 총유로 귀속됨이 원칙이다. 그리고 교단에 소속되어 있던 지교회의 교인들의 일부가 소속 교단을 탈퇴하기로 결의한 다음 종전 교회를 나가 별도의 교회를 설립하여 별도의 대표자를 선정하고 나아가 다른 교단에 가입한 경우, 그 교회는 종전 교회에서 집단적으로 이탈한 교인들에 의하여 새로이 법인 아닌 사단의 요건을 갖추어 설립된 신설 교회라 할 것이어서, 그 교회 소속 교인들은 더 이상 종전 교회의 재산에 대한 권리를 보유할 수 없게 된다(대판(전합) 2006.4.20. [2004다37775])

81) 입주자대표회의는 단체로서의 조직을 갖추고 의사결정기관과 대표자가 있을 뿐만 아니라, 또 현실적으로도 자치관리기구를 지휘, 감독하는 등 공동주택의 관리업무를 수행하고 있으므로 특별한 다른 사정이 없는 한 법인 아닌 사단으로서 당사자능력을 가지고 있는 것으로 보아야 한다(대판 1991.4.23. [91다4478]).

82) 어촌계의 총유인 어업권의 상실에 따른 손실보상금은 특별한 사정이 없는 한 어촌계의 총유에 속하므로 그 계원총회의 결의에 의하여서만 이를 분배할 수 있고, 이러한 계원총회의 결의가 없는 한 각 계원이 직접 어촌계에 대하여 자기 지분의 분배를 청구할 수는 없으며, 각 계원은 총회의 소집 또는 결의 절차에 하자가 있거나 그 결의의 내용이 각 계원의 어업의존도, 멸실한 어업시설 등 제반 사정을 참작한 손실 정도에 비추어 현저하게 불공정한 경우에 그 결의의 부존재 또는 무효 확인을 소구함으로써 그 권리를 구제받을 수 있다(대판 1995.8.22. [94다31020]).

83) 아파트에 거주하는 부녀를 회원으로 하여 입주자의 복지증진 및 지역사회 발전 등

(나) 법률관계

법인격 없는 사단의 내부관계는 정관(定款)에 규정한 바에 따라 규율된다. 정관의 명시적 규정이 없으면 다수결의 원리와 그 단체의 내부관행에 따른다. 즉 법인격 없는 사단은 사원이 집합체로서 총유(總有)라는 형태로 물건을 소유한다(민법 제275조). 마찬가지로 소유권 이외의 재산권에 대하여도 총유로 한다(민법 제278조). 예컨대, 교회의 구성원은 교회의 채무에 대하여 책임이 없으며, 교회의 재산은 교회의 채무에 대하여만 책임이 있고 관리인 등의 개인채무에 대하여는 책임이 없다.

총유물의 관리 및 처분에 관하여 정관이나 규약이 정한 바가 있으면 이에 따르고, 정관이나 규약이 정한 바가 없다면 사원총회의 결의에 따라야 한다. 따라서 이 경우 사원총회의 결의를 거치지 않은 총유물의 관리 및 처분행위는 무효이고, 상대방의 선의 여부는 문제되지 아니한다.[84] 한편, 법인격 없는 사단이 타인 사이의 금전채무를 보증하는 행위는 총유물의 관리·처분행위로 볼 수 없는 단순한 채무부담행위에 불과하여 총유물의 관리·처분행위로 볼 수 없다. 그러므로 법인격 없는 사단의 대표자가 규약에서 정한 사원총회의 결의를 거치지 않았다고 하여도 그것만으로 바로 그 보증계약이 무효가 되는 것은 아니다.[85]

을 목적으로 설립된 아파트 부녀회가 회칙과 임원을 두고서 주요 업무를 월례회나 임시회를 개최하여 의사결정하여 온 경우에 법인 아닌 사단의 실체를 갖추고 있다(대판 2006.12.21. [2006다52723]).

84) 무주택자들이 조합원이 되어 조합원들의 공동주택을 건립하기 위하여 설립한 주택조합이 공동주택 건설사업이라는 단체 고유의 목적을 가지고 활동하며 규약 및 단체로서의 조직을 갖추고 집행기관인 대표자가 있고 의결이나 업무집행 방법이 총회의 다수결의 원칙에 따라 행해지며 구성원의 가입 탈퇴에 따른 변경에 관계 없이 단체 그 자체가 존속하는 등 단체로서의 중요사항이 확정되어 있다면 조합이라는 명칭에 불구하고 비법인사단에 해당하므로 주택조합이 주체가 되어 신축 완공한 건물로서 일반에게 분양되는 부분은 조합원 전원의 총유에 속하며, 총유물의 관리 및 처분에 관하여 주택조합의 정관이나 규약에 정한 바가 있으면 이에 따라야 하고, 그에 관한 정관이나 규약이 없으면 조합원 총회의 결의에 의하여야 할 것이며, 그와 같은 절차를 거치지 않은 행위는 무효라고 할 것이다(대판 2003.7.11. [2001다73626]).

(다) 해산

법인격 없는 사단의 해산은 정관에 정한 바에 따른다. 정관에 정한 바가 없으면, 해산결정은 그 단체 구성원의 과반수로서 결정하는 것이 이성법적 원리라고 볼 수 있다. 그러나 판례는 법인격 없는 사단인 교회의 분할의 경우에도 법인격이 있는 사단의 해산에 관한 민법 제78조를 적용하여 총사원의 4분의 3이상의 동의로 해산할 수 있으며, 그 구성원의 3분의 2이상의 결의로 새로운 교회로 재산의 소유를 변경할 수 있다고 보았다.[86]

(3) 조합

조합은 어느 정도 구성원과는 독립한 존재이지만 단체로서의 단일성보다는 구성원의 개성이 강하게 표면에 나타난다.[87] 즉 단체의 행동은 구성원

---

85) 민법 제275조, 제276조 제1항에서 말하는 총유물의 관리 및 처분이라 함은 총유물 그 자체에 관한 이용·개량행위나 법률적·사실적 처분행위를 의미하는 것이므로, 비법인사단이 타인 간의 금전채무를 보증하는 행위는 총유물 그 자체의 관리·처분이 따르지 아니하는 단순한 채무부담행위에 불과하여 이를 총유물의 관리·처분행위라고 볼 수는 없다. 따라서 비법인사단인 재건축조합의 조합장이 채무보증계약을 체결하면서 조합규약에서 정한 조합 임원회의 결의를 거치지 아니하였다거나 조합원총회 결의를 거치지 않았다고 하더라도 그것만으로 바로 그 보증계약이 무효라고 할 수는 없다. 다만, 이와 같은 경우에 조합 임원회의의 결의 등을 거치도록 한 조합규약은 조합장의 대표권을 제한하는 규정에 해당하는 것이므로, 거래 상대방이 그와 같은 대표권 제한 및 그 위반 사실을 알았거나 과실로 인하여 이를 알지 못한 때에는 그 거래행위가 무효로 된다고 봄이 상당하며, 이 경우 그 거래 상대방이 대표권 제한 및 그 위반 사실을 알았거나 알지 못한 데에 과실이 있다는 사정은 그 거래의 무효를 주장하는 측이 이를 주장·입증하여야 한다(대판(전) 2007.4.19. [2004다60072]).

86) 대판 2006.4.20. [2004다37775]

87) 민법상의 조합과 법인격은 없으나 사단성이 인정되는 비법인사단을 구별함에 있어서는 일반적으로 그 단체성의 강약을 기준으로 판단하여야 하는바, 조합은 2인 이상이 상호간에 금전 기타 재산 또는 노무를 출자하여 공동사업을 경영할 것을 약정하는 계약관계에 의하여 성립하므로 어느 정도 단체성에서 오는 제약을 받게 되는 것이지만 구성원의 개인성이 강하게 드러나는 인적 결합체인 데 비하여 비법인사단은 구성원의 개인성과는 별개로 권리·의무의 주체가 될 수 있는 독자적 존재로서의 단체적 조직을 가지는 특성이 있다(대판 1999.4.23. [99다4504]).

전원 또는 전원으로부터 대리권이 수여된 자에 의하여 행하여지고 그 법률효과는 전원에게 귀속한다. 즉 조합의 재산관계는 합유(合有)이다.

3. 재단

(1) 법인격 있는 재단

법인격 있는 재단은 일정한 재산에 법인격을 부여하는 경우에 성립한다. 따라서 법인격 있는 재단은 그 스스로 업무를 처리하는 것으로 의제되고 대외적인 법률관계도 재단 자체에 귀속된다.

법인격 있는 재단은 목적이 정해져 있다는 점과 사원이 없다는 점 및 그 성립에 있어서 공익법인만을 인정한다는 점 등에서 사단법인과 차이가 있다.

(2) 법인격 없는 재단

법인격 없는 재단은 법인격 없는 사단과 달리 단체의 실체(사원)가 존재하지 아니한다. 따라서 민법은 법인격 없는 재단에 대하여 재산관계에 대하여도 규정하지 않았다. 다만, 법인격 없는 재단은 부동산등기법 제26조제1항「종중(宗中), 문중(門中), 그 밖에 대표자나 관리인이 있는 법인 아닌 사단(社團)이나 재단(財團)에 속하는 부동산의 등기에 관하여는 그 사단이나 재단을 등기권리자 또는 등기의무자로 한다」라고 규정하여 재단이 성립되기 이전이라도 부동산을 재단의 명의로 등기를 할 수 있다. 이와 같이 우리 민법은 법인격 없는 재단법인의 성립이나 재산보존에 대하여 법인격 의제에 관한 규정을 두지 아니한 입법상의 흠결이 있으며, 이로 말미암아 민법 제48조제2항에서 재단법인 설립 중에 피상속인이 사망한 경우 그 재산의 귀속이 불분명하다.[88)]

한편, 판례 중에는 종래부터 존재하여 오던 불교단체로 등록한 사찰은 권리능력 없는 재단으로서의 성격을 가지고 있다고 볼 것이므로 그 사찰의 재산을 신도와 승려의 총유에 속하는 것이 아니라 권리능력 없는 사찰 자체에 속한다고 본 사례도 있다.[89)]

Ⅱ. 법인의 성립

1. 법인성립의 준칙

법인은 법률의 규정에 의함이 아니면 성립하지 못한다(민법 제31조). 즉 법인은 법에 따라 인격이 의제되는 존재이어서 설립목적의 한도에서 존재할 수 있으며, 그 목적을 벗어나는 것은 허용되지 아니한다.

第31條 (法人成立의 準則) 法人은 法律의 規定에 依함이 아니면 成立하지 못한다.

2. 비영리법인의 성립과 허가

학술, 종교, 자선(慈善), 기예(技藝), 사교(社交) 기타 영리 아닌 사업을

---

88) 이와 같은 입법 흠결에 따라 정부는 민법 제48조를 개정하는 법률안을 2014년 10월 24일 국회에 제출하였다. 이 개정안 제48조제1항에서는 '재단법인을 설립하기 위하여 출연한 재산의 권리변동에 등기, 인도, 그 밖의 요건이 필요한 경우에는 그 요건을 갖춘 때에 법인의 재산이 된다'고 규정하고 있고, 같은 조 제2항에서는 '설립자의 사망 후에 재단법인이 성립하는 경우에는 재산 출연에 관하여는 그의 사망 전에 재단법인이 성립한 것으로 본다'고 규정하고 있다. 같은 조 제3항에서는 '제2항의 경우에 출연재산은 제1항의 요건을 갖추면 설립자가 사망한 때부터 법인에 귀속한 것으로 본다. 재단법인이 성립한 후 설립자가 사망한 경우에도 또한 같다'고 규정하고 있다.

89) 종래부터 존재하여 오던 사찰의 재산을 기초로 구 불교재산관리법(1987.11.28. 법률 제3974호 전통사찰보존법 시행으로 폐지)에 따라 불교단체등록을 한 사찰은 권리능력 없는 재단으로서의 성격을 가지고 있다고 볼 것이므로, 비록 그 신도들이 그 사찰의 재산을 조성하는 데 공헌을 하였다 할지라도 그 사찰의 재산은 신도와 승려의 총유에 속하는 것이 아니라 권리능력 없는 사찰 자체에 속한다(대판 1994.12.13. [93다43545]).

목적으로 하는 사단 또는 재단은 주무관청의 허가를 얻어 이를 법인으로 할 수 있다(민법 제32조).

第32條 (非營利法人의 設立과 許可) 學術, 宗敎, 慈善, 技藝, 社交 其他 營利 아닌 事業을 目的으로 하는 社團 또는 財團은 主務官廳의 許可를 얻어 이를 法人으로 할 수 있다.

3. 법인설립의 성립시기

법인은 설립등기를 한 때부터 법인으로서의 인격을 가지게 되고 권리능력도 가지게 된다. 즉 법인은 그 주된 사무소의 소재지에서 설립등기를 함으로써 성립한다(민법 제33조). 따라서 주무관청의 허가를 얻어 설립등기를 하기 전까지는 권리능력이 없다. 예컨대, 피상속인 甲이 재단법인을 설립하던 중에 아무런 유언을 남기지 아니하고 사망한 경우 또는 피상속인 甲이 상속재산 중의 일부를 새로 설립하는 재단법인에 출연하도록 유언을 한 경우에 상속인 乙은 설립중이던 재단법인의 설립행위를 철회하거나 또는 유언을 집행하지 아니할 수 있다.

第33條 (法人設立의 登記) 法人은 그 主된 事務所의 所在地에서 設立登記를 함으로써 成立한다.

4. 법인의 주소

법인의 주소는 그 주된 사무소의 소재지에 있는 것으로 한다(민법 제36조).

第36條 (法人의 住所) 法人의 住所는 그 主된 事務所의 所在地에 있는 것으로 한다.

Ⅲ. 법인의 권리능력

법인은 자연인과 달리 정관에 정한 범위 내에서만 권리능력이 있다. 즉 법인은 법률의 규정에 좇아 정관으로 정한 목적의 범위내에서 권리와 의무의 주체가 된다(민법 제34조). 여기서 '목적의 범위내'란 정관에 명시된 목적 자체에 국한되는 것이 아니라 그 목적을 수행하는 데 있어 직접·간접으로 필요한 행위를 모두 포함하고, 목적수행에 필요한지의 여부는 행위의 객관적인 성질에 따라 판단하며, 행위자의 주관적·구체적 의사에 따라 판단하는 것은 아니다.[90]

第34條 (法人의 權利能力) 法人은 法律의 規定에 좇아 定款으로 定한 目的의 範圍內에서 權利와 義務의 主體가 된다.

Ⅳ. 법인 대표기관의 불법행위에 대한 책임

1. 의의

법인의 인격은 법에 따라 의제되고 법인의 모든 법률행위는 자연인에 의하여 이루어진다. 따라서 법인의 불법행위능력은 처음부터 성립할 여지가 없다. 그렇지만 민법은 법률행위의 상대방을 보호하기 위하여 법인의 대표

---

90) 대판 1991.11.12. [91다8821]

기관의 직무에 관련하여 타인에게 가한 손해에 대하여 책임을 인정한다(민법 제35조제1항). 또한 법인이 사용자의 지위에 있는 경우에도 법인의 피용자가 타인에게 가한 손해에 한하여 책임을 진다(민법 제756조).

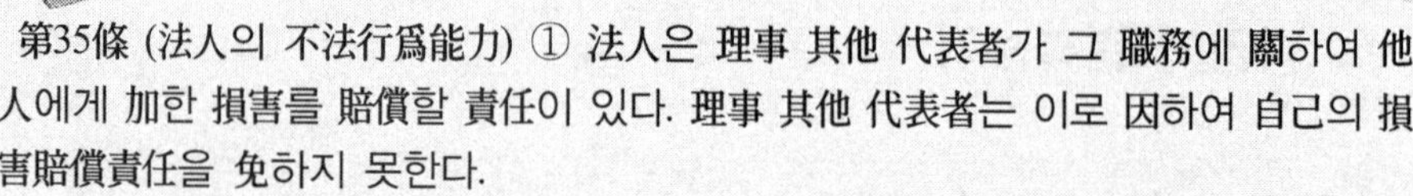

第35條 (法人의 不法行爲能力) ① 法人은 理事 其他 代表者가 그 職務에 關하여 他人에게 加한 損害를 賠償할 責任이 있다. 理事 其他 代表者는 이로 因하여 自己의 損害賠償責任을 免하지 못한다.
② 法人의 目的範圍外의 行爲로 因하여 他人에게 損害를 加한 때에는 그 事項의 議決에 贊成하거나 그 議決을 執行한 社員, 理事 및 其他 代表者가 連帶하여 賠償하여야 한다.

2. 기관행위에 대한 책임의 요건

법인은 이사 기타 대표자가 그 직무에 관하여 타인에게 가한 손해를 배상할 책임이 있다(민법 제35조제1항 전단). 즉 법인의 대표기관이 직무에 관련한 불법행위로 타인에게 가한 손해를 법인이 직접 배상할 의무가 있다. 여기서 '이사 기타 대표자'란 이사 이외의 대표자, 즉 임시이사·특별대리인·청산인을 의미하고, '직무'란 법인의 통상적 업무행위에 속하거나 또는 통상적 업무행위와 밀접한 관련을 가지고 있고 외관상으로도 그 업무행위와 유사하여 그 업무행위에 속하는 것으로 보여지는 경우에 한한다.[91] 따라서 행위의 외형상 법인의 대표자의 직무행위라고 인정할 수 있는 것이라면 설사 그것이 대표자 개인의 사리를 도모하기 위한 것이었거나 혹은 법령의 규정에 위배된 것이었다 하더라도 위의 직무에 관한 행위에 해당한다.[92]

91) '甲' 회사의 대표이사가 그 회사의 운영자금을 마련하기 위하여 자기가 또 전무이사로 있는 피고 회사 명의의 수표를 위조하여 원고에게 담보로 제공하고 그로부터 돈을 차용한 경우에 피고회사가 원고에게 책임을 지기 위하여는 채무담보행위가 피고 회사의 통상의 업무행위에 속하거나 또는 통상적 업무행위와 밀접한 관련을 가지고 있는 외관상으로도 그 업무행위와 유사하여 그 업무행위의 범위에 속하는 것으로 보여지는 경우에 한한다(대판 1974.5.28. [73다2014]).

한편, 법원은 대표이사의 행위가 대표기관의 고의적인 불법행위라 하더라도 법인 자체의 불법행위책임을 묻고 있는 피해자들에게 그 불법행위 내지 손해발생에 과실이 있다면 과실상계의 법리에 좇아 손해배상의 책임 및 그 금액을 정함에 있어 이를 참작하여야 한다.[93] 그러나 피해자는 대표기관의 행위가 직무권한 내에 해당하지 않음을 알았거나 중과실로 알지 못한 경우 법인에게 불법행위책임을 물을 수 없다.[94]

3. 대표기관 불법행위에 대한 책임의 효과

(1) 손해배상책임

법인은 대표기관이 직무상 타인에게 가한 손해에 대하여 배상할 책임을 진다. 이 경우 법인은 대표기관의 고의·과실에 관계없이 피해자에게 그 손해를 배상할 책임이 있다.

(2) 기관 개인의 책임

(가) 법인의 불법행위가 성립하는 경우

이사 기타 대표자는 이로 인하여 자기의 손해배상책임을 면하지 못한다(민법 제35조제1항 후단). 따라서 법인과 이사 중에서 선택적으로 손해배상을 청구할 수 있으며, 법인이 손해를 배상한 경우에는 그 불법행위자인 대표기관에 대하여 구상권을 행사할 수 있다.[95]

---

92) 대판 1969.8.26. [68다2320]

93) 신용금고의 대표이사가 고객들로부터 예탁금조로 교부받은 금원을 임의로 횡령한 경우에 있어 위 대표이사의 행위가 대표기관의 고의적인 불법행위라 하더라도 법인 자체의 불법행위책임을 묻고 있는 피해자들에게 그 불법행위 내지 손해발생에 과실이 있다면 법원은 과실상계의 법리에 좇아 손해배상의 책임 및 그 금액을 정함에 있어 이를 참작하여야 한다(대판 1987.11.24. [86다카1834]).

94) 대판 2004.3.26. [2003다34045]

95) 피해자인 법인의 대표자가 그 직무에 관하여 정리회사의 관리인과 공모하여 고의의

(나) 법인의 불법행위가 성립하지 아니하는 경우

법인의 목적 범위외의 행위로 인하여 타인에게 손해를 가한 때에는 그 사항의 의결에 찬성하거나 그 의결을 집행한 사원, 이사 및 기타 대표자가 연대하여 배상하여야 한다(민법 제35조제2항). 따라서 민법 제35조제2항의 연대책임은 민법 제760조제1항의 공동불법행위책임에 관한 특칙으로 보다 엄격한 책임에 해당된다.

Ⅴ. 법인의 공익성

1. 의의

법인은 법에 따라 인격이 형성된다. 따라서 법인은 설립에서 해산에 이르기까지 공익성을 가진다.

2. 법인 사무의 검사와 감독

법인의 사무는 주무관청이 검사, 감독한다(민법 제37조). 즉 국가는 법인에 대한 일반적인 검사와 감독권을 가진다.

불법행위를 저지른 결과 피해자에게 손해가 발생하고 정리회사가 이를 배상하여야 할 책임을 부담하는 경우, 정리회사의 관리인이 고의에 의한 공동불법행위자로서 피해자에 대하여 부담하는 손해배상액 전액에 대하여 정리회사로 하여금 손해배상책임을 부담하게 한다면 정리회사로서는 피해자의 대표자가 한 직무상 행위로 인하여 손해를 입게 되고 피해자로서는 민법 제35조에 의하여 정리회사에 대하여 손해배상책임을 부담하게 되어 피해자와 정리회사 사이에서 손해배상청구소송이 순환반복될 수밖에 없게 되는 점을 고려해 볼 때, 위와 같은 경우에 정리회사가 피해자에게 하여야 할 손해배상의 범위를 정함에 있어서는 피해자의 대표자와 정리회사의 관리인이 불법행위에 가담한 정도, 불법행위로 인한 이득의 귀속 여부 등을 고려하여 손해분담의 공평이라는 손해배상제도의 이념에 비추어 그 배상액을 제한할 수 있다(대판 2005.11.10. [2003다66066]).

第37條 (法人의 事務의 檢査, 監督) 法人의 事務는 主務官廳이 檢査, 監督한다.

3. 법인설립허가의 취소

법인이 목적이외의 사업을 하거나 설립허가의 조건에 위반하거나 기타 공익을 해하는 행위를 한 때에는 주무관청은 그 허가를 취소할 수 있다(민법 제38조).

第38條 (法人의 設立許可의 取消) 法人이 目的 以外의 事業을 하거나 設立許可의 條件에 違反하거나 其他 公益을 害하는 行爲를 한 때에는 主務官廳은 그 許可를 取消할 수 있다.

Ⅵ. 영리법인

영리를 목적으로 하는 사단은 상사회사설립의 조건에 좇아 이를 법인으로 할 수 있다(민법 제39조제1항). 이 경우 영리법인은 모두 상사회사에 관한 규정을 준용한다(민법 제39조제2항). 따라서 영리법인은 상법의 적용을 받는다.

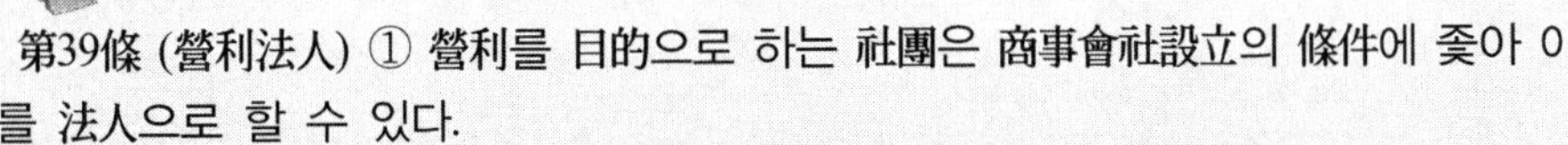

第39條 (營利法人) ① 營利를 目的으로 하는 社團은 商事會社設立의 條件에 좇아 이를 法人으로 할 수 있다.
② 前項의 社團法人에는 모두 商事會社에 關한 規定을 準用한다.

제2절 설립

Ⅰ. 개관

법인은 법률에 따라 성립한다. 따라서 사단법인은 정관 작성과 신고에 의하여 성립하고, 재단법인은 정관 작성과 설립등기에 의하여 성립한다. 다만, 판례는 사단법인의 경우 법인설립등기 이전에 법인의 설립과 관련된 법률행위에 한하여 법인의 책임을 인정하였고,[96] 재단법인의 경우 재단법인의 발기인이 법인설립허가를 받기 위한 준비행위로 재산의 증여를 받을 수 있고 그 등기의 명의신탁을 할 수 있으며 그 법률효과는 법인의 설립등기와 동시에 당연히 이를 계승한다고 보았다.[97]

그렇지만 판례는 사단법인의 구성원들이 그 법인을 해산하고 신법인을 결성한 경우 구법인이 그 청산절차를 종료하지 않은 이상 법인으로 존속하므로 구법인과 신법인과는 별개의 법인으로 보았다.[98]

---

96) 피고조합은 그 조합원의 가구의 공동생산, 공동가공, 공동소비를 목적으로 하여 설립된 조합인 바 피고조합이 설립되기 전의 설립중인 피고조합 발기인들이 관청에서 하는 부당한 가구등의 도급수의계약체결을 방지하는데 공동노력하기로 하고 그에 필요한 비용을 차입한 금원은 특별한 사정이 없는 한 설립중인 위 조합의 설립자체를 위한 비용이라고 볼 수 없는 것을 그 조합의 목적사업을 위한 비용이라 하여 설립후의 조합에게 변제할 책임이 있다고 판단하였음은 설립중인 법인의 행위에 대하여서의 설립후의 법인의 책임에 관한 법리를 오해한 위법이 있다고 할 것이다(대판 1965.4.13. [64다1940]).

97) 대판 1973.2.28. [72다2344, 2345]

98) 사단법인의 구성원들이 그 법인을 해산하고 신법인을 결성한 경우 구법인과 신법인의 구성원이 동일하고 그 두 법인의 임원과 대표자가 일시 부분적으로 중복된 때가 있었으며 두 법인의 설립목적이 같고 구법인이 해산하면서 그 재산을 신법인에 승계시키기로 결의하고 신법인이 구법인의 재산을 사실상 인수하여 관리한 바 있더라도 구법인이 그 청산절차를 종료하지 않은 이상 의연히 법인으로 존속하므로 구법인과 신법인과는 별개의 법인으로 보아야 한다(대판 1989.8.8. [88다카26123]).

Ⅱ. 사단법인의 설립

1. 정관작성

사단법인의 설립자는 사단법인의 설립행위로 정관을 작성하여 기명날인하여야 하는데, 정관에는 ① 목적, ② 명칭, ③ 사무소의 소재지, ④ 자산에 관한 규정, ⑤ 이사의 임면(任免)에 관한 규정, ⑥ 사원자격의 득실에 관한 규정, ⑦ 존립시기나 해산사유를 정하는 때에는 그 시기 또는 사유를 기재하여야 한다(민법 제40조). 사단법인의 정관은 계약이 아니라 자치법규이므로 정관의 해석은 객관적 기준에 따라 규범적 의미내용을 확정하는 법규해석의 방법에 따라야 하며 작성자의 주관이나 사원총회의 결의방식으로 정관을 해석해서는 안된다.[99)]

이사의 대표권을 제한하는 경우 정관에 이를 기재하지 아니하면 그 효력이 없다(민법 제41조). 즉 이사의 대표권 제한은 정관기재사항이자 민법 제60조에 따라 법인등기사항에 해당된다.

第40條 (社團法人의 定款) 社團法人의 設立者는 다음 各號의 事項을 記載한 定款을 作成하여 記名捺印하여야 한다.
1. 目的
2. 名稱
3. 事務所의 所在地
4. 資産에 關한 規定

99) 사단법인의 정관은 이를 작성한 사원뿐만 아니라 그 후에 가입한 사원이나 사단법인의 기관 등도 구속하는 점에 비추어 보면 그 법적 성질은 계약이 아니라 자치법규로 보는 것이 타당하므로, 이는 어디까지나 객관적인 기준에 따라 그 규범적인 의미 내용을 확정하는 법규해석의 방법으로 해석되어야 하는 것이지, 작성자의 주관이나 해석 당시의 사원의 다수결에 의한 방법으로 자의적으로 해석될 수는 없다 할 것이어서, 어느 시점의 사단법인의 사원들이 정관의 규범적인 의미 내용과 다른 해석을 사원총회의 결의라는 방법으로 표명하였다 하더라도 그 결의에 의한 해석은 그 사단법인의 구성원인 사원들이나 법원을 구속하는 효력이 없다(대판 2000.11.24. [99다12437]).

5. 理事의 任免에 關한 規定
6. 社員資格의 得失에 關한 規定
7. 存立時期나 解散事由를 定하는 때에는 그 時期 또는 事由

條41條 (理事의 代表權에 對한 制限) 理事의 代表權에 對한 制限은 이를 定款에 記載하지 아니하면 그 效力이 없다.

2. 사단법인의 정관변경

사단법인의 정관은 총사원 3분의 2이상의 동의가 있는 때에 한하여 이를 변경할 수 있고 정수에 관하여 정관에 달리 정할 수 있다(민법 제42조제1항). 이 경우 사단법인은 정관에 정한 바에 따라서 정관을 변경하였다고 하여도 주무관청(主務官廳)의 허가를 얻지 아니하면 그 효력이 없다(같은 조 제2항).

條42條 (社團法人의 定款의 變更) ① 社團法人의 定款은 總社員 3分의 2以上의 同意가 있는 때에 한하여 이를 變更할 수 있다. 그러나 定數에 關하여 定款에 다른 規定이 있는 때에는 그 規定에 依한다.
② 定款의 變更은 主務官廳의 許可를 얻지 아니하면 그 效力이 없다.

Ⅲ. 재단법인의 설립

1. 정관작성

재단법인의 설립자는 일정한 재산을 출연하고 ① 목적, ② 명칭, ③ 사무소의 소재지, ④ 자산에 관한 규정, ⑤ 이사의 임면에 관한 규정을 기재한 정관을 작성하여 기명날인하여야 한다(민법 제43조).

재단법인의 설립자가 그 명칭, 사무소소재지 또는 이사임면의 방법을 정하지 아니하고 사망한 때에는 이해관계인 또는 검사의 청구에 따라 법원이 이를 정한다(민법 제44조). 즉 법원은 재단법인의 정관보충권(定款補充權)을 가진다.

第43條 (財團法人의 定款) 財團法人의 設立者는 一定한 財産을 出捐하고 第40條第1號 乃至 第5號의 事項을 記載한 定款을 作成하여 記名捺印하여야 한다.

第44條 (財團法人의 定款의 補充) 財團法人의 設立者가 그 名稱, 事務所 所在地 또는 理事任免의 方法을 定하지 아니하고 死亡한 때에는 利害關係人 또는 檢事의 請求에 依하여 法院이 이를 定한다.

2. 재단법인의 정관변경

(1) 정관에 정한 방법 등

재단법인의 정관은 그 변경방법을 정관에 정한 때에 한하여 변경할 수 있다(민법 제45조제1항). 다만, 재단법인의 목적 달성 또는 그 재산의 보전을 위하여 적당한 때에는 정관에 정한 방법에도 불구하고 명칭 또는 사무소의 소재지를 변경할 수 있다(같은 조 제2항).

정관변경은 주무관청의 허가를 얻지 아니하면 그 효력이 없다(같은 조 제3항). 이 경우 허가는 법률행위의 효력을 보충해 주는 것이고 일반적 금지를 해제하는 것이 아니므로 그 법적 성격을 인가로 보아야 한다.[100] 따라서 정관변경의 불허처분에 대한 행정소송이 가능하다. 판례에 따르면, 재단

100) 민법 제45조와 제46조에서 말하는 재단법인의 정관변경 '허가'는 법률상의 표현이 허가로 되어 있기는 하나, 그 성질에 있어 법률행위의 효력을 보충해 주는 것이지 일반적 금지를 해제하는 것이 아니므로, 그 법적 성격은 인가라고 보아야 한다(대판(전합) 1996.5.16. [95누4810]).

법인의 경우 기본재산이 아닌 재산의 매각은 정관의 변경을 초래하는 것이 아니므로 주무관청의 허가를 필요로 하는 것이 아니라고 보았고, 재단법인의 기본재산 처분에 대한 주무관청의 허가는 기본재산의 처분이전까지 받는 것으로 충분하므로 소유권이전등기청구소송의 경우 사실심변론종결시까지 허가를 받아야 한다고 보았다. 또한 판례는 재단법인의 경우 새로운 기본재산 편입에 있어서 소유권이전등기 외에 정관의 변경이 있어야 기본재산에 편입된 것으로 보았다.[101)]

第45條 (財團法人의 定款變更) ① **財團法人**의 **定款**은 그 **變更方法**을 **定款**에 **定**한 때에 **限**하여 **變更**할 수 있다.
② **財團法人**의 **目的達成** 또는 그 **財産**의 **保全**을 **爲**하여 **適當**한 때에는 **前項**의 **規定**에 **不拘**하고 **名稱** 또는 **事務所**의 **所在地**를 **變更**할 수 있다.
③ **第42條第2項**의 **規定**은 **前2項**의 **境遇**에 **準用**한다.

(2) 목적 등의 변경

재단법인이 목적을 달성할 수 없는 경우 설립자나 이사는 주무관청의 허가를 얻어 설립의 취지를 참작하여 그 목적 기타 정관의 규정을 변경할

---

101) 집합건물의 소유 및 관리에 관한 법률 제48조제4항에 정한 매도청구권은 재건축사업의 원활한 진행을 위하여 같은 법이 재건축 불참자의 의사에 반하여 그 재산권을 박탈할 수 있도록 특별히 규정한 것으로서, 그 실질이 헌법 제23조제3항의 공용수용과 같다고 볼 수 있는데, 재단법인의 기본재산에 대하여 집합건물의 소유 및 관리에 관한 법률에 의하여 매도청구를 하는 경우에도 위 기본재산을 취득하기 위해서는 재단법인의 정관변경이 별도로 필요하다고 보면, 재단법인이 스스로 그 기본재산을 처분하는 내용으로 정관변경을 하지 않는 이상 매도청구를 한 사람이 재단법인의 기본재산을 취득할 수 없게 되어 매도청구 대상자의 의사에 반하여 그 재산권을 박탈하도록 한 매도청구권의 본질에 반하게 된다. 따라서 재단법인의 기본재산에 대하여 집합건물의 소유 및 관리에 관한 법률상의 매도청구가 있는 경우에는 그 기본재산에 대한 매매계약의 성립뿐만 아니라 기본재산의 변경을 내용으로 하는 재단법인의 정관의 변경까지 강제된다(대판 2008.7.10. [2008다12453]).

수 있다(민법 제46조). 판례는 사찰의 가장 중요한 재산인 임야를 학교법인에 증여한 행위가 그 사찰의 목적수행을 불가능케 하고 그 존립자체를 위태롭게 하는 정도의 것인 경우에는 설사 그 증여에 대한 관할청인 문교부장관의 허가를 얻었다 하더라도 그 증여는 당연무효이다 라고 보았다.[102)]

第46條 (財團法人의 目的 其他의 變更) 財團法人의 目的을 達成할 수 없는 때에는 設立者나 理事는 主務官廳의 許可를 얻어 設立의 趣旨를 參酌하여 그 目的 其他 定款의 規定을 變更할 수 있다.

3. 재산의 출연

(1) 출연의 성질

생전처분으로 재단법인을 설립하는 때에는 증여(贈與)에 관한 규정을 준용한다(민법 제47조제1항). 즉 생전처분으로 재단법인을 설립하는 경우 재단법인이 성립한 때에 출연행위의 법적 효력이 발생한다. 예컨대, 甲이 자기의 재산(100억원)을 출연하여 재단법인을 설립하는 경우 주무관청의 허가를 받은 후에도 그 법인의 설립등기 이전까지는 출연행위를 철회할 수 있다.

유언으로 재단법인을 설립하는 때에는 유증(遺贈)에 관한 규정을 준용한다(민법 제47조제2항). 즉 유언으로 법인을 설립하는 경우 재단법인이 성립한 때에 사망시로 소급하여 재산권을 취득한다. 따라서 피상속인 甲이 사망전에 상속재산 중에서 재단법인을 설립하기 위하여 100억원을 유증하고 재

102) 사찰의 주지이었던 사람이 사찰에 출입하기 위해서는 통과하여야만 하고 사찰에 있어서 꼭 필요한 불교재산리법 소정의 경내지이며, 자고로 소유하여 왔던 사찰의 가장 중요한 재산인 임야를 학교법인에 증여한 행위가 그 사찰의 목적수행을 불가능케 하고 그 존립자체를 위태롭게 하는 정도의 것인 경우에는 설사 그 증여에 대한 관할청인 문교부장관의 허가를 얻었다 하더라도 그 증여는 당연무효이다(대판 1976.4.13. [75다2234]).

단법인의 설립자를 지정하지 아니하고 사망한 경우 상속인 乙은 상속재산의 관리인이자 유언집행자의 지위에 있게 되어 유언을 집행하지 아니하거나 재단법인의 설립을 철회할 수 있다.

第47條 (贈與, 遺贈에 關한 規定의 準用) ① 生前處分으로 財團法人을 設立하는 때에는 贈與에 關한 規定을 準用한다.
② 遺言으로 財團法人을 設立하는 때에는 遺贈에 關한 規定을 準用한다.

(2) 출연재산의 귀속시기

생전처분으로 재단법인을 설립하는 경우 출연재산은 법인이 성립된 때로부터 법인의 재산이 된다(민법 제48조제1항). 즉 법인의 성립시기인 설립등기를 한 때부터 권리능력을 가지게 된다. 그렇지만 유언으로 재단법인을 설립하는 때에는 출연재산은 유언의 효력이 발생한 때부터 법인에 귀속한 것으로 본다(같은 조 제2항).

이와 같이 민법은 설립 중에 있는 재단법인에 대하여 법인격의 의제조항을 두지 않았다. 따라서 민법 제48조제2항이 적용되는 경우는 재단법인이 유효하게 설립한 때이고, 이 시점부터 출연재산에 대한 권리를 주장할 수 있다. 판례도 출연자와 법인 사이에는 등기 없이도 제48조에서 규정한 때에 법인에 귀속되지만, 법인이 그것을 가지고 제3자에게 대항하기 위해서는 제186조에 따라 등기가 필요하다고 보았다.[103]

第48條 (出捐財産의 歸屬時期) ① 生前處分으로 財團法人을 設立하는 때에는 出捐財産은 法人이 成立된 때로부터 法人의 財産이 된다.
② 遺言으로 財團法人을 設立하는 때에는 出捐財産은 遺言의 效力이 發生한 때로부터 法人에 歸屬한 것으로 본다.

103) 재단법인의 설립함에 있어서 출연재산은 그 법인이 성립된 때로부터 법인에 귀속

Ⅳ. 법인의 등기

1. 법인의 등기사항

(1) 설립등기 사항

법인설립의 허가가 있는 때에는 3주간 내에 주된 사무소 소재지에서 설립등기를 하여야 한다(민법 제49조제1항). 그 등기사항은 ① 목적, ② 명칭, ③ 사무소, ④ 설립허가의 연월일, ⑤ 존립시기나 해산사유를 정한 때에는 그 시기 또는 사유, ⑥ 자산의 총액, ⑦ 출자의 방법을 정한 때에는 그 방법, ⑧ 이사의 성명 및 주소, ⑨ 이사의 대표권을 제한한 때에는 그 제한에 관한 사항이다(같은 조 제2항).

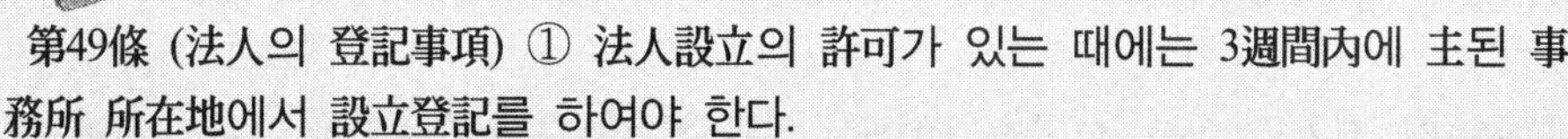

第49條 (法人의 登記事項) ① 法人設立의 許可가 있는 때에는 3週間內에 主된 事務所 所在地에서 設立登記를 하여야 한다.
② 前項의 登記事項은 다음과 같다.
1. 目的
2. 名稱
3. 事務所
4. 設立許可의 年月日
5. 存立時期나 解散事由를 定한 때에는 그 時期 또는 事由
6. 資産의 總額
7. 出資의 方法을 定한 때에는 그 方法
8. 理事의 姓名, 住所
9. 理事의 代表權을 制限한 때에는 그 制限

된다는 민법 제48조의 규정은 출연자와 법인과의 관계를 상대적으로 결정하는 기준에 불과하여 출연재산이 부동산인 경우에도 출연자와 법인 사이에는 법인의 성립 외에 등기를 필요로 하는 것은 아니지만, 제3자에 대한 관계에 있어서, 출연행위는 법률행위이므로 출연재산의 법인에의 귀속에는 부동산의 권리에 관한 것일 경우 등기를 필요로 한다(대판(전합) 1979.12.11. [78다481,482]).

(2) 집무집행정지 등 가처분의 등기

이사의 직무집행을 정지하거나 직무대행자를 선임하는 가처분을 하거나 그 가처분을 변경·취소하는 경우에는 주사무소와 분사무소가 있는 곳의 등기소에서 이를 등기하여야 한다(민법 제52조의2).

제52조의2 (직무집행정지 등 가처분의 등기) 이사의 직무집행을 정지하거나 직무대행자를 선임하는 가처분을 하거나 그 가처분을 변경·취소하는 경우에는 주사무소와 분사무소가 있는 곳의 등기소에서 이를 등기하여야 한다.

2. 등기의 종류

(1) 분사무소설치의 등기

법인이 분사무소를 설치한 때에는 주사무소 소재지에서는 3주간내에 분사무소를 설치한 것으로 등기하고 그 분사무소 소재지에서는 동기간내에 법인의 등기사항을 등기하고 다른 분사무소 소재지에서는 동기간내에 그 분사무소를 설치한 것을 등기하여야 한다(민법 제50조제1항). 주사무소 또는 분사무소의 소재지를 관할하는 등기소의 관할구역 내에 분사무소를 설치한 때에는 3주간 내에 그 사무소를 설치한 것을 등기하면 된다(같은 조 제2항).

第50條 (分事務所設置의 登記) ① 法人이 分事務所를 設置한 때에는 主事務所 所在地에서는 3週間內에 分事務所를 設置한 것을 登記하고 그 分事務所 所在地에서는 同期間內에 前條第2項의 事項을 登記하고 다른 分事務所 所在地에서는 同期間內에 그 分事務所를 設置한 것을 登記하여야 한다.
② 主事務所 또는 分事務所의 所在地를 管轄하는 登記所의 管轄區域內에 分事務所를 設置한 때에는 前項의 期間內에 그 事務所를 設置한 것을 登記하면 된다.

(2) 사무소이전의 등기

법인이 그 사무소를 이전하는 때에는 구소재지에서는 3주간내에 이전등기를 하고 신소재지에서는 동 기간내에 법인의 등기사항을 게기한 사항을 등기하여야 한다(민법 제51조제1항). 동일한 등기소의 관할구역내에서 사무소를 이전한 때에는 그 이전한 것을 등기하면 된다(같은 조 제2항).

第51條 (事務所移轉의 登記) ① 法人이 그 事務所를 移轉하는 때에는 舊所在地에서는 3週間內에 移轉登記를 하고 新所在地에서는 同期間內에 第49條第2項에 偈記한 事項을 登記하여야 한다.
② 同一한 登記所의 管轄區域內에서 事務所를 移轉한 때에는 그 移轉한 것을 登記하면 된다.

(3) 변경등기

법인의 등기사항 중에 변경이 있는 때에는 3주간 내에 변경등기를 하여야 한다(민법 제52조).

第52條 (變更登記) 第49條第2項의 事項 中에 變更이 있는 때에는 3週間內에 變更登記를 하여야 한다.

3. 등기기간의 기산

분사무소설치의 등기, 사무소이전의 등기, 변경등기에 관한 사항으로 관청의 허가를 요하는 것은 그 허가서가 도착한 날로부터 등기의 기간을 기산한다(민법 제53조).

第53條 (登記其間의 起算) 前3條의 規定에 依하여 登記할 事項으로 官廳의 許可를 要하는 것은 그 許可書가 到着한 날로부터 登記의 期間을 起算한다.

4. 설립등기이외의 등기의 효력과 등기사항의 공고

설립등기이외의 분사무소설치의 등기・사무소이전의 등기・변경등기의 사항은 그 등기후가 아니면 제3자에게 대항하지 못한다(민법 제54조제1항). 즉 설립등기이외의 등기는 대항요건이고, 등기한 사항은 법원이 지체없이 공고하여야 한다(같은 조 제2항).

第54條 (設立登記以外의 登記의 效力과 登記事項의 公告)
① 設立登記以外의 本節의 登記事項은 그 登記後가 아니면 第三者에게 對抗하지 못한다.
② 登記한 事項은 法院이 遲滯없이 公告하여야 한다.

Ⅴ. 재산목록과 사원명부

법인은 성립한 때와 매년 3월내에 재산목록을 작성하여 사무소에 비치하여야 한다. 사업년도를 정한 법인은 성립한 때와 그 년도말에 이를 작성하여야 한다(민법 제55조제1항).

사단법인은 사원명부를 비치하고 사원의 변경이 있는 때에는 이를 기재하여야 한다(같은 조 제2항).

第55條 (財産目錄과 社員名簿) ① 法人은 成立한 때 및 每年 3月內에 財産目錄을 作成하여 事務所에 備置하여야 한다. 事業年度를 定한 法人은 成立한 때 및 그 年度末

에 이를 作成하여야 한다.
② 社團法人은 社員名簿를 備置하고 社員의 變更이 있는 때에는 이를 記載하여야 한다.

Ⅵ. 사원권의 양도와 상속금지

사단법인의 사원의 지위는 양도 또는 상속할 수 없다(민법 제56조). 그러나 판례는 사단법인의 사원의 지위를 양도 또는 상속할 수 없다고 규정한 민법 제56조의 규정이 강행규정이라고 할 수 없으므로 사단법인의 경우 정관에서 정한 바에 따라 양도나 상속할 수 있다고 보았고,[104] 비법인사단의 경우에도 규약이나 관행에 따라 양도 또는 상속할 수 있다고 보았다.[105]

영리법인과 회사의 경우는 사단법인과 달리 사원권을 양도 또는 상속할 수 있다(민법 제39조, 상법 제335조제1항).

第56條 (社員權의 讓渡, 相續禁止) 社團法人의 社員의 地位는 讓渡 또는 相續할 수 없다.

第39條 (營利法人) ① 營利를 目的으로 하는 社團은 商事會社設立의 條件에 좇아 이를 法人으로 할 수 있다.
② 前項의 社團法人에는 모두 商事會社에 關한 規定을 準用한다.

104) 대판 1992.4.14. [91다26850]
105) 대판 1997.9.26. [95다6205]

제3절 기관

Ⅰ. 의의

법인의 인격은 법에 따라 의제된다. 따라서 법인의 업무는 실질적으로 자연인인 법인의 기관이 수행하고 그 법률효과만이 법인에 귀속하게 할 뿐이다. 여기서 법인의 기관이란 이사, 감사 및 총회를 말한다.

Ⅱ. 이사

1. 임면(任免)

법인은 상설적 필요기관으로 이사를 두어야 한다(민법 제57조). 이사는 자연인에 한정되고 법인은 다른 법인의 이사가 될 수 없다. 이사의 임면방법은 정관의 필요적 기재사항이고 정관에 의하여 정하여진다(민법 제40조제5호, 민법 제43조).

第57條 (理事) 法人은 理事를 두어야 한다.

(1) 선임

정관에 의한 이사선임행위의 성질은 법인·이사 사이의 위임에 유사한 계약에 해당된다.[106] 이사의 유임이나 중임을 금지하는 규약이 없는 이상,

106) 권리능력 없는 사단인 재건축주택조합과 그 대표기관과의 관계는 위임인과 수임인의 법률관계와 같은 것으로서 임기가 만료되면 일단 그 위임관계는 종료되는 것이 원칙이다(대판 2003.7.8. [2002다74817]).

임기만료 후에 이사의 개임이 없었다면 그 이사를 묵시적으로 다시 선임하였다고 볼 수 있다.107)

(2) 해임

법인은 정관에서 규정한 바가 없으면 언제든지 이사를 해임할 수 있고, 이사가 사망, 파산 또는 성년후견 개시의 경우에도 해임된다. 임기가 만료된 이사는 후임자가 정해질 때까지는 계속하여 긴급사무를 처리하여야 한다(민법 제691조). 또한 이사회의 적법한 결의를 거쳐 선임된 이사가 정관에서 정한 자격을 흠결한 것으로 사후에 밝혀진 경우 그러한 사정만으로 위 이사선임결의가 무효로 되거나 이미 선임된 이사가 그 지위를 당연히 상실하게 되는 것은 아니다.108)

이사는 언제든지 사임할 수 있으며 사임의 의사표시는 상대방 있는 단독행위로 수령권한 있는 기관(비법인사단인 중종의 대표자가 사임하는 경우에는 대표자의 사임으로 그 권한을 대행하게 될 자이다109))에 도달함으로써 바로 효력을 발생하는 바, 법인의 승낙 또는 이사회의 결의나 관할관청의 승인이 있어야 하는 것은 아니며, 도달 후에는 이를 임의로 철회할 수 없다.110) 다만, 법인의 정관에서 이사의 사임절차나 사임의 의사표시의 효력발생시기 등에 관하여 특별한 규정을 둔 경우에는 그에 따라야 하고, 이 경우 정관에 따라 사임의 효력이 발생하기 전에는 그 사임의사를 자유롭게

---

107) 대판 1970.9.17. [70다1256]

108) 법인의 정관에 이사가 갖추어야 할 자격을 규정하고 있을 뿐 그 자격이 흠결된 경우의 효과 내지 취급에 관하여 아무런 규정도 두고 있지 아니하다면, 이사회의 적법한 결의를 거쳐 선임된 이사가 정관에서 정한 자격을 흠결한 것으로 사후에 밝혀진다고 하더라도, 이를 이유로 그 이사를 해임함은 별론으로 하고, 그러한 사정만으로는 그 이사선임결의가 무효로 되거나 이미 선임된 이사가 그 지위를 당연히 상실하게 되는 것이라고 할 수 없다고 할 것이다(대판 2007.12.28. [2007다31501]).

109) 대판 2006.10.27. [2006다23695]

110) 재단법인의 이사를 사임하는 행위는 상대방 있는 단독행위라 할 것이어서 그 의사표시가 상대방에게 도달함과 동시에 그 효력을 발생하고 그 의사표시가 효력을 발생한 후에는 마음대로 이를 철회할 수 없다(대판 1993.9.14. [93다28799]).

철회할 수 있다.[111)]

(3) 등기

이사의 성명·주소는 등기사항이므로 이를 등기하지 않으면 이사의 선임·해임·퇴임을 가지고 제3자에게 대항할 수 없다(민법 제54조제1항).

第54條 (設立登記以外의 登記의 效力과 登記事項의 公告) ① 設立登記以外의 本節의 登記事項은 그 登記後가 아니면 第三者에게 對抗하지 못한다.

2. 직무권한

(1) 직무권한의 성질

이사는 선량한 관리자의 주의로 그 직무를 행하여야 한다(민법 제61조). 이사가 그 직무를 해태한 때에는 그 이사는 법인에 대하여 연대하여 손해배상의 책임이 있다(민법 제65조). 즉 이사가 수인인 경우에 직무의 수행에 있어서 선량한 관리자로서의 주의의무를 해태한 때에는 그 이사들은 연대하여 손해배상의 책임을 진다.

---

111) 법인과 이사의 법률관계는 신뢰를 기초로 한 위임 유사의 관계이므로, 이사는 민법 제689조제1항이 규정한 바에 따라 언제든지 사임할 수 있고, 법인의 이사를 사임하는 행위는 상대방 있는 단독행위이므로 그 의사표시가 상대방에게 도달함과 동시에 그 효력을 발생하고, 그 의사표시가 효력을 발생한 후에는 마음대로 이를 철회할 수 없음이 원칙이다. 그러나 법인이 정관에서 이사의 사임절차나 사임의 의사표시의 효력발생시기 등에 관하여 특별한 규정을 둔 경우에는 그에 따라야 하는바, 위와 같은 경우에는 이사의 사임의 의사표시가 법인의 대표자에게 도달하였다고 하더라도 그와 같은 사정만으로 곧바로 사임의 효력이 발생하는 것은 아니고 정관에서 정한 바에 따라 사임의 효력이 발생하는 것이므로, 이사가 사임의 의사표시를 하였더라도 정관에 따라 사임의 효력이 발생하기 전에는 그 사임의사를 자유롭게 철회할 수 있다(대판 2008.9.25. [2007다17109]).

第61條 (理事의 注意義務) 理事는 善良한 管理者의 注意로 그 職務를 行하여야 한다.

第65條 (理事의 任務懈怠) 理事가 그 任務를 懈怠한 때에는 그 理事는 法人에 對하여 連帶하여 損害賠償의 責任이 있다.

(2) 직무권한의 내용

(가) 법인의 대표

(a) 이사의 대표권

이사는 법인의 사무에 관하여 각자 법인을 대표한다(민법 제59조제1항 전단). 따라서 이사의 대표권은 단독대표를 원칙으로 한다. 즉 이사가 수인이 있어도 각 이사는 단독으로 대표할 수 있다. 다만, 정관의 규정이나 사단법인의 경우 총회의 결의로 단독대표를 제한할 수 있다(민법 제59조제1항 후단). 판례는 사단법인의 대표자가 채무를 인수할 때 사원총회와 이사회의 결의를 거치도록 한 것, 재단법인의 대표자가 법인의 채무를 부담하는 계약을 체결할 때 이사회의 결의를 거쳐 주무관청의 인가를 받도록 정한 정관의 규정에 대해 각각 대표권의 제한으로 보았다.[112] 그렇지만 이사 전원의 의결에 의하여 잔여재산을 처분하도록 한 정관 규정은 청산인의 대표권에 관한 제한이라고 볼 수 없다고 보았다.[113] 이사의 대표권에 대한 제한은 등기하지 아니하면 제3자에게 대항하지 못한다(민법 제60조). 판례도 법인의 대표권의 제한을 등기하지 아니하는 한 악의의 제3자에게도 대항할 수 없

112) 재단법인의 대표자가 그 법인의 채무를 부담하는 계약을 함에 있어서 이사회의 결의를 거쳐 노회와 설립자의 승인을 얻고 주무관청의 인가를 받도록 정관에 규정되어 있다면 그와 같은 규정은 법인 대표권의 제한에 관한 규정으로서 이러한 제한은 등기하지 아니하면 제3자에게 대항할 수 없다(대판 1992.2.14. [91다24564]).

113) 이사 전원의 의결에 의하여 잔여재산을 처분하도록 한 정관 규정은 성질상 등기하여야만 제3자에게 대항할 수 있는 청산인의 대표권에 관한 제한이라고 볼 수 없다(대판 1995.2.10. [94다13473]).

다고 보았다.[114]

법인 대표에 해당하는 이사에 대하여 대리에 관한 규정이 준용된다(민법 제59조제2항). 즉 대표나 대리는 그 실체에 있어서 동일한 것이라고 할 수 있다. 그렇지만 법인의 대표기관은 법인의 사무집행을 위하여 필요한 모든 사항에 관하여 재판상 또는 재판외의 행위를 할 권한을 가진다.[115] 한편, 이사의 임기가 만료된 경우에 후임 이사의 선임이 없거나 또는 그 후임 이사의 선임이 있었다고 하더라도 그 선임결의가 무효이고, 임기가 만료되지 아니한 다른 이사만으로는 정상적인 법인의 활동을 할 수 없는 등 임기가 만료된 구 이사로 하여금 법인의 업무를 수행케 함이 부적당하다고 인정할 만한 특별한 사정이 없는 한 종전 직무를 계속 수행할 수 있다.[116]

第59條 (理事의 代表權) ① 理事는 法人의 事務에 關하여 各自 法人을 代表한다. 그러나 定款에 規定한 趣旨에 違反할 수 없고 特히 社團法人은 總會의 議決에 依하여야 한다.

② 法人의 代表에 關하여는 代理에 關한 規定을 準用한다.

第60條 (理事의 代表權에 對한 制限의 對抗要件) 理事의 代表權에 對한 制限은 登記하지 아니하면 第三者에게 對抗하지 못한다.

---

114) 법인의 정관에 법인 대표권의 제한에 관한 규정이 있으나 그와 같은 취지가 등기되어 있지 않다면 법인은 그와 같은 정관의 규정에 대하여 선의냐 악의냐에 관계없이 제3자에 대하여 대항할 수 없다(대판 1992.2.14. [91다24564]).

115) 사단법인의 대표자가 채무를 인수함에 있어 사원총회와 이사회의 결의를 따로이 거치도록 되어 있다면 이와 같은 총회나 이사회의 결의는 법인대표권에 대한 제한으로서 이러한 제한은 등기하지 않으면 제3자에게 대항할 수 없다(대판 1987.11.24. [86다카2484]).

116) 민법상 법인의 이사나 감사 전원 또는 그 일부의 임기가 만료되었음에도 불구하고 그 후임 이사나 감사의 선임이 없거나 또는 그 후임 이사나 감사의 선임이 있었다고 하더라도 그 선임결의가 무효이고, 임기가 만료되지 아니한 다른 이사나 감사만으로는 정상적인 법인의 활동을 할 수 없는 경우, 임기가 만료된 구 이사나 감사로 하여금 법인의 업무를 수행케 함이 부적당하다고 인정할 만한 특별한 사정이 없는 한, 구 이사나 감사는 후임 이사나 감사가 선임될 때까지 종전의 직무를 수행할 수 있다(대판 2006.4.27. [2005도8875]).

(b) 이사의 대리인 선임권

이사는 정관 또는 총회의 의결로 금지하지 아니한 사항에 한하여 타인으로 하여금 특정한 행위를 대리하게 할 수 있다(민법 제62조). 판례도 이사는 포괄적 대리권의 수여를 할 수 없다고 보았다.117) 즉 이사는 타인에게 포괄적인 대리권을 수여할 수 없지만 일정한 행위에 한정된 대리권을 수여할 수 있다. 이 경우 대리인은 법인의 기관이 아니다.

第62條 (理事의 代理人 選任) 理事는 定款 또는 總會의 決議로 禁止하지 아니한 事項에 限하여 他人으로 하여금 特定한 行爲를 代理하게 할 수 있다.

(c) 직무대행자의 권한

이사의 직무대행자는 법인의 통상사무에 속한 업무를 처리한다. 다만 법원의 허가를 얻은 경우 또는 가처분명령에 다른 정함이 있는 경우에는 통상사무의 범위를 벗어난 업무를 처리하거나 또는 통상사무의 범위 중에서 일정한 업무만을 처리할 수 있다(민법 제60조의2 제1항). 이를 위반한 행위를 직무대행자가 한 경우에도 법인은 선의의 제3자에 대하여 책임을 진다(같은 조 제2항).

제60조의2 (직무대행자의 권한) ① 제52조의2의 직무대행자는 가처분명령에 다른 정함이 있는 경우 외에는 법인의 통상사무에 속하지 아니한 행위를 하지 못한다. 다만, 법원의 허가를 얻은 경우에는 그러하지 아니하다.
② 직무대행자가 제1항의 규정에 위반한 행위를 한 경우에도 법인은 선의의 제3자에 대하여 책임을 진다.

---

117) 학교법인의 이사는 특정한 행위를 다른 이사에게 대리하게 할 수 있으나 학교법인의 제반사무처리를 포괄적으로 위임할 수는 없다(대판 1989.5.9. [87다카2407]).

(나) 법인의 업무집행

이사는 법인의 사무를 집행한다(민법 제58조제1항). 이사가 수인인 경우에는 정관에 다른 규정이 없으면 법인의 사무집행은 이사의 과반수로써 결정한다(같은 조 제2항).

이사가 집행해야 할 주요사무로는 재산목록의 작성(민법 제55조제1항), 총회의사록의 작성(민법 제55조제2항), 사원총회의 소집(민법 제69조), 사원명부의 작성(민법 제76조), 파산신청(민법 제79조), 청산인으로서의 직무(민법 제87조), 등기업무(민법 제97조) 등이 있다.

第58條 (理事의 事務執行) ① 理事는 法人의 事務를 執行한다.
② 理事가 數人인 境遇에는 定款에 다른 規定이 없으면 法人의 事務執行은 理事의 過半數로써 決定한다.

3. 임시이사

법원은 이사가 없거나 결원이 있는 경우에 이로 인하여 손해가 생길 염려있는 때에는 이해관계인이나 검사의 청구에 따라 임시이사(臨時理事)를 선임하여야 한다(민법 제63조). 여기서 임시이사의 선임을 신청할 수 있는 '이해관계인'이란 임시이사가 선임되는 것에 관하여 법률상의 이해관계가 있는 자로서 그 법인의 다른 이사, 사원 및 채권자 등을 포함하고, '이사가 없거나 결원이 있는 경우'란 이사가 전혀 없거나 정관에서 정한 인원수에 부족이 있는 경우를 말하며, '이로 인하여 손해가 생길 염려가 있는 때'란 통상의 이사선임절차에 따라 이사가 선임되기를 기다릴 때에 법인이나 제3자에게 손해가 생길 우려가 있는 것을 의미한다.[118]

118) 대판(전합) 2009.11.19. 자 [2008마699]

민법 제63조에 따라 법원이 선임한 임시이사는 일반 이사와 동일한 결의권이 있다. 그렇지만 구 사립학교법 제25조제1항에 따라 교육인적자원부장관이 선임한 임시이사는 이사의 결원으로 인하여 학교법인의 목적을 달성할 수 없거나 손해가 생길 염려가 있는 경우에 임시적으로 그 운영을 담당하는 위기관리자로서, 민법상의 임시이사와는 달리 일반적인 학교법인의 운영에 관한 행위에 한하여 정식이사와 동일한 권한을 가지는 것으로 제한적으로 해석하여야 하므로 정식이사를 선임할 권한은 없다.[119)]

第63條 (臨時理事의 選任) **理事**가 없거나 **缺員**이 있는 **境遇**에 이로 **因**하여 **損害**가 생길 **念慮** 있는 때에는 **法院**은 **利害關係人**이나 **檢事**의 **請求**에 **依**하여 **臨時理事**를 **選任**하여야 한다.

4. 특별대리인

이사는 법인과 이사의 이익이 상반하는 사항에 대하여 대표권이 없다. 이 경우에는 이해관계인이나 검사의 청구에 따라 특별대리인을 선임하여야 한다(민법 제64조). 특별대리인은 법원에 의하여 선임된다는 점에서 이사가 선임한 대리인과 차이가 있다.

---

119) 학교법인의 기본권과 구 사립학교법(2005. 12. 29. 법률 제7802호로 개정되기 전의 것)의 입법목적, 그리고 같은 법 제25조가 민법 제63조에 대한 특칙으로서 임시이사의 선임사유, 임무, 재임기간 그리고 정식이사로의 선임제한 등에 관한 별도의 규정을 두고 있는 점 등에 비추어 보면, 구 사립학교법 제25조제1항에 의하여 교육인적자원부장관이 선임한 임시이사는 이사의 결원으로 인하여 학교법인의 목적을 달성할 수 없거나 손해가 생길 염려가 있는 경우에 임시적으로 그 운영을 담당하는 위기관리자로서, 민법상의 임시이사와는 달리 일반적인 학교법인의 운영에 관한 행위에 한하여 정식이사와 동일한 권한을 가지는 것으로 제한적으로 해석하여야 하고, 따라서 정식이사를 선임할 권한은 없다고 봄이 상당하다(대판(전합) 2007.5.17. [2006다19054]).

第64條 (特別代理人의 選任) 法人과 理事의 利益이 相反하는 事項에 關하여는 理事는 代表權이 없다. 이 境遇에는 前條의 規定에 依하여 特別代理人을 選任하여야 한다.

Ⅲ. 감사

1. 임면

법인은 정관 또는 총회의 결의로 감사를 둘 수 있다(민법 제66조). 감사는 임의기관이지 필요기관은 아니다. 즉 감사는 이사와 달리 외부에 대하여 법인을 대표하는 기관이 아니므로 제3자에 영향을 미칠 염려가 없기 때문이다.

第66條 (監事) 法人은 定款 또는 總會의 決議로 監事를 둘 수 있다.

2. 직무권한

감사의 직무는 ① 법인의 재산상황을 감사하는 일, ② 이사의 업무집행의 상황을 감사하는 일, ③ 재산상황 또는 업무집행에 관하여 부정, 불비한 것이 있음을 발견한 때에는 이를 총회 또는 주무관청에 보고하는 일, ④ 이들 사항의 보고를 하기 위하여 필요 있는 때에는 총회를 소집하는 일이다(민법 제67조).

판례는 감사가 권한이 소멸한 후 후임감사가 선임되지 않는 경우 이사와 마찬가지로 후임감사 선임시까지 직무수행의 긴급처리권을 가진다고 보았다.[120]

第67條 (監事의 職務) 監事의 職務는 다음과 같다.
1. 法人의 財産狀況을 監事하는 일
2. 理事의 業務執行의 狀況을 監事하는 일
3. 財産狀況 또는 業務執行에 關하여 不正, 不備한 것이 있음을 發見한 때에는 이를 總會 또는 主務官廳에 報告하는 일
4. 前號의 報告를 하기 爲하여 必要있는 때에는 總會를 召集하는 일

Ⅳ. 총회

총회는 사단법인에 있어서의 최고·필수의 의사결정기관이다.

1. 소집

사단법인의 이사는 매년 1회 이상 통상총회를 소집하여야 한다(민법 제69조). 총회의 소집은 1주간 전에 그 회의의 목적사항을 기재한 통지를 발하고 기타 정관에 정한 방법에 따라야 한다(민법 제71조).

임시총회는 다음의 경우에 소집할 수 있다. 첫째, 사단법인의 이사는 필요하다고 인정한 때에는 임시총회를 소집할 수 있다(민법 제70조제1항). 둘째, 총사원 5분의 1이상으로부터 회의의 목적사항을 제시하여 청구한 경우 이사는 임시총회를 소집하여야 하고 그 정수는 정관으로 증감할 수 있다(같은 조 제2항). 임시총회소집의 청구 있은 후 2주간 내에 이사가 총회소집의 절차를 밟지 아니한 경우 청구한 사원은 법원의 허가를 얻어 이를 소집할 수 있다(민법 제70조제3항). 셋째, 감사가 재산상황 또는 업무집행에 관하여 부정, 불비한 것이 있음을 발견한 경우 이를 총회에 보고하기 위하여 필요한 경우 총회를 소집할 수 있다(민법 제67조제4호).

120) 대판(전합) 2007.7.19. [2006두19297]

사단의 총회에 있어서 소집된 총회가 개최되기 전에 당초 그 총회의 소집이 필요하거나 가능하였던 기초 사정에 변경이 생겼을 경우에는, 특별한 사정이 없는 한 그 소집권자는 소집된 총회의 개최를 연기하거나 소집을 철회·취소할 수 있다. 이 경우 총회의 소집권자가 총회의 소집을 철회·취소하는 때에는 반드시 총회의 소집과 동일한 방식으로 그 철회·취소를 총회 구성원들에게 통지하여야 할 필요는 없고, 총회 구성원들에게 소집의 철회·취소결정이 있었음이 알려질 수 있는 적절한 조치가 취하여지는 것으로써 충분하다.[121)]

第69條 (通常總會) 社團法人의 理事는 每年 1回 以上 通常總會를 召集하여야 한다.

第70條 (臨時總會) ① 社團法人의 理事는 必要하다고 認定한 때에는 臨時總會를 召集할 수 있다.

② 總社員의 5分의 1以上으로부터 會議의 目的事項을 提示하여 請求한 때에는 理事는 臨時總會를 召集하여야 한다. 이 定數는 定款으로 增減할 수 있다.

③ 前項의 請求있는 後 2週間內에 理事가 總會召集의 節次를 밟지 아니한 때에는 請求한 社員은 法院의 許可를 얻어 이를 召集할 수 있다.

第71條 (總會의 召集) 總會의 召集은 1週間前에 그 會議의 目的事項을 記載한 通知를 發하고 其他 定款에 定한 方法에 依하여야 한다.

2. 총회의 권한

사단법인의 사무는 정관으로 이사 또는 기타 임원에게 위임한 사항외에

121) 법인이나 법인 아닌 사단의 총회에 있어서, 소집된 총회가 개최되기 전에 당초 그 총회의 소집이 필요하거나 가능하였던 기초 사정에 변경이 생겼을 경우에는, 특별한 사정이 없는 한 그 소집권자는 소집된 총회의 개최를 연기하거나 소집을 철회·취소할 수 있다. 법인이나 법인 아닌 사단의 총회에 있어서 총회의 소집권자가 총회의 소집을 철회·취소하는 경우에는 반드시 총회의 소집과 동일한 방식으로 그 철회·취소를 총회 구성원들에게 통지하여야 할 필요는 없고, 총회 구성원들에게 소집의 철회·취소결정이 있었음이 알려질 수 있는 적절한 조치가 취하여지는 것으로써 충분히 그 소집 철회·취소의 효력이 발생한다(대판 2007.4.12. [2006다77593]).

는 총회의 결의에 따라야 한다(민법 제68조). 즉 총회는 법인의 의사결정에 대한 포괄적인 권한을 가지며, 사단법인의 정관변경과 임의해산은 사단법인의 근본적 변경에 해당하므로 반드시 총회의 의결이 있어야 한다.

第68條 (總會의 權限) 社團法人의 事務는 定款으로 理事 또는 其他 任員에게 委任한 事項外에는 總會의 決議에 依하여야 한다.

3. 총회의 결의

(1) 의결사항

총회에서 결의할 수 있는 사항은 그 총회를 소집할 때에 미리 통지한 사항에 관하여서만 결의할 수 있다. 그러나 정관에 다른 규정이 있는 때에는 그 규정에 따른다(민법 제72조).

第72條 (總會의 決議事項) 總會는 前條의 規定에 依하여 通知한 事項에 關하여서만 決議할 수 있다. 그러나 定款에 다른 規定이 있는 때에는 그 規定에 依한다.

(2) 사원의 결의권

각 사원의 결의권은 평등하고, 사원은 서면이나 대리인으로 결의권을 행사할 수 있다. 다만, 정관에 다른 규정이 있는 경우에는 달리할 수 있다(민법 제73조제1항·제2항 및 제3항 참조). 즉 정관에서 정한 경우에 한하여 사원의 결의권에 차이를 두거나 결의방법을 달리할 수 있다.

사단법인과 어느 사원과의 관계사항을 의결하는 경우 그 사원은 결의권이 없다(민법 제74조).

第73條 (社員의 決議權) ① 各 社員의 決議權은 平等으로 한다.
② 社員은 書面이나 代理人으로 決議權을 行使할 수 있다.
③ 前2項의 規定은 定款에 다른 規定이 있는 때에는 適用하지 아니한다.

第74條 (社員이 決議權없는 경우)
社團法人과 어느 社員과의 關係事項을 議決하는 境遇에는 그 社員은 決議權이 없다.

(3) 결의의 방법

총회의 결의는 민법 또는 정관에 다른 규정이 없으면 사원 과반수의 출석과 출석사원의 결의권의 과반수로써 한다(민법 제75조제1항). 서면이나 대리인에 의한 결의의 경우 당해 사원은 출석한 것으로 한다(같은 조 제2항).

第75條 (總會의 決議方法) ① 總會의 決議는 本法 또는 定款에 다른 規定이 없으면 社員 過半數의 出席과 出席社員의 決議權의 過半數로써 한다.
② 第73條第2項의 境遇에는 當該 社員은 出席한 것으로 한다.

4. 총회의 의사록

총회의 의사에 관하여는 의사록을 작성하여야 하고(민법 제76조제1항), 의사록에는 의사의 경과, 요령 및 결과를 기재하고 의장 및 출석한 이사가 기명날인하여야 하며(같은 조 제2항), 의사록은 이사가 주된 사무소에 비치하여야 한다(같은 조 제3항).

第76條 (總會의 議事錄) ① 總會의 議事에 關하여는 議事錄을 作成하여야 한다.
② 議事錄에는 議事의 經過, 要領 및 結果를 記載하고 議長 및 出席한 理事가 記名捺印하여야 한다.
③ 理事는 議事錄을 主된 事務所에 備置하여야 한다.

제4절 해산

Ⅰ. 해산

1. 해산사유

법인은 존립기간의 만료, 법인의 목적의 달성 또는 달성의 불능 기타 정관에 정한 해산사유의 발생, 파산 또는 설립허가의 취소로 해산한다(민법 제77조제1항). 이들 해산사유를 나누어 살펴보면, 다음과 같다.

첫째, 존립기간의 만료 기타 정관에 정한 해산사유가 발생한 경우이다. 법인의 존립기간이나 해산사유는 사단법인의 경우 정관의 필요적 기재사항이고(민법 제40조제7호), 재단법인의 경우 임의적 기재사항이다(민법 제43조 참조).

둘째, 법인의 목적 달성 또는 달성불능의 경우이다. 법인이 목적을 달성했느냐 또는 달성불능이냐는 사회관념에 따라 결정한다.

셋째, 파산의 경우이다. 법인의 채무가 채권을 초과하여 완제할 수 없는 경우에는 이사 또는 청산인이 파산신청을 해야 한다. 그 절차는 '채무자 회생 및 파산에 관한 법률'에 따른다.

넷째, 설립허가 취소의 경우이다. 법인이 목적이외의 사업을 하거나 설립허가의 조건에 위반하거나 기타 공익을 해하는 행위를 한 경우 주무관청은 그 허가를 취소할 수 있다(민법 제38조). 따라서 판례는 법인의 설립 후에 그 목적 달성이 불가능하게 된 것만으로는 설립허가를 취소할 수는 없다고 보았다.[122]

第77條 (解散事由) ① 法人은 存立期間의 滿了, 法人의 目的의 達成 또는 達成의 不能 其他 定款에 定한 解散事由의 發生, 破産 또는 設立許可의 取消로 解散한다.
② 社團法人은 社員이 없게 되거나 總會의 決議로도 解散한다.

122) 비영리법인 설립후에 있어서의 허가취소는 본조에 해당되는 경우에 국한되는 것으

2. 사단법인에만 특유한 해산사유

사단법인은 사원이 없게 되거나 총회의 결의로 해산한다(민법 제77조제2항). 여기서 총회의 결의는 총사원의 4분의 3이상의 동의를 말하고, 이에 미달하는 경우 해산을 의결하지 못한다. 다만, 정관에 다른 규정이 있는 때에는 그 규정에 따른다(민법 제78조). 즉 민법 제78조는 강행규정이 아니므로 총회의 의결로 해산하는 경우 총사원의 4분의3이 필요하나, 사단법인의 정관에서 해산결의를 이 보다 완화하여 해산할 수 있다.

第78條 (社團法人의 解散決議) 社團法人은 總社員 4分의 3以上의 同意가 없으면 解散을 決議하지 못한다. 그러나 定款에 다른 規定이 있는 때에는 그 規定에 依한다.

Ⅱ. 청산법인

1. 청산법인의 권리능력

해산한 법인은 청산(清算)의 목적 범위내에서만 권리가 있고 의무를 부담한다(민법 제81조). 여기서 '청산'이란 법인의 잔무를 처리하고 재산을 정리하여 소멸할 때까지의 절차를 의미하므로 청산법인은 청산종결등기가 경료된 경우에도 청산사무가 종료되지 아니하는 한 존속한다.[123] 따라서 구법인의 청산절차가 종료하지 아니한 상태에서 신법인을 결성한 경우에 구법

로서 그 목적달성이 불능하게 되었다는 것으로는 본법 제77조 소정 당연해산사유에 해당될지 몰라도 그 사유만으로 설립허가를 취소할 사유에 해당된다고 할 수 없다(대판 1968.5.28. [67누55]).

123) 법인에 관하여 청산종결등기가 경료된 경우에도 청산사무가 종료되었다고 할 수 없는 경우에는 청산법인으로서 당사자능력이 있다(대판 1997.4.22. [97다3408]).

인과 신법인은 별개로 존재한다[124].

청산법인은 법인격의 동일성을 유지하지만 그 권리능력은 청산의 목적범위내로 제한된다. 따라서 청산법인이나 청산인은 청산법인의 목적범위 외의 행위를 할 수 없으며 이를 벗어난 행위는 무효이다.[125]

第81條 (淸算法人) 解散한 法人은 淸算의 目的範圍內에서만 權利가 있고 義務를 負擔한다.

2. 청산인

(1) 청산인의 선임과 해임

법인이 해산한 때에는 파산의 경우를 제외하고는 이사가 청산인이 된다. 그러나 정관 또는 총회의 결의로 달리 정한 경우가 있으면 그에 따른다(민법 제82조). 법원은 청산인이 될 자가 없거나 청산인의 결손으로 인하여 손해가 생길 염려가 있는 때에는 직권 또는 이해관계인이나 검사의 청구에 따라 청산인을 선임할 수 있다(민법 제83조).

법원은 중요한 사유가 있는 때에는 직권 또는 이해관계인이나 검사의 청구에 따라 청산인을 해임할 수 있다(민법 제84조).

---

124) 사단법인의 구성원들이 그 법인을 해산하고 신법인을 결성한 경우 신법인이 구법인의 재산을 사실상 인수하여 관리한 바 있더라도 구법인이 그 청산절차를 종료하지 않은 이상 의연히 법인으로 존속하므로 구법인과 신법인과는 별개의 법인으로 보아야 한다(대판 1989.8.8. [88다카26123]).

125) 민법 제80조, 제81조, 제87조와 같은 청산절차에 관한 규정은 모두 제3자의 이해관계에 중대한 영향을 미치기 때문에 소위 강행규정이라고 해석되므로 만일 그 청산법인이나 그 청산인이 청산법인의 목적범위 외의 행위를 한 때는 무효라 아니할 수 없다(대판 1980.4.8. [79다2036]).

第82條 (淸算人) 法人이 解散한 때에는 破産의 境遇를 除하고는 理事가 淸算人이 된다. 그러나 定款 또는 總會의 決議로 달리 定한 바가 있으면 그에 依한다.

第83條 (法院에 依한 淸算人의 選任)
前條의 規定에 依하여 淸算人이 될 者가 없거나 淸算人의 缺員으로 因하여 損害가 생길 念慮있는 때에는 法院은 職權 또는 利害關係人이나 檢事의 請求에 依하여 淸算人을 選任할 수 있다.

第84條 (法院에 依한 淸算人의 解任) 重要한 事由가 있는 때에는 法院은 職權 또는 利害關係人이나 檢事의 請求에 依하여 淸算人을 解任할 수 있다.

(2) 청산인의 직무권한

(가) 청산법인의 대표

청산인은 대외적으로 청산법인을 대표하고 법인의 이사와 같은 지위에 있다. 즉 이사의 권한과 의무에 관한 제58조제2항(이사의 사무집행방법), 제59조 내지 제62조(이사의 대표권, 이사의 대표권에 대한 제한의 대항력, 직무대행자의 권한, 이사의 주의의무, 이사의 대리인 선임), 제64조(특별대리인의 선임), 제65조(이사의 임무해태) 및 제70조(임시총회의 소집)의 규정은 모두 청산인에게 적용된다(민법 제96조).

따라서 청산인은 법인의 사무에 관하여 각자 법인을 대표한다. 그러나 청산인은 정관에 규정한 취지에 위반할 수 없으며, 특히 사단법인의 경우 총회의 의결에 따라야 한다. 청산인의 법인 대표에 관하여는 대리에 관한 규정을 준용하며, 청산인의 대표권에 대한 제한은 등기하지 아니하면 제3자에게 대항하지 못한다. 청산인의 직무집행 정지에 따른 직무대행자는 법인의 통상사무에 속하는 업무만을 처리할 수 있지만, 법원의 허가를 얻은 경우와 가처분명령에 다른 정함이 있는 경우에는 그러하지 아니하다. 이를 위반한 행위를 직무대행자가 한 경우에도 법인은 선의의 제3자에 대하여 책임을 진다. 청산인은 선량한 관리자의 주의로 그 직무를 행하여야 하고, 정관 또는 총회의 결의로 금지하지 아니한 사항에 한하여 타인으로 하여금 특정한 행위를 대리하게 할 수 있다. 법인과 청산인의 이익이 상반하는 사항에 관하여 청산인은 대표권이 없으며, 이 경우 특별대리인을 선임하여야 한다. 청산인이 그 임무를 해태한 때에는 그 청산인은 법인에 대하여 연대하여 손해배상의 책임이 있다. 사단법인의 청산인은 필요하다고 인정한 때에는 임시총회를 소집할 수 있고, 총사원의 5분의 1이상으로부터 회의의 목적사항을 제시하여 청구받은 경우 청산인은 임시총회를 소집하여야 하며, 그 정수는 정관으로 증감할 수 있다. 임시총회의 소집 청구있는 후 2주간내에 청산인이 총회소집의 절차를 밟지 아니한 경우 청구한 사원은 법원의 허가를 얻어 이를 소집할 수 있다.

第96條 (準用規定) 第58條第2項, 第59條 乃至 第62條, 第64條, 第65條 및 第70條의 規定은 清算人에 이를 準用한다.

(나) 청산법인의 업무집행

청산인의 직무에는 ① 현존사무(現存事務)의 종결, ② 채권의 추심(推尋) 및 채무의 변제, ③ 잔여재산의 인도가 포함되고(민법 제87조제1항), 이들 직무를 행하기 위하여 청산인은 필요한 모든 행위를 할 수 있다(같은 조 제2항).

第87條 (清算人의 職務) ① 清算人의 職務는 다음과 같다.
1. 現存事務의 終結
2. 債權의 推尋 및 債務의 辨濟
3. 殘餘財産의 引渡
② 清算人은 前項의 職務를 行하기 爲하여 必要한 모든 行爲를 할 수 있다.

(a) 현존사무의 종결

법인이 해산하고 청산에 들어갔지만 아직 그 업무가 종결되지 못한 경우 청산인은 법인의 이사와 동일한 권한으로 그 업무를 종결할 수 있다.

(b) 채권의 추심

변제기가 도래하지 않은 채권이나 조건부 채권과 같이 즉시로 추심할 수 없는 채권은 민사집행법 제241조에 따른 적당한 방법(양도, 매각, 관리, 현금화)으로 처리할 수 있다.

(c) 채무의 변제

① 채권신고의 공고 및 최고: 청산인은 취임한 날로부터 2월 내에 채권자에 대하여 2월 이상의 기간을 정하여 그 기간 내에 채권을 신고할 것을 3회 이상의 공고로 최고하여야 한다(민법 제88조제1항). 공고에는 채권자가 그 기간내에 신고하지 아니하면 청산으로부터 제외될 것을 표시하여야 하며(같은 조 제2항), 공고는 법원의 등기사항의 공고와 동일한 방법으로 하여야 한다(같은 조 제3항).

청산인은 알고 있는 채권자에게 대하여 각각 그 채권신고를 최고하여야 하고, 알고 있는 채권자는 청산으로부터 제외하지 못한다(민법 제89조).

第88條 (債權申告의 公告) ① 淸算人은 就任한 날로부터 2月內에 3回 以上의 公告로 債權者에 對하여 一定한 期間內에 그 債權을 申告할 것을 催告하여야 한다. 그 期間은 2月 以上이어야 한다.
② 前項의 公告에는 債權者가 期間內에 申告하지 아니하면 淸算으로부터 除外될 것을 表示하여야 한다.
③ 第1項의 公告는 法院의 登記事項의 公告와 同一한 方法으로 하여야 한다.

第89條 (債權申告의 催告) 淸算人은 알고 있는 債權者에게 對하여는 各各 그 債權申告를 催告하여야 한다. 알고 있는 債權者는 淸算으로부터 除外하지 못한다.

② **변제**: 청산인은 채권신고 기간내에는 채권자에 대하여 변제하지 못한다. 그러나 이 경우 법인은 채권자에 대한 지연손해배상의 의무를 면하지 못한다(민법 제90조).

청산중의 법인은 변제기에 이르지 아니한 채권에 대하여서도 변제할 수 있다(민법 제91조제1항). 이 경우 조건 있는 채권, 존속기간의 불확정한 채권 기타 채권가액의 불확정한 채권에 관하여는 법원이 선임한 감정인의 평가에 따라 변제하여야 한다(같은 조 제2항). 청산으로부터 제외된 채권자는 법인의 채무를 완제한 후 귀속권리자에게 인도하지 아니한 재산에 대하여서만 변제를 청구할 수 있다(민법 제92조).

第90條 (債權申告期間內의 辨濟禁止) 清算人은 第88條第1項의 債權申告期間內에는 債權者에 對하여 辨濟하지 못한다. 그러나 法人은 債權者에 대한 遲延損害賠償의 義務를 免하지 못한다.

第91條 (債權辨濟의 特例) ① 清算 中의 法人은 辨濟期에 이르지 아니한 債權에 對하여도 辨濟할 수 있다.
② 前項의 境遇에는 條件있는 債權, 存續期間의 不確定한 債權 其他 價額의 不確定한 債權에 關하여는 法院이 選任한 鑑定人의 評價에 依하여 辨濟하여야 한다.

第92條 (清算으로부터 除外된 債權) 清算으로부터 除外된 債權者는 法人의 債務를 完濟한 後 歸屬權利者에게 引渡하지 아니한 財産에 對하여서만 辨濟를 請求할 수 있다.

(d) 잔여재산의 귀속

해산한 법인의 재산은 정관으로 지정한 자에게 귀속한다(민법 제80조제1항). 여기서 '지정'이란 직접적인 지정뿐만 아니라 이사회의 결의에 의한 잔여재산을 처분하도록 하는 간접적인 지정, 즉 지정하는 방법을 정한 경우도 포함한다.[126] 정관으로 귀속권리자를 지정하지 아니하거나 이를 지정하는

126) 민법 제80조제1항과 제2항의 각 규정 내용을 대비하여 보면, 법인 해산시 잔여재산의 귀속권리자를 직접 지정하지 아니하고 사원총회나 이사회의 결의에 따라 이

방법을 정하지 아니한 때에는 이사 또는 청산인은 주무관청의 허가를 얻어 그 법인의 목적에 유사한 목적을 위하여 그 재산을 처분할 수 있다. 다만, 사단법인의 경우에는 총회의 결의가 있어야 한다(같은 조 제2항). 이에 따라 처분되지 아니한 재산은 국고로 귀속한다(같은 조 제3항).

이와 같은 절차를 위반한 경우 잔여재산의 처분행위는 무효이다.[127] 청산절차에 관한 규정은 모두 제3자의 이해관계에 중대한 영향을 미치는 것으로서 강행규정이므로, 해산한 법인이 잔여재산의 귀속자에 관한 정관규정에 반하여 잔여재산을 달리 처분할 경우 그 처분행위는 청산법인의 목적범위 외의 행위로서 특단의 사정이 없는 한 무효이다. 해산한 법인이 잔여재산의 귀속자에 관한 민법 및 정관의 규정에 따라 구체적으로 확정된 잔여재산이전의무의 이행으로서 그 귀속권리자에게 잔여재산을 이전하는 것은 별도로 이사회 또는 청산인회의 심의의결을 필요로 하는 재산의 처분에 해당한다고 볼 수 없다.[128]

第80條 (殘餘財産의 歸屬) ① 解散한 法人의 財産은 定款으로 指定한 者에게 歸屬한다.

② 定款으로 歸屬權利者를 指定하지 아니하거나 이를 指定하는 方法을 定하지 아니한 때에는 理事 또는 淸算人은 主務官廳의 許可를 얻어 그 法人의 目的에 類似한 目的을 爲하여 그 財産을 處分할 수 있다. 그러나 社團法人에 있어서는 總會의 決議가 있어야 한다.

③ 前2項의 規定에 依하여 處分되지 아니한 財産은 國庫에 歸屬한다.

를 정하도록 하는 등 간접적으로 그 귀속권리자의 지정방법을 정해 놓은 정관 규정도 유효하다(대판 1995.2.10. [94다13473]).

127) 민법 제80조, 제81조, 제87조와 같은 청산절차에 관한 규정은 모두 제3자의 이해관계에 중대한 영향을 미치기 때문에 소위 강행규정이라고 해석되므로 만일 그 청산법인이나 그 청산인이 청산법인의 목적범위 외의 행위를 한 때는 무효라 아니할 수 없다(대판 1980.4.8. [79다2036]).

128) 민법 제80조 제1항, 제81조 및 제87조 등 청산절차에 관한 규정은 모두 제3자의 이해관계에 중대한 영향을 미치는 것으로서 강행규정이므로, 해산한 법인이 잔여재산의 귀속자에 관한 정관규정에 반하여 잔여재산을 달리 처분할 경우 그 처분행위

(e) 해산등기와 신고

청산인은 파산의 경우를 제외하고는 그 취임후 3주간 내에 해산의 사유 및 연월일, 청산인의 성명 및 주소와 청산인의 대표권을 제한한 때에는 그 제한을 주된 사무소 및 분사무소소재지에서 등기하여야 한다(민법 제85조제1항). 해산등기는 3주간 내에 등기를 하여야 한다(같은 조 제2항, 민법 제52조).

또한 청산인은 파산의 경우를 제외하고는 그 취임후 3주간 내에 해산등기에 관한 사항을 주무관청에 신고하여야 하고(민법 제86조제1항), 청산중에 취임한 청산인은 그 성명 및 주소를 신고하여야 한다(같은 조 제2항).

第85條 (解散登記) ① 清算人은 破産의 境遇를 除하고는 그 就任後 3週間内에 解散의 事由 및 年月日, 清算人의 姓名 및 住所와 清算人의 代表權을 制限한 때에는 그 制限을 主된 事務所 및 分事務所 所在地에서 登記하여야 한다.
② 第52條의 規定은 前項의 登記에 準用한다.

第86條 (解散申告) ① 清算人은 破産의 境遇를 除하고는 그 就任後 3週間内에 前條第1項의 事項을 主務官廳에 申告하여야 한다.
② 清算 中에 就任한 清算人은 그 姓名 및 住所를 申告하면 된다.

(f) 파산신청

이사는 법인이 채무를 완제하지 못하게 된 때에는 지체없이 파산신청을 하여야 한다(민법 제79조).

청산중 법인의 재산이 그 채무를 완제하기에 부족한 것이 분명하게 된

위는 청산법인의 목적범위 외의 행위로서 특단의 사정이 없는 한 무효이고, 한편 민법 제58조, 제59조, 제87조 및 제96조 등에 의하면 이사 또는 청산인은 법인의 사무에 관하여 정관에 규정한 취지에 위반할 수 없으므로, 정관에 법인 재산의 처분에 관하여 이사회 또는 청산인회의 심의의결을 거치도록 규정되어 있는 경우에도, 해산한 법인이 잔여재산의 귀속자에 관한 민법 및 정관의 규정에 따라 구체적으로 확정된 잔여재산이전의무의 이행으로서 그 귀속권리자에게 잔여재산을 이전하는 것은, 위 이사회 또는 청산인회의 심의의결을 요하는 재산의 처분에 해당한다고 볼 수 없다(대판 2000.12.8. [98두5279]).

때에는 청산인은 지체없이 파산선고를 신청하고 이를 공고하여야 한다(민법 제93조제1항). 이 경우 청산인은 파산관재인에게 그 사무를 인계함으로써 그 임무가 종료한다(같은 조 제2항). 파산공고는 법원의 등기사항의 공고와 동일한 방법으로 한다(같은 조 제3항).

第79條 (破産申請) 法人이 債務를 完濟하지 못하게 된 때에는 理事는 遲滯없이 破産申請을 하여야 한다.

第93條 (清算 中의 破産) ① 清算 中 法人의 財産이 그 債務를 完濟하기에 不足한 것이 分明하게 된 때에는 清算人은 遲滯없이 破産宣告를 申請하고 이를 公告하여야 한다.
② 清算人은 破産管財人에게 그 事務를 引繼함으로써 그 任務가 終了한다.
③ 第88條第3項의 規定은 第1項의 公告에 準用한다.

(g) 청산종결의 등기와 신고

청산인은 청산이 종결한 때에는 3주간 내에 이를 등기하고 주무관청에 신고하여야 한다(민법 제94조). 청산법인은 비록 청산종결의 등기가 되었더라도 청산사무가 종결되지 않은 때에는 그 한도에서 존속한다.[129]

第94條 (清算終結의 登記와 申告)
清算이 終結한 때에는 清算人은 3週間內에 이를 登記하고 主務官廳에 申告하여야 한다.

Ⅲ. 법원의 감독과 검사

법인의 해산과 청산은 법원이 검사, 감독한다(민법 제95조). 즉 법인은

129) 청산종결등기가 경료된 경우에도 청산사무가 종료되었다 할 수 없는 경우에는 청산법인으로 존속한다(대판 1980.4.8. [79다2036]).

설립에서 해산(또는 청산) 이전까지는 주무관청의 감독과 검사를 받고, 해산과 청산에 대하여는 법원의 감독과 검사를 받는다.

> **第95條 (解散, 淸算의 檢査, 監督)** 法人의 解散 및 淸算은 法院이 檢査, 監督한다.

제5절 벌칙

법인의 이사, 감사 또는 청산인이 ① 등기를 해태한 때, ② 재산목록 또는 사원명부의 작성·비치에 관한 의무에 위반하거나 또는 이에 부정기재를 한 때, ③ 주무관청 또는 법원의 검사·감독을 방해한 때, ④ 주무관청 또는 총회에 대하여 사실 아닌 신고를 하거나 사실을 은폐한 때, ⑤ 총회의 사록의 작성·비치의무에 위반하거나 청산인이 채권신고기간내에 변제를 한 때, ⑥ 파산선고의 신청을 해태한 때, ⑦ 청산인이 채권신고의 공고 또는 파산선고신청의 공고를 해태하거나 부정공고를 한 때에는 500만원 이하의 과태료에 처한다(민법 제97조).

> **第97條 (罰則)** 法人의 理事, 監事 또는 淸算人은 다음 各號의 境遇에는 500만원 이하의 過怠料에 處한다.
> 1. 本章에 規定한 登記를 懈怠한 때
> 2. 第55條의 規定에 違反하거나 財産目錄 또는 社員名簿에 不正記載를 한 때
> 3. 第37條, 第95條에 規定한 檢査, 監督을 妨害한 때
> 4. 主務官廳 또는 總會에 對하여 事實아닌 申告를 하거나 事實을 隱蔽한 때
> 5. 第76條와 第90條의 規定에 違反한 때
> 6. 第79條, 第93條의 規定에 違反하여 破産宣告의 申請을 懈怠한 때
> 7. 第88條, 第93條에 定한 公告를 懈怠하거나 不正한 公告를 한 때

제4장 소비자와 사업자

제1절 개관

오늘날 개인이 일상생활에서 소비하는 상품이나 서비스는 대부분 사업자로부터 구입하여 사용한다. 즉 사업자는 상품 등을 규격화하여 대량으로 소비자에게 제공하고 있고, 소비자는 사업자가 제공하는 상품 등을 구매하여 일상생활에서 소비한다. 이렇다보니 소비자와 사업자 사이의 거래에서 사업자는 유리한 지위를 차지하게 되고 불균등한 거래로 인한 소비자의 피해가 증대되어 왔다.

그럼에도 불구하고 우리 민법은 개인 사이의 대등한 거래를 전제하고 있어서 현실에서 이루어지는 소비자와 사업자 사이의 거래행위와는 상당한 차이가 있다. 특히, 소비자와 사업자 사이의 거래 중에서도 방문판매, 통신판매, 다단계판매, 할부판매 등과 같이 특수한 거래방식을 통하여 이루어지는 상품이나 서비스의 매매 등의 계약에서 민법의 전형계약을 적용하기에 부당한 현상이 나타났다. 따라서 이들 특수거래를 중심으로 소비자의 불이익한 지위를 보완하기 위하여 민법의 적용을 배제하고 소비자에 유리한 민사특별법의 제정이 나타났다. 예컨대, 방문판매, 다단계판매, 통신판매, 약관거래, 전화권유판매, 계속거래, 사업권유거래 및 전자상거래 등의 특수거래는 소비자와 사업자 사이의 계약 체결과 이행에서 거래의 형평성을 실현하기 위하여 민법의 적용을 제한하고 대신에 민사특별법을 적용하여 왔다.

이와 같은 소비자와 사업자 사이의 거래계약(소위 '소비자계약')은 최근에 이르러 특수한 거래방식을 이용한 특수거래를 넘어서 일상생활에서 필요한 상품 등을 거래하는 모든 분야로 확대되고 있다. 따라서 새로운 법률행위의 주체로 소비자와 사업자가 주목받게 되었고 이들 사이의 계약을 민법에서 규율하는 것이 문제된다. 즉 일상생활에서 이루어지는 소비자계약에서 소비자와 사업자는 처음부터 불평등한 거래주체에 해당되고 소비자의 불리한 지위를 어떻게 보완할 것인가가 문제된다.

제2절 소비자계약

Ⅰ. 소비자계약의 의의

'소비자계약'이란 소비자와 사업자 사이에 상품의 판매 또는 상품처럼 거래되는 서비스의 제공에 관한 계약을 총칭한다. 이 경우 '소비자'란 사업자가 제공하는 상품 및 서비스를 소비생활을 위하여 사용하거나 이용하는 자를 의미하고(소비자기본법 제2조제1호 및 같은 법 시행령 제2조), '사업자'란 상품을 제조·수입·판매하거나 서비스를 제공하는 자를 의미한다(같은 법 제2조제2호).

소비자계약은 특수거래에만 한정되는 것이 아니라 일반적인 민사거래에까지 널리 이용되고 있어서 민사특별법을 민법전에 편입할 것인가가 문제되는데, 우리나라의 경우 소비자계약은 '소비자기본법', '방문판매 등에 관한 법률', '할부거래에 관한 법률', '약관의 규제에 관한 법률', '전자상거래 등에서의 소비자보호에 관한 법률' 등과 같은 민사특별법에서 아직까지 규율하고 있다.

Ⅱ. 소비자계약의 유형과 내용

소비자와 사업자 사이의 소비자계약은 그 대상에 따라 크게 두 가지 분야로 나눌 수 있다. 즉 소비자와 사업자 사이의 상품이나 서비스의 매매나 제공에 관련된 소비자계약('특수거래 소비자계약')과 소비자와 사업자 사이에 신용을 매개하는 형태의 소비자계약('소비대차 소비자계약')이 있다.

1. 소비자와 사업자 사이의 특수거래 소비자계약

소비자와 사업자 사이의 특수거래 소비자계약은 민사특별법에서 규율하고 있는데, 방문판매 및 전화권유판매, 다단계판매, 계속거래 및 사업권유거래, 약관거래, 통신판매 및 전자상거래가 포함된다. 이들 특수거래에서는 소비자와 사업자라는 새로운 거래주체가 등장하고 이들 사이에 체결하는 계약에서 소비자의 불이익한 지위를 어떻게 조정할 것인가가 문제된다(자세한 것은 채권편에서 다룬다).

2. 소비자와 사업자 사이의 소비대차 소비자계약

소비자와 사업자 사이의 소비대차 소비자계약은 다시 '소비자소비대차계약'과 '소비자신용계약'으로 구분할 수 있다. 전자에는 민법 제598조의 소비대차와 민법 제600조의 금전소비대차가 포함되고, 후자에는 '이자제한법'과 '대부업 등의 등록 및 금융이용자 보호에 관한 법률' 및 '할부거래에 관한 법률'의 소비자신용에 관한 거래가 포함된다(자세한 것은 채권편에서 다룬다).

제5장 물건

Ⅰ. 물건의 정의

민법에서 물건(物件)이란 유체물 및 전기 기타 관리할 수 있는 자연력을 말한다(민법 제98조). 이와 같은 물건의 개념정의는 민법의 규율대상이 되는 거래객체를 의미한다. 민법 제98조의 물건에 대한 개념정의는 새로운 거래객체로 등장한 지식재산에 대하여 적용될 수 있느냐가 문제되는데, 민법 제98조의 해석상 특허, 저작(컴퓨터프로그램과 데이터베이스를 포함한다), 상표, 디자인, 실용신안 등은 물건으로 볼 수는 없다. 이러한 차원에서 특허법, 저작권법, 상표법, 디자인보호법, 실용신안법 등에서는 특허권, 저작권, 상표권, 디자인권, 실용신안권 등을 배타적 권리로 보호하고 이들 권리의 이전계약이나 이용허락계약에 대하여 별도로 규정하고 있다.

第98條 (物件의 正義) 本法에서 **物件**이라 함은 **有體物** 및 **電氣 其他 管理**할 수 있는 **自然力**을 말한다.

1. 유체물

민법 제98조에서 유체물(有體物)은 공간의 일부를 차지하고 사람의 오감에 의하여 지각할 수 있는 형태를 가지는 물질, 즉 고체·액체를 말한다. 물건의 일부 또는 독립한 물건이 아닌 것은 공시방법을 갖추지 아니하는 한 그 자체만을 소유권의 객체(또는 거래의 객체)로 할 수 없다.

자연인은 권리주체이지 물건이 될 수 없다. 다만, 분리된 인체의 일부는 본인의 소유가 되고 거래대상으로 할 수 있는가의 여부는 사회의 가치판단에 따른다. 사체(死體)는 특수한 물건에 해당되어 소유권의 객체 내지는 거래의 대상으로 할 수 없지만 의학적 목적 등 제한적으로만 사용할 수 있다.

2. 전기 기타 관리할 수 있는 자연력

민법 제98조에서는 '전기(電氣)'와 '기타 관리할 수 있는 자연력'을 물건으로 간주하고 있는데, 여기서 '기타 관리할 수 있는 자연력'은 에너지원에 해당하는 화력, 풍력, 수력 등을 의미한다.

Ⅱ. 동산과 부동산

1. 동산과 부동산의 구별

민법은 물건을 동산과 부동산으로 구분한다. 동산과 부동산의 구분은 공시방법·물권의 종류와 그 성립·취득시효 등에서 차이를 가져온다.

2. 부동산

부동산은 토지 및 그 정착물이다(민법 제99조제1항). 우리나라의 경우 부동산에 대하여는 토지등기부와 건물등기부로 구분하고 있어서 토지와 건물이 운명을 달리하는 경우가 발생한다.

第99條 (不動産, 動産) ① 土地 및 그 定着物은 不動産이다.

(1) 토지

(가) 토지의 범위

토지(土地)는 일정범위의 지면에 정당한 이익 있는 범위 내에서 상하를 포함한다(민법 제212조). 따라서 토지의 구성물(암석, 토사, 지하수, 온천수[130] 등)은 토지와는 독립한 물건이 아니며, 토지의 소유권은 그 구성물에 미친다. 다만, 미채굴 광물의 경우 토지소유권자의 소유권 범위에서는 제외되고 국가가 채굴 · 취득하는 권리를 가진다(광업법 제2조).

바다는 해안선이 토지와 바다의 분개선이고, 하천은 하천구역을 제외한 부분까지를 토지의 범위로 한다(공유수면 관리 및 매립에 관한 법률 제2조제1호). 따라서 호수 · 강 · 하천 등에 속해 있는 토지는 개인 소유의 대상이 될 수 없으며 모두 국유에 해당된다(하천법 제4조제2항 전단). 다만, 개인은 관리청의 허가를 얻어 이른바 하천구역이나 하천 등을 점용할 수 있을 뿐이다(같은 법 제33조제1항).

하천 또는 해면에 인접한 토지가 홍수로 인한 하천유수의 범람이나 해일등으로 침수되어 토지가 황폐화되거나 물밑에 잠기거나 항시 물이 흐르고 있는 상태가 계속되고 그 원상복귀가 사회통념상 불가능하게 되면 소위 포락(浦落)으로 인하여 그 소유권은 영구히 소멸하고,[131] 그 토지가 하천부지화 될 경우에는 하천에 편입됨으로 인하여 국유로 되고 그 반사적 효과로 사권(私權)이 소멸된다. 포락한 토지는 다시 성토화되었다고 할지라도 종전의 권리는 되살아나지 않는다.[132]

---

130) 온천에 관한 권리는 관습상의 물권이나 준물권이라 할 수 없고 온천수는 공용수 또는 생활상 필요한 용수에 해당되지 않는다(대판 1972.8.29. [72다1243]).

131) 대판 1985.6.25. [84다카178]

132) 한번 포락되어 해면 아래에 잠김으로써 복구가 심히 곤란하여 토지로서의 효용을 상실하면 종전의 소유권이 영구히 소멸되고, 그 후 포락된 토지가 다시 성토되어도 종전의 소유자가 다시 소유권을 취득할 수는 없다(대판 1992.9.25. [92다24677]).

(나) 토지와 등기

민법은 물권변동에 관하여 성립요건주의를 취하고 있어서 분필절차를 밟기 전에는 토지의 일부를 양도하거나 취득하지 못한다.[133] 다만, 용익물권의 설정만은 분필절차를 밟지 않더라도 토지 일부위에 설정할 수 있고 등기를 하면 물권으로 보호된다(부동산등기법 제69조 · 제70조 · 제72조 참조).

일정한 토지가 지적공부에 1필의 토지로 등록된 경우 그 토지의 소재지번, 지목, 지적 및 경계는 일응 그 등록으로써 특정되고 그 토지의 소유권의 범위는 지적공부상의 경계에 의하여 확정된다. 따라서 토지의 개수는 공간정보의 구축 및 관리 등에 관한 법률에 따른 지적공부상의 토지의 필수를 표준으로 하여 결정되는 것으로서 1필지의 토지를 수필의 토지로 분할하여 등기하려면 먼저 지적공부 소관청에 의하여 지적측량을 하고 그에 따라 필지마다 지번, 지목, 경계 또는 좌표와 면적이 정하여진 후 지적공부에 등록되는 등 분할의 절차를 밟아야 되고, 설령 등기부에만 분필의 등기가 이루어졌다고 하여도 이로써 분필의 효과가 발생할 수는 없다.[134]

---

133) 1필지의 토지의 특정된 일부에 대하여 소유권이전등기절차의 이행을 명하는 판결을 받은 등기권자는 그 판결에 따로 토지의 분할을 명하는 주문기재가 없더라도 그 판결에 기하여 등기의무자를 대위하여 그 특정된 일부에 대한 분필등기절차를 마친 후 소유권이전등기를 할 수 있으므로, 토지의 분할을 명함이 없이 1필지의 토지의 일부에 관하여 소유권이전등기절차의 이행을 명한 판결을 집행불능의 판결이라고 할 수 없다(대판 1994.9.27. [94다25032]).

134) 토지의 개수는 지적법에 의한 지적공부상의 토지의 필수를 표준으로 하여 결정되는 것으로서 1필지의 토지를 수필의 토지로 분할하여 등기하려면 지적법이 정하는 바에 따라 먼저 지적공부 소관청에 의하여 지적측량을 하고 그에 따라 필지마다 지번, 지목, 경계 또는 좌표와 면적이 정하여진 후 지적공부에 등록되는 등 분할의 절차를 밟아야 되고, 가사 등기부에만 분필의 등기가 이루어졌다고 하여도 이로써 분필의 효과가 발생할 수는 없다. 따라서 일정한 토지가 지적공부에 1필의 토지로 등록된 경우, 그 토지의 소재지번, 지목, 지적 및 경계는 일응 그 등록으로써 특정되고 그 토지의 소유권의 범위는 지적공부상의 경계에 의하여 확정된다. 결과적으로 등기부상만으로 어떤 토지 중 일부가 분할되고 그 분할된 토지에 대하여 지번과 지적이 부여되어 등기되어 있어도 지적공부 소관청에 의한 지번, 지적, 지목, 경계확정 등의 분필절차를 거친 바가 없다면 그 등기가 표상하는 목적물은 특정되었다고 할 수는 없으니, 그 등기부에 소유자로 등기된 자가 그 등기부에 기재된 면적에 해당하는 만큼의 토지를 특정하여 점유하였다고 하더라도, 그 등기는 그가

(2) 토지의 정착물

토지의 정착물(定着物)은 토지에 고정적으로 부착되어 용이하게 이동될 수 없는 물건으로서 그러한 상태로 사용되는 것이 그 물건의 거래상의 성질로 인정되는 것을 말한다. 예컨대, 토지의 정착물에는 건물, 수목, 교량, 돌담, 도로의 포장 등이 해당된다. 이들 정착물 중에서 토지와는 별개의 독립한 부동산으로 다루어지는 것은 다음과 같다.

(가) 건물

건물(建物)은 토지의 정착물에 해당된다. 따라서 토지와 별개의 부동산이 아니다. 새로 건축한 건물은 등기 없이도 유효하게 소유권을 취득하지만 미등기 상태에서는 토지와 독립된 부동산이 아니므로 토지에 종속된다. 그렇지만 우리나라의 경우 건물은 별도의 등기부가 마련되어 있어서 토지로부터 독립한 별개의 부동산으로 할 수 있다. 판례는 독립된 부동산으로서의 건물이라고 하기 위하여 최소한의 기둥과 지붕 그리고 주벽으로 이루어지면 된다고 보았다.[135] 또한 판례는 건물의 개수를 판단함에 있어서는 물리적 구조뿐만 아니라 거래 또는 이용의 목적물로서 관찰한 건물의 상태도 그 개수 판단요건의 중요한 자료가 될 것이며 이러한 상태를 판별하기 위하여는 주위 건물과 인근의 정도, 주위의 상황 등 객관적 사정은 물론 건축한 자의 의사와 같은 주관적 사정도 고려하여야 할 것으로서 단순히 건물의 물리적 구조로서만 그 개수를 판단할 수 없다고 보았다.[136]

(나) 수목

수목(樹木)은 원칙적으로 토지와 별개의 부동산이 아니라 토지의 정착물

점유하는 토지부분을 표상하는 등기로 볼 수 없어 그 점유자는 등기부취득시효의 요건인 "부동산의 소유자로 등기한 자"에 해당하지 아니하므로 그가 점유하는 부분에 대하여 등기부시효취득을 할 수는 없다(대판 1995.6.16. [94다4615]).

135) 대판 2001.1.16. [2000다51872]

136) 대판 1961.11.23. [4293민상623,624]

에 불과하다. 그렇지만 수목의 경우에도 토지와 별개의 부동산으로 할 수 있는 방법으로 '입목에 관한 법률에 따라 등기하는 경우'와 '관습법에 따라 명인방법을 이용하는 경우'로 구분된다.

먼저, 토지에 부착된 수목의 집단으로서 그 소유자가 소유권 보존의 등기를 할 수 있고(입목에 관한 법률 제8조), 입목의 소유자는 토지와 분리하여 양도하거나 이를 저당권의 목적으로 할 수 있으며(같은 법 제3조제2항), 토지소유권 또는 지상권의 처분의 효력은 입목에 미치지 아니한다(같은 법 제3조제3항). 토지와 분리된 수목이 되기 위하여서는 등기를 갖추어야 하나, 그 등기는 반드시 1필의 토지에 생육하는 수목의 집단이어야 하는 것은 아니며 1필의 토지의 일부에서 자라고 있는 수목의 집단이라도 상관없다(같은 법 제15조 참조). 등기된 수목의 집단은 토지와는 별개의 독립된 부동산이다.

다음으로, 명인방법이라는 관습법상의 공시방법을 갖춘 때에는 독립한 부동산으로서 거래의 목적이 되며, 이중매매의 경우 명인방법을 먼저 한 사람에게 입목의 소유권이 이전된다.[137] 명인방법은 소유권만을 공시하고 다른 권리를 공시하지 아니한다. 또한 명인방법은 집단이 아닌 개개의 수목에 관하여서도 공시할 수 있는데, 토지와 분리되면 수목은 동산으로 취급된다.

(다) 미분리의 과실

미분리의 과실은 수목과 마찬가지로 토지의 정착물에 해당된다. 그렇지만 미분리의 과실은 관습법상의 명인방법을 이용하여 토지나 수목과 별개의 부동산으로 거래할 수 있다.

(라) 농작물

농작물(農作物)도 관습법상의 명인방법을 이용하여 독립된 부동산으로 취급하여 거래의 객체로 할 수 있다. 그렇지만 판례는 아무런 권한없이 타

137) 입목의 이중매매에 있어서는 관습법에 의하여 입목소유권 변동에 관한 공시방법으로 인정되어 있는 명인방법을 먼저 한 사람에게 입목의 소유권이 이전된다(대판 1967.2.28. [66다2442]).

인의 토지에서 농작물을 경작·재배한 경우 해당 농작물이 성숙하여 독립한 물건으로서의 존재를 갖추었으면 비록 명인방법을 갖추고 있지 아니하여도 그 농작물의 소유권은 언제나 그 경작자에게 있다고 보았다.138)

3. 동산

부동산과 그 정착물 이외에는 모두 동산이다(민법 제99조제2항). 예컨대, 등기가 필요한 자동차, 선박, 항공기와 같은 동산 또는 무기명증권 등은 모두 동산이고, 동산의 공시방법은 인도(引渡)이다. 다만, 등기 또는 등록된 동산은 등기 또는 등록이 공시방법에 해당된다.

第99條 (不動産, 動産) ② 不動産以外의 物件은 動産이다.

Ⅲ. 주물과 종물

1. 의의

종물(從物)이란 물건의 소유자가 그 물건의 상용(常用)에 공(供)하기 위하여 자기소유인 다른 물건을 이에 부속하게 한 경우 그 부속물을 의미하며(민법 제100조제1항), 종물은 주물의 처분에 따른다(같은 조 제2항). 이와 같은 주물과 종물의 이론은 복수의 물건이 각자 독립된 물건이라고 하여도 사회적·경제적 관계에 있어서 한쪽이 다른 쪽의 효용을 도와서 그들이 서로 경제적 운명을 같이 하는 경우에 법률도 이들의 결합을 파괴함이 없이

138) 적법한 경작권 없이 타인의 토지를 경작하였더라도 그 경작한 입도가 성숙하여 독립한 물건으로서의 존재를 갖추었으면 입도의 소유권은 경작자에게 귀속한다(대판 1979.8.28. [79다784]).

운명을 같이 하게 한다.

第100條 (主物, 從物) ① 物件의 所有者가 그 物件의 常用에 供하기 爲하여 自己所有인 다른 物件을 이에 附屬하게 한 때에는 그 附屬物은 從物이다.
② 從物은 主物의 處分에 따른다.

2. 종물의 요건

(1) 주물의 사용에 이바지 할 것

주물의 사용에 이바지하는지의 여부는 사회관념에 따라 판단한다. 여기서 '주물의 상용에 이바지 한다'란 주물 그 자체의 경제적 효용을 다하게 하는 작용을 하는 것을 말하는 것으로 호텔 건물에 설치된 냉장고 · TV · 전화기 등은 호텔의 경제적 효용에 직접 이바지하지 아니하므로 호텔의 종물이라고 할 수 없다.[139] 그렇지만 주유소 건물과 주유기,[140] 백화점 건물과 지하에 설치된 전화교환기,[141] 횟집과 수족관[142] 등은 종물에 해당된다.

---

139) 대판 1985.3.26. [84다카269]

140) 주유소의 주유기가 비록 독립된 물건이기는 하나 유류저장탱크에 연결되어 유류를 수요자에게 공급하는 기구로서 주유소 영업을 위한 건물이 있는 토지의 지상에 설치되었고 그 주유기가 설치된 건물은 당초부터 주유소 영업을 위한 건물로 건축되었다는 점 등을 종합하여 볼 때, 그 주유기는 계속해서 주유소 건물 자체의 경제적 효용을 다하게 하는 작용을 하고 있으므로 주유소건물의 상용에 공하기 위하여 부속시킨 종물이다(대판 1995.6.29. [94다6345]).

141) 백화점 건물의 지하 2층 기계실에 설치되어 있는 전화교환설비가 건물의 원소유자가 설치한 부속시설이며, 위 건물은 당초부터 그러한 시설을 수용하는 구조로 건축되었고, 위 시설들은 볼트와 전선 등으로 위 건물에 고정되어 각 층, 각 방실까지 이어지는 전선 등에 연결되어 있을 뿐이어서 과다한 비용을 들이지 않고도 분리할 수 있고, 분리하더라도 독립한 동산으로서 가치를 지니며, 그 자리에 다른 것으로 대체할 수 있는 것이라면, 위 전화교환설비는 독립한 물건이기는 하나, 그 용도, 설치된 위치와 그 위치에 해당하는 건물의 용도, 건물의 형태, 목적, 용도에 대한 관계를 종합하여 볼 때, 위 건물에 연결되거나 부착하는 방법으로 설치되어 위 건물인 10층 백화점의 효용과 기능을 다하기에 필요불가결한 시설들로서, 위 건물

(2) 독립한 물건이어야 한다.

종물은 주물의 구성부분이 아니며 주물의 경제적 효용을 돕기 위하여 경제적으로 부속되어 있는 물건에 지나지 않으므로 법률상 독립한 물건이어야 한다. 예컨대, 낡은 가재도구 등의 보관장소로 사용되고 있는 방과 연탄창고 및 공동변소가 본체에서 떨어져 축조되어 있기는 하나 본채의 종물이다.[143)]

(3) 주물 · 종물 모두 동일한 소유자에게 속하여야 한다.

주물과 종물은 모두 동일 소유자에게 귀속되어 있어야 한다.[144)] 따라서 주물과 종물의 소유자가 다른 경우에는 주물의 거래만으로 종물의 소유권을 취득할 수는 없다.

3. 종물의 효과

종물은 주물의 처분에 따른다. 즉 주물의 소유권 양도, 물권의 설정, 임대차 등에 따라 종물은 주물과 그 법률적 운명을 같이 한다. 예컨대, 건물이 양도되면 그 건물을 위한 대지의 임차권 내지 지상권도 함께 양도된다.[145)]

의 상용에 제공된 종물이라 할 것이다(대판 1993.8.13. [92다43142]).

142) 횟집으로 사용할 점포 건물에 거의 붙여서 횟감용 생선을 보관하기 위하여 즉 위 점포 건물의 상용에 공하기 위하여 신축한 수족관 건물은 위 점포 건물의 종물이라고 해석할 것이다(대판 1993.2.12. [92도3234]).

143) 대판 1991.5.14. [91다2779]

144) 저당권의 실행으로 부동산이 경매된 경우에 그 부동산에 부합된 물건은 그것이 부합될 당시에 누구의 소유이었는지를 가릴 것 없이 그 부동산을 낙찰받은 사람이 소유권을 취득하지만, 그 부동산의 상용에 공하여진 물건일지라도 그 물건이 부동산의 소유자가 아닌 다른 사람의 소유인 때에는 이를 종물이라고 할 수 없으므로 부동산에 대한 저당권의 효력에 미칠 수 없어 부동산의 낙찰자가 당연히 그 소유권을 취득하는 것은 아니며, 나아가 부동산의 낙찰자가 그 물건을 선의취득하였다고 할 수 있으려면 그 물건이 경매의 목적물로 되었고 낙찰자가 선의이며 과실 없이 그 물건을 점유하는 등으로 선의취득의 요건을 구비하여야 한다(대판 2008.5.8. [2007다36933, 36940]).

145) 저당권의 효력이 저당부동산에 부합된 물건과 종물에 미친다는 민법 제358조 본문

마찬가지로 구분건물의 전유부분에 대한 소유권보존등기만 경료되고 대지지분에 대한 등기가 경료되기 전에 전유부분만에 대해 내려진 가압류결정의 효력은, 대지사용권의 분리처분이 가능하도록 규약으로 정하였다는 등의 특별한 사정이 없는 한, 종물 내지 종된 권리인 그 대지권에까지 미친다.[146)]

Ⅳ. 과실과 그 취득

1. 천연과실

(1) 의의

천연과실(天然果實)은 물건의 용법에 의하여 수취하는 산출물을 말한다(민법 제101조제1항). 여기서 '물건의 용법에 의하여'란 원물의 경제적 용도에 따른 사용으로 수취하는 물건을 의미한다. 예컨대, 암소가 낳은 송아지는 천연과실이고 암소의 사용료는 법정과실이다.

을 유추하여 보면 건물에 대한 저당권의 효력은 그 건물에 종된 권리인 건물의 소유를 목적으로 하는 지상권에도 미치게 되므로, 건물에 대한 저당권이 실행되어 경락인이 그 건물의 소유권을 취득하였다면 경락인은 건물 소유를 위한 지상권도 민법 제187조의 규정에 따라 등기 없이 당연히 취득하게 되고, 한편 이 경우에 경락인이 건물을 제3자에게 양도한 때에는, 특별한 사정이 없는 한 민법 제100조제2항의 유추적용에 의하여 건물과 함께 종된 권리인 지상권도 양도하기로 한 것으로 봄이 상당하다(대판 1996.4.26. [95다52864]).

146) 민법 제100조제2항의 종물과 주물의 관계에 관한 법리는 물건 상호간의 관계뿐 아니라 권리 상호간에도 적용되고, 위 규정에서의 처분은 처분행위에 의한 권리변동뿐 아니라 주물의 권리관계가 압류와 같은 공법상의 처분 등에 의하여 생긴 경우에도 적용되어야 하는 점, 저당권의 효력이 종물에 대하여도 미친다는 민법 제358조 본문 규정은 같은 법 제100조제2항과 이론적 기초를 같이하는 점, 집합건물의 소유 및 관리에 관한 법률 제20조제1항, 제2항에 의하면 구분건물의 대지사용권은 전유부분과 종속적 일체불가분성이 인정되는 점 등에 비추어 볼 때, 구분건물의 전유부분에 대한 소유권보존등기만 경료되고 대지지분에 대한 등기가 경료되기 전에 전유부분만에 대해 내려진 가압류결정의 효력은, 대지사용권의 분리처분이 가능하도록 규약으로 정하였다는 등의 특별한 사정이 없는 한, 종물 내지 종된 권리인 그 대지권에까지 미친다(대판 2006.10.26. [2006다29020]).

第101條 (天然果實, 法定果實) ① 物件의 用法에 依하여 收取하는 産出物은 天然果實이다.

(2) 귀속

천연과실은 그 원물로부터 분리하는 때에 이를 수취할 권리자에게 속한다(민법 제102조제1항). 이 경우 수취할 권리자는 원물의 소유자이다(민법 제211조 참조). 예외적으로 선의의 점유자(민법 제201조), 지상권자(민법 제279조), 전세권자(민법 제303조), 유치권자(민법 제323조), 질권자(민법 제343조), 저당권자(민법 제359조), 매도인(민법 제587조), 사용차주(민법 제609조), 임차인(민법 제618조), 친권자(민법 제923조), 수증자(민법 제1079조)등도 수취권을 가진다.

第102條 (果實의 取得) ① 天然果實은 그 元物로부터 分離하는 때에 이를 收取할 權利者에게 屬한다.

2. 법정과실

(1) 의의

법정과실(法定果實)은 물건의 사용대가로 받는 금전 기타의 물건을 말한다(민법 제101조제2항). 예컨대, 물건의 대차에 있어서의 사용료, 금전대차에 있어서의 이자 등이 법정과실이다. 따라서 물건을 직접 사용함으로써 얻는 사용이익은 법정과실이 아니지만 과실에 준하여 취급된다.[147] 한편, 민법

147) 민법 제201조제1항에 의하면 선의의 점유자는 점유물의 과실을 취득한다고 규정하고 있는바, 건물을 사용함으로써 얻는 이득은 그 건물의 과실에 준하는 것이므로,

제101조제2항에 따라 원물과 과실이 모두 물건이어야 하므로 노동의 대가와 권리사용의 대가는 과실이 아니다.

第101條 (天然果實, 法定果實) ② 物件의 使用對價로 받는 金錢 其他의 物件은 法定果實로 한다.

(2) 귀속

법정과실은 수취한 권리의 존속기간 일수의 비율로 취득한다(민법 제102조제2항). 예컨대, 이자채권의 경우 원본채권에 대하여 종속성을 갖고 있으나, 이미 변제기에 도달한 이자채권은 원본채권과 분리하여 양도할 수 있고 원본채권과 별도로 변제할 수 있으며 시효로 인하여 소멸하기도 한다. 따라서 원본채권의 양도 당시 그 이자채권도 양도한다는 의사표시가 없는 한 당연히 양도되지는 않는다.[148] 이미 발생한 이자에 관하여 채무자가 이행을 지체한 경우에는 그 이자에 대한 지연손해금을 청구할 수 있고,[149] 이자채권은 원본채권과 독립하여 3년의 소멸시효에 걸린다.

第102條 (果實의 取得) ② 法定果實은 收取할 權利의 存續期間日數의 比率로 取得한다.

선의의 점유자는 비록 법률상 원인 없이 타인의 건물을 점유·사용하고 이로 말미암아 그에게 손해를 입혔다고 하더라도 그 점유·사용으로 인한 이득을 반환할 의무는 없다(대판 1996.1.26. [95다44290]).

148) 대판 1989.3.28. [88다카12803]

149) 대판 1996.9.20. [96다25302]

제6장 법률행위

제1절 총칙

Ⅰ. 반사회질서의 법률행위

헌법상 개인의 자기결정권은 민사거래에서 계약 자유(또는 법률행위의 자유)의 원칙으로 표현된다. 계약의 자유는 개인이 가지는 기본권으로 볼 수 있으나, 민법 제103조에 따라 중대한 제한을 받는다. 즉 민법 제103조는 「선량한 풍속 기타 사회질서에 위반한 사항을 내용으로 하는 법률행위는 무효로 한다」고 선언하여 사회의 가치질서를 존중한다. 여기서 '반사회질서의 법률행위'는 법률행위의 목적인 권리의무의 내용이 선량한 풍속 기타 사회질서에 위반되는 경우뿐만 아니라, 그 내용 자체는 반사회질서적인 것이 아니라고 하여도 법적으로 이를 강제하거나 법률행위에 사회질서의 근간에 반하는 조건 또는 금전적인 대가가 결부됨으로써 그 법률행위가 반사회질서적 성질을 띠게 되는 경우와 상대방에게 표시되거나 알려진 법률행위의 동기가 반사회질서적인 경우도 포함한다.[150] 구체적인 사례를 유형화하여 살펴보면, 아래와 같다.

第103條 (反社會秩序의 法律行爲) 善良한 風俗 其他 社會秩序에 違反한 事項을 內容으로 하는 法律行爲는 無效로 한다.

150) 대판 2009.9.10. [2009다37251]

1. 정의의 관념에 반하는 행위

사회정의에 반하는 법률행위는 대체로 범죄행위와 관련되어 있는 경우가 많다. 예컨대, 노동조합의 임금인상을 무마하는 것을 조건으로 보수를 지급하기로 한 계약, 밀수입의 자금을 조달하기 위한 소비대차 또는 출자계약, 공무원의 직무청탁에 관련한 보수지급계약,[151] 허위증언을 조건으로 한 보수지급계약,[152] 적극적 권유에 의한 이중매매계약,[153] 적극적으로 배임행위에 가담한 증여계약[154] 등이 여기에 해당된다. 그러나 강제집행을 면할 목적으로 부동산에 허위의 근저당권설정등기를 경료하는 행위는 민법 제103조의 선량한 풍속 기타 사회질서에 위반한 사항을 내용으로 하는 법률행위로 볼 수 없다.[155]

---

151) 당사자일방이 상대방에게 공무원의 직무에 관한 사항에 관하여 특별한 청탁을 하게 하고 그에 대한 보수로 돈을 지급할 것을 내용으로 한 약정은 사회질서에 반하는 무효의 계약이라고 할 것이다(대판 1971.10.11. [71다1645]).

152) 어떠한 사실을 알고 있는 사람과의 사이에 소송에서 사실대로 증언하여 줄 것을 조건으로 어떠한 급부를 할 것을 약정한 경우, 증인은 법률에 의하여 증언거부권이 인정되지 않는 한 진실을 진술할 의무가 있는 것이고, 이러한 당연한 의무의 이행을 조건으로 상당한 정도의 급부를 받기로 하는 약정은 증인에게 부당하게 이익을 부여하는 것이라고 할 것이고, 그러한 급부의 내용이 통상적으로 용인될 수 있는 수준(예컨대 증인에게 일당 및 여비가 지급되기는 하지만 증인이 증언을 위하여 법원에 출석함으로써 입게되는 손해에는 미치지 못하는 경우 그러한 손해를 전보하여 주는 경우 정도)을 넘어서, 어느 당사자가 그 증언이 필요함을 기화로 증언하여 주는 대가로 용인될 수 있는 정도를 초과하는 급부를 제공받기로 한 약정은 반사회질서적인 금전적 대가가 결부된 경우로 그러한 약정은 민법 제103조 소정의 반사회질서행위에 해당하여 무효로 된다(대판 1994.3.11. [93다40522]).

153) 2중매매에 있어서 매도인의 범죄행위에 적극 가담하여 사회정의 관념에 반하는 반사회적 법률행위로서 그 매매가 무효가 되는 경우의 이른바 적극 가담하는 행위는 타인과의 매매사실을 알면서 매도를 요청하여 매매계약에 이르는 정도로 족하다(대판 1981.12.22. [81다카197]).

154) 매도인이 매수인에게 목적부동산을 매도한 사실을 알고서 수증자가 매도인으로부터 증여를 원인으로 하여 소유권이전등기를 함으로써 매도인의 매수인에 대한 배임행위에 가담한 결과에 이르렀다면, 이는 실체관계에 부합하는 유효한 등기가 될 리가 없고 반사회질서의 행위로서 무효이다(대판 1983.4.26. [83다카57]).

155) 통정한 허위표시에 의하여 외형상 형성된 법률관계로 생긴 채권을 가압류한 경우,

2. 윤리적 질서에 반하는 행위

헌법상 혼인 및 가족제도(헌법 제36조제1항)와 민법상 혼인질서(민법 제4편)에 반하는 법률행위는 무효이고, 이를 위반한 계약에 따른 이익공여는 불법원인급여로 반환을 청구하지 못한다. 예컨대, 첩계약,[156] 처의 사망 또는 이혼시에 혼인하기로 한 혼인계약,[157] 혼인계약 후 동거거부시 금전을 지급키로 한 계약 등이 여기에 해당된다. 그렇지만 부정행위를 용서받는 대가로 손해를 배상함과 아울러 가정에 충실하겠다는 서약의 취지에서 처에게 부동산을 양도하되 부부관계가 유지되는 동안에는 처가 임의로 처분할 수 없다는 제한을 붙인 약정은 여기에 해당되지 아니한다.[158]

3. 개인의 자유를 심하게 제한하는 행위

개인의 정신적 또는 재산적 자유를 현저하게 구속하는 법률행위 또는 경제적 자유를 지나치게 구속하는 것을 목적으로 하는 법률행위는 무효이다. 예컨대, 이혼금지계약,[159] 부당한 경업금지계약[160] 등이 해당된다. 이

그 가압류권자는 허위표시에 기초하여 새로운 법률상 이해관계를 가지게 되므로 민법 제108조제2항의 제3자에 해당한다고 봄이 상당하고, 또한 민법 제108조제2항의 제3자는 선의이면 족하고 무과실은 요건이 아니다(대판 2004.5.28. [2003다70041]).

156) 혼인관계가 존속중인 사실을 알면서 남의 첩이 되어 부첩행위를 계속한 경우에는 본처의 사전승인이 있었다 하더라도 장래의 부첩관계의 사전승인이라는 것은 선량한 풍속에 위배되는 행위이므로 본처에 대하여 불법행위가 성립한다(대판 1967.10.6. [67다1134]).

157) 부첩관계를 맺음에 있어서 처의 사망 또는 이혼이 있을 경우에 첩과 혼인신고를 하여 입적하게 한다는 부수적 약정도 공서양속에 위반한 무효한 행위이다(대판 1955.7.14. [4288민상156]).

158) 부정행위를 용서받는 대가로 손해를 배상함과 아울러 가정에 충실하겠다는 서약의 취지에서 처에게 부동산을 양도하되, 부부관계가 유지되는 동안에는 처가 임의로 처분할 수 없다는 제한을 붙인 약정은 선량한 풍속 기타 사회질서에 위반되는 것이라고 볼 수 없다(대판 1992.10.27. [92므204,211]).

159) 어떠한 일이 있어도 이혼하지 아니하겠다는 각서를 써 주었다 하더라도 그와 같은 의사표시는 신분행위의 의사결정을 구속하는 것으로서 공서양속에 위배하여 무효

경우 경업금지약정의 유효성에 관한 판단은 보호할 가치 있는 사용자의 이익, 근로자의 퇴직 전 지위, 경업 제한의 기간·지역 및 대상 직종, 근로자에 대한 대가의 제공 유무, 근로자의 퇴직 경위, 공공의 이익 및 기타 사정 등을 종합적으로 고려하여야 한다. 여기에서 말하는 '보호할 가치 있는 사용자의 이익'이란 부정경쟁방지 및 영업비밀보호에 관한 법률 제2조제2호에 정한 '영업비밀'뿐만 아니라 그 정도에 이르지 아니하였더라도 당해 사용자만이 가지고 있는 지식 또는 정보로서 근로자와 이를 제3자에게 누설하지 않기로 약정한 것이거나 고객관계나 영업상의 신용의 유지도 이에 해당한다.[161] 다만, 판례는 해외파견 근로자에게 3년간 회사에 근무하여야 하고, 이를 위반한 경우에 해외파견에 소요되는 경비를 배상하도록 하는 계약을 유효하다고 보았다.[162]

4. 생존의 기초가 되는 재산의 처분행위

자기가 장차 취득하게 될 전재산을 양도한다는 것과 같은 법률행위는 생존의 기초가 되는 재산을 잃게 한다. 따라서 이와 같은 계약은 생존을 불가능하게 하므로 무효이다.[163]

이다(대판 1969.8.19. [69므18]).

160) 근로자 甲이 乙회사를 퇴사한 후 그와 경쟁관계에 있는 중개무역회사를 설립·운영하자 乙회사 측이 경업금지약정 위반을 이유로 하여 甲을 상대로 손해배상을 청구한 사안에서, 甲이 고용기간 중에 습득한 정보나 乙회사의 거래처와의 신뢰관계는 경업금지약정에 의해 보호할 가치가 있다고 보기 어렵고, 경업금지약정이 甲의 이러한 영업행위까지 금지하는 것으로 해석된다면 민법 제103조에 정한 선량한 풍속 기타 사회질서에 반하는 법률행위로서 무효라고 할 것이므로, 위 손해배상청구는 이유 없다(대판 2010.3.11. [2009다82244]).

161) 대판 2010.3.11. [2009다82244]

162) 해외파견된 근로자가 귀국일로부터 일정기간 소속회사에 근무하여야 한다는 사규나 약정은 민법 제103조 또는 제104조에 위반된다고 할 수 없고, 일정기간 근무하지 않으면 해외 파견 소요경비를 배상한다는 사규나 약정은 근로계약기간이 아니라 경비반환채무의 면제기간을 정한 것이므로 근로기준법 제21조에 위배하는 것도 아니다(대판 1982.6.22. [82다카90]).

5. 지나치게 사행적인 행위

개인의 행위에는 사행성이 수반하는 경우가 많으나, 그 정도가 지나치면 사회질서에 반하는 법률행위에 해당되어 무효가 된다. 예컨대, 도박자금의 대여계약,[164] 도박으로 인한 채무의 변제를 목적으로 한 토지양도계약[165] 등이 여기에 해당된다.

6. 기타 사회질서를 위반하는 행위

이 밖에도 민법 제103조의 선량한 풍속 기타 사회질서에 위반한 법률행위에는 폭리행위[166] 등이 포함된다.

---

163) 구 불교재산관리법(폐지) 및 전통사찰보존법이 일정한 사찰재산의 처분에 관하여 관할청의 허가를 받도록 한 것은 사찰로 하여금 그 본래의 존립목적과 아울러 사회문화 향상에 기여케 할 목적으로 이를 규제하는 것이라 할 것이고 따라서 당해 재산이 실질적인 사찰소유로서 이를 처분하는 것이 사찰목적의 수행을 불가능하게 하거나 사찰 자체의 존립을 위태롭게 할 우려가 있는 경우라면 비록 그 재산이 제3자에게 명의신탁되어 있다고 하더라도 명의수탁자인 제3자의 처분행위는 이를 무효라고 하여야 할 것이다(대판 1991.8.27. [90다19848]).

164) 도박자금에 제공할 목적으로 금전의 대차를 한 때에는 그 대차계약은 민법 제103조의 반사회질서의 법률행위로 무효이다(대판 1973.5.22. [72다2249]).

165) 도박채무의 변제를 위하여 채무자로부터 부동산의 처분을 위임받은 채권자가 그 부동산을 제3자에게 매도한 경우, 도박채무 부담행위 및 그 변제약정이 민법 제103조의 선량한 풍속 기타 사회질서에 위반되어 무효라 하더라도, 그 무효는 변제약정의 이행행위에 해당하는 위 부동산을 제3자에게 처분한 대금으로 도박채무의 변제에 충당한 부분에 한정되고, 위 변제약정의 이행행위에 직접 해당하지 아니하는 부동산 처분에 관한 대리권을 도박 채권자에게 수여한 행위 부분까지 무효라고 볼 수는 없으므로, 위와 같은 사정을 알지 못하는 거래 상대방인 제3자가 도박 채무자로부터 그 대리인인 도박 채권자를 통하여 위 부동산을 매수한 행위까지 무효가 된다고 할 수는 없다(대판 1995.7.14. [94다40147]).

166) 금전 소비대차계약과 함께 이자의 약정을 하는 경우, 양쪽 당사자 사이의 경제력의 차이로 인하여 그 이율이 당시의 경제적·사회적 여건에 비추어 사회통념상 허용되는 한도를 초과하여 현저하게 고율로 정하여졌다면, 그와 같이 허용할 수 있는 한도를 초과하는 부분의 이자 약정은 대주가 그의 우월한 지위를 이용하여 부당한 이득을 얻고 차주에게는 과도한 반대급부 또는 기타의 부당한 부담을 지우는

Ⅱ. 불공정한 법률행위

당사자의 궁박(窮迫), 경솔(輕率) 또는 무경험(無經驗)으로 인하여 현저하게 공정을 잃은 법률행위는 무효이다(민법 제104조). 이 경우 추인에 의하여 무효인 법률행위가 유효로 될 수 없다.[167] 민법 제104조의 불공정한 법률행위는 피해 당사자가 궁박, 경솔 또는 무경험의 상태에 있고 상대방 당사자가 그와 같은 피해 당사자측의 사정을 알면서 이를 이용하려는 폭리행위의 악의를 가지고 객관적으로 급부와 반대급부 사이에 현저한 불균형이 존재하는 법률행위를 한 경우에 성립한다. 이 경우 불공정한 법률행위에 해당하는 무효를 주장하는 자가 궁박 · 경솔 또는 무경험의 상태에 있었다는 사실, 상대방이 이 사실을 알고 있었다는 사실, 그리고 급부와 반대급부 사이에 현저한 불균형이 있음을 모두 입증하여야 한다.[168] 불공정한 법률행위에 해당하는지에 대한 판단시기는 대물변제예약의 경우 변제기이다.[169] 불공정한 법률행위는 주관적 요건(궁박 · 경솔 또는 무경험)과 객관적 요건(현저한 불공정성)을 갖추어야 성립한다.

第104條 (不公正한 法律行爲) 當事者의 窮迫, 輕率 또는 無經驗으로 因하여 顯著하게 公正을 잃은 法律行爲는 無效로 한다.

것이므로 선량한 풍속 기타 사회질서에 위반한 사항을 내용으로 하는 법률행위로서 무효이다(대판(전합) 2007.2.15. [2004다50426]).

167) 대판 1994.6.24. [94다10900]

168) 불공정한 법률행위로서 매매계약의 무효를 주장하려면 주장자측에서 매도인에게 궁박, 경솔, 무경험 등의 상태에 있었을 것, 매수인측에서 위와 같은 사실을 인식하고 있었을 것, 대가가 시가에 비하여 헐값이어서 매매가격이 현저하게 불공정한 것을 주장 입증해야 한다(대판 1970.11.24. [70다2065]).

169) 대물변제예약이 불공정한 법률행위가 되는 요건의 하나인 대차의 목적물가격과 대물변제의 목적물가격에 있어서의 불균형이 있느냐 여부를 결정할 시점은 대물변제의 효력이 발생할 변제기 당시를 표준으로 하여야 할 것임이 원칙이므로 채권액수도 역시 변제기까지의 원리액을 기준으로 하여야 할 것이다(대판 1965.6.15. [65다610]).

1. 주관적 요건

불공정한 법률행위가 되기 위해서는 법률행위가 당사자의 궁박·경솔 또는 무경험 중 어느 하나에 의하여 기인하여야 한다.170) 여기서 '궁박'이란 급박한 곤궁을 의미하는 것으로 경제적 원인에 기인할 수도 있고, 정신적 또는 심리적 원인에 기인할 수도 있으며, 당사자간 궁박의 상태에 있는지 여부는 그의 신분과 재산상태 및 그가 처한 상황의 절박성의 정도 등 제반 상황을 종합하여 구체적으로 판단한다.171) 판례는 부재자재산관리인이 부재자의 재산을 매도한 경우에 매도인의 궁박상태 여부는 부재자 본인을 기준으로 판단하여야 한다고 보았다.172) 여기서 '무경험'이란 일반적인 생활체험의 부족을 의미하는 것으로서 어느 특정영역에 있어서의 경험부족이 아니라 거래일반에 대한 경험부족을 뜻하고, 당사자가 궁박 또는 무경험의 상태에 있었는지 여부는 그의 나이와 직업, 교육 및 사회경험의 정도, 재산 상태 및 그가 처한 상황의 절박성의 정도 등 제반 사정을 종합하여 구체적으로 판단하여야 하며,173) 대리인에 의하여 법률행위가 이루어진 경우에 경솔

170) 당사자 일방의 궁박, 경솔, 무경험은 모두 구비하여야 하는 요건이 아니고 그중 어느 하나만 갖추어져도 충분하다(대판 1993.10.12. [93다19924]).

171) 대판 1992.4.14. [91다23660]

172) 대판 1970.1.27. [69다719]

173) 민법 제104조에 규정된 불공정한 법률행위는 객관적으로 급부와 반대급부 사이에 현저한 불균형이 존재하고, 주관적으로 그와 같이 균형을 잃은 거래가 피해 당사자의 궁박, 경솔 또는 무경험을 이용하여 이루어진 경우에 성립하는 것으로서, 약자적 지위에 있는 자의 궁박, 경솔 또는 무경험을 이용한 폭리행위를 규제하려는 데에 그 목적이 있고, 불공정한 법률행위가 성립하기 위한 요건인 궁박, 경솔, 무경험은 모두 구비되어야 하는 요건이 아니라 그 중 일부만 갖추어져도 충분한데, 여기에서 '궁박'이라 함은 '급박한 곤궁'을 의미하는 것으로서 경제적 원인에 기인할 수도 있고 정신적 또는 심리적 원인에 기인할 수도 있으며, '무경험'이라 함은 일반적인 생활체험의 부족을 의미하는 것으로서 어느 특정영역에 있어서의 경험부족이 아니라 거래일반에 대한 경험부족을 뜻하고, 당사자가 궁박 또는 무경험의 상태에 있었는지 여부는 그의 나이와 직업, 교육 및 사회경험의 정도, 재산 상태 및 그가 처한 상황의 절박성의 정도 등 제반 사정을 종합하여 구체적으로 판단하여야 하며, 한편 피해 당사자가 궁박, 경솔 또는 무경험의 상태에 있었다고 하더라

과 무경험은 대리인을 기준으로 하여 판단하고, 궁박은 본인의 입장에서 판단하여야 한다고 보았다.[174]

2. 객관적 요건

당사자의 주관적 요건과 함께 급부와 반대급부 사이에 현저한 불균형이 있어야 한다.[175] 여기서 급부와 반대급부 사이의 '현저한 불균형'은 단순히 시가와의 차액 또는 시가와의 배율로 판단할 수 있는 것은 아니고 구체적·개별적 사안에 있어서 일반인의 사회통념에 따라 결정하여야 한다. 판례는 ① 수사기관에 불법구금된 상태에서 5억여 원에 경락받은 토지지분 편취에 따른 손해배상으로 지분반환 외에 2억 4천만 원을 추가지급키로 한 합의,[176] ② 민사소송과 함께 형사고소를 제기하여 구속 및 거액의 손해배상 가능성을 내세워 위협함으로써 아무런 법률적인 지식도 없는 甲·乙로부터 시가 2억 2천만 원 상당인 위 임야에 대하여 더 이상 권리주장을 하지 아니하는 대가로 금 7억 5천만 원을 받기로 한 약정,[177] ③ 삼청교육대까지 다녀온 여자가 다시 고소를 당하여 삼청교육대에 갈지 모른다는 정신적 압박을 받는 상태에서 금 1,300만원 이상의 채권이 있었음에도 일부만을 변제받고 금 1,000만원 이상의 채권을 포기하는 약정,[178] ④ 전기 공사중 사망

도 그 상대방 당사자에게 그와 같은 피해 당사자측의 사정을 알면서 이를 이용하려는 의사, 즉 폭리행위의 악의가 없었다거나 또는 객관적으로 급부와 반대급부 사이에 현저한 불균형이 존재하지 아니한다면 불공정 법률행위는 성립하지 않는다(대판 2002.10.22. [2002다38927]).

174) 대판 2002.10.22. [2002다38927]

175) 민법 제104조의 불공정한 법률행위는 피해 당사자가 궁박, 경솔 또는 무경험의 상태에 있고 상대방 당사자가 그와 같은 피해 당사자측의 사정을 알면서 이를 이용하려는 폭리행위의 악의를 가지고 객관적으로 급부와 반대급부 사이에 현저한 불균형이 존재하는 법률행위를 한 경우에 성립한다(대판 2010.7.15. [2009다50308]).

176) 대판 1996.6.14. [94다46374]

177) 대판 1995.4.11. [94다17000,94다17017]

178) 대판 1992.4.14. [91다23660]

한 인부 유족의 대리인(농촌에서 농사만 짓고 처음 사고를 대리한 무경험자)과 그 유족이 가장을 잃고 경제적·정신적으로 경황이 없는 궁박한 상태에서 사고 1주일후에 손해배상을 받을 수 있는 액수도 모르고서 받을 수 있는 액수의 8분의 1밖에 되지 않는 합의금을 받기로 한 합의[179)]를 불공정한 법률행위로 보았다.

이들 경우 불공정한 법률행위에 해당하기 위해서는 급부와 반대급부와의 사이에 현저한 균형을 잃을 것이 요구되므로 증여와 같이 상대방에 의한 대가적 의미의 재산관계의 출연이 없이 당사자 일방의 급부만 있는 경우에는 급부와 반대급부사이의 불균형의 문제는 발생하지 않는다.[180)] 마찬가지로 기부행위와 같이 아무런 대가관계 없이 당사자 일방이 상대방에게 일방적인 급부를 하는 법률행위는 그 공정성 여부를 논할 수 있는 성질의 법률행위가 아니다. 그렇지만 구속된 남편을 구하기 위하여 궁박한 상태에서 채권을 포기한 행위(단독행위)는 현저하게 균형을 잃은 행위로서 사회적 정의에 반하는 불공정한 불법행위로 보았다.[181)]

---

179) 대판 1979.4.10. [78다2457]

180) 민법 제104조가 규정하는 현저히 공정을 잃은 법률행위라 함은 자기의 급부에 비하여 현저하게 균형을 잃은 반대급부를 하게 하여 부당한 재산적 이익을 얻는 행위를 의미하는 것이므로 기부행위와 같이 아무런 대가관계 없이 당사자 일방이 상대방에게 일방적인 급부를 하는 법률행위는 그 공정성 여부를 운위할 수 있는 성질의 법률행위가 아니다(대판 1993.3.23. [92다52238]).

181) 채무자인 회사가 남편의 징역을 면하기 위하여 부정수표를 회수하려면 물품외상대금중 금 100만원을 초과하는 채권에 대한 포기서를 써야된다는 강압적인 요구를 하므로 사회적 경험이 부족한 가정부인이 경제적 정신적 궁박상태하에서 구속된 자기남편을 석방 구제하는 데에는 위 수표의 회수가 필요할 것이라는 일념에서 보관중이던 남편의 인감을 이용하여 남편을 대리하여 위임장과 포기서를 작성하여 준 채권포기행위는 거래관계에 있어서 현저하게 균형을 잃은 행위로서 사회적 정의에 반하는 불공정한 불법행위로 보는 것이 상당하다(대판 1975.5.13. [75다92]).

Ⅲ. 법률행위의 해석

1. 의의

법률행위의 해석이란 당사자 사이에 체결한 계약의 내용이 불분명한 경우 법원이 그 내용을 밝히거나 보충하는 것을 말한다. 여기서 법률행위의 해석은 신의성실에 따라야 한다. 즉 법관이 법률행위를 어떠한 방법으로 해석할 것인가라는 문제에 '어떠한 방법'에 해당하는 것이 신의성실이다. 따라서 불분명한 법률행위는 신의성실에 따라 당사자의 목적, 사실인 관습, 임의법규, 조리의 순서로 보완 내지는 보충한다.

2. 당사자의 의사표시

법률행위의 당사자가 법령중의 선량한 풍속 기타 사회질서에 관계없는 규정과 다른 의사를 표시한 때에는 그 의사에 따른다(민법 제105조). 즉 당사자 사이에 어떠한 계약내용을 서면으로 작성한 경우 그 문언의 객관적인 의미가 명확하다면 그 문언대로의 의사표시의 존재와 내용을 인정하여야 할 것이지만 그 문언의 객관적인 의미가 명확하게 드러나지 않는 경우에는 당사자의 내심적 의사의 여하에 관계없이 그 문언의 내용과 그 계약이 이루어지게 된 동기 및 경위, 당사자가 그 계약에 의하여 달성하려고 하는 목적과 진정한 의사, 거래의 관행 등을 종합적으로 고찰하여 사회정의와 형평의 이념에 맞도록 논리와 경험의 법칙 그리고 사회일반의 상식과 거래의 통념에 따라 당사자사이의 계약의 내용을 합리적으로 해석하여야 하는 것이고, 특히 당사자 일방이 주장하는 계약의 내용이 상대방에게 중대한 책임을 부과하게 되는 경우에는 그 문언의 내용을 더욱 엄격하게 해석하여야 한다.[182)]

---

182) 대판 1993.10.26. [93다3103]

第105條 (任意規定) 法律行爲의 當事者가 法令 中의 善良한 風俗 其他 社會秩序에 關係없는 規定과 다른 意思를 表示한 때에는 그 意思에 의한다.

3. 사실인 관습

사실인 관습은 계약상에서 나타난 당사자의 의사가 불명확한 경우에 관습에 따라 그 법률행위를 하였을 것이라는 개연성에 기초하여 당사자의 의사를 보완 내지는 보충하는 것을 말한다.183) 이 경우 사실인 관습은 사적자치가 인정되는 분야 즉 그 분야의 제정법이 주로 임의규정일 경우에는 법률행위의 해석기준으로서 또는 의사를 보충하는 기능으로서 이를 재판의 자료로 활용할 수 있다.184) 따라서 민법은 제106조에서 「법령 중의 선량한 풍속 기타 사회질서에 관계없는 규정과 다른 관습이 있는 경우에 당사자의 의사가 명확하지 아니한 때에는 그 관습에 의한다」고 규정하고 있다.

사실인 관습에는 민법 제106조의 일반조항 외에도 승낙의 통지불요에 관한 관습(민법 제532조), 매매시 쌍방의무의 동시이행에 관한 관습(민법 제568조), 고용계약시 보수액과 그 지급시기에 관한 관습(민법 제656조), 도급계약시 보수지급시기에 관한 관습(민법 제665조)이 해당된다. 판례는 은행에 부동산을 담보로 제공하고 주택자금을 융자받아 주택부금의 원리금을 변제중인 동안에 그 부동산을 매매하는 경우에 있어서는 통상 당해 부동산의

183) 관습법이란 사회의 거듭된 관행으로 생성한 사회생활규범이 사회의 법적 확신과 인식에 의하여 법적 규범으로 승인·강행되기에 이르른 것을 말하고, 사실인 관습은 사회의 관행에 의하여 발생한 사회생활규범인 점에서 관습법과 같으나 사회의 법적 확신이나 인식에 의하여 법적 규범으로서 승인된 정도에 이르지 않은 것을 말하는 바, 관습법은 바로 법원으로서 법령과 같은 효력을 갖는 관습으로서 법령에 저촉되지 않는 한 법칙으로서의 효력이 있는 것이며, 이에 반하여 사실인 관습은 법령으로서의 효력이 없는 단순한 관행으로서 법률행위의 당사자의 의사를 보충함에 그치는 것이다(대판 1983.6.14. [80다3231]).

184) 대판 1983.6.14. [80다3231]

매매대금을 확정하고 주택부금 중 아직 변제되지 아니하고 있는 원금을 매수인이 인수하여 매매대금을 지급할 때에 이를 대금에서 공제하고 매도인이 지급한 원금은 매매대금에 포함하여 결제하는 방법으로 하는 것이 거래관행이라고 보았다.[185] 또 판례는 보세운송업계에 있어서 수입화물을 적재한 콘테이너를 실은 샷시를 보세장치장에 두었다가 하주(荷主)가 3일이내에 화물의 통과절차를 마치고 화물을 반출하였을 때에는 별도로 사용료를 받지 아니하나 3일이 경과하였을 때에는 시간에 따라 운송료외에 별도로 샷시의 사용료를 받는 사실상의 관습이 있다고 보았다.[186]

第106條 (事實인 慣習) 法令 中의 善良한 風俗 其他 社會秩序에 關係없는 規定과 다른 慣習이 있는 境遇에 當事者의 意思가 明確하지 아니한 때에는 그 慣習에 依한다.

4. 임의규정

당사자의 법률행위는 민법 제106조의 '법령중의 선량한 풍속 기타 사회질서에 관계없는 규정', 즉 임의규정에 따라 보충된다. 이 경우에 임의규정의 적용은 법률행위의 해석이라기보다는 법률행위를 보충하는 법률의 적용에 해당된다.

5. 조리

당사자의 법률행위는 임의규정이 없는 경우 민법 제1조의 조리에 따라 법원이 스스로 그 법률행위의 공백을 메울 수 있다. 즉 법원은 법률행위의 해석에 있어서 당사자의 의사, 사실인 관습, 또는 임의규정이 없는 경우 마지막으로 스스로 타당하다고 판단한 법규범을 형성하여 적용할 수 있다.

185) 대판 1989.11.14. [89다카227]
186) 대판 1991.4.26. [91다1523]

제2절 의사표시

Ⅰ. 개관

계약은 당사자의 의사와 표시가 일치하지 아니하는 경우 성립하지 아니한다. 다시 말해서 계약의 체결은 당사자의 진정한 의사를 요건으로 한다. 특히, 민법 제4편 친족편의 계약은 당사자의 진정한 의사가 절대적으로 존중되어야 한다. 따라서 당사자의 의사와 표시가 불일치하는 경우 절대적 무효에 해당된다. 이와 같은 의사표시의 원리는 공법상 행위[187]나 소송행위[188]에 적용되지 아니하고 표시에 따라 법적 효력이 발생한다.

일상생활에서 체결하는 수많은 계약 중에는 당사자의 의사와 표시가 완전히 일치하는 경우는 드물고, 계약의 세세한 사항에 있어서 당사자의 의사와 표시 사이에 불일치가 발생한다. 따라서 계약에 대한 법률행위의 해석과 보충(또는 보완)이 중요한 의미를 가진다. 계약이 계약당사자 이외에 제3자에 영향을 미치는 경우 비록 당사자 사이에는 그 계약의 체결 여부 또는 그 계약의 효력 여부가 문제된다고 하여도 제3자에 대하여는 영향을 미치지 못한다. 즉 당사자의 의사와 표시가 일치하지 아니한 것을 알지 못한 제3자에 대하여는 그 의사와 표시의 불일치를 가지고 대항하지 못한다.

187) 공무원이 사직의 의사표시를 하여 의원면직처분을 하는 경우 그 사직의 의사표시는 그 법률관계의 특수성에 비추어 외부적·객관적으로 표시된 바를 존중하여야 할 것이므로, 비록 사직원제출자의 내심의 의사가 사직할 뜻이 아니었다고 하더라도 진의 아닌 의사표시에 관한 민법 제107조는 그 성질상 사직의 의사표시와 같은 사인의 공법행위에는 준용되지 아니하므로 그 의사가 외부에 표시된 이상 그 의사는 표시된 대로 효력을 발한다(대판 1997.12.12. [97누13962]).

188) 민사소송에 있어 소 또는 항소(항고심판 청구)의 취하는 하자있는 의사표시 또는 착오로 인한 의사표시라는 이유로 취소할 수 없다(대판 1970.6.30. [70후7]).

Ⅱ. 의사와 표시의 불일치

당사자가 의사와 표시의 불일치를 알고서 법률행위를 하는 경우는 '진의 아닌 의사표시'와 '통정한 허위의 의사표시'가 있다.

1. 진의 아닌 의사표시

(1) 효과

의사표시는 표의자가 진의(眞意) 아님을 알고 한 것이라도 그 효력이 있다(민법 제107조제1항 전단). 즉 의사표시는 표의자의 진의와 관계없이 표시된 대로 법적 효력이 발생한다. 예컨대, 교직원의 명의를 빌려 학교법인의 자금을 차용한 경우에 해당 교직원은 위 금전대차의 주채무자로서 채무를 부담하겠다는 것으로 해석함이 상당하다.[189]

그러나 상대방이 표의자의 진의 아님을 알았거나 이를 알 수 있었을 경우에는 무효로 한다(민법 제107조제1항 후단). 예컨대, 사용자의 지시나 강요에 의하여 근로자가 사직서를 낸 경우에 사직의 의사표시는 비진의의사표시에 해당되어 무효이고,[190] 근로자가 사직원을 제출하여 퇴직 처리하고 즉시 재입사하는 형식을 취하는 경우에도 퇴직의 효과는 생기지 아니한다고 보았다.[191]

---

189) 학교법인이 사립학교법상의 제한규정 때문에 그 학교의 교직원들인 소외인들의 명의를 빌려서 피고로부터 금원을 차용한 경우에 피고 역시 그러한 사정을 알고 있었다고 하더라도 위 소외인들의 의사는 위 금전의 대차에 관하여 그들이 주채무자로서 채무를 부담하겠다는 뜻이라고 해석함이 상당하므로 이를 진의 아닌 의사표시라고 볼 수 없다(대판 1980.7.8. [80다639]).

190) 근로자들이 의원면직의 형식을 빌렸을 뿐 실제로는 사용자의 지시에 따라 진의 아닌 사직의 의사표시를 하였고 사용자가 이러한 사정을 알면서 위 사직의 의사표시를 수리하였다면 위 사직의 의사표시는 민법 제107조에 해당하여 무효라 할 것이고 사용자가 사직의 의사 없는 근로자로 하여금 어쩔 수 없이 사직서를 작성 제출케 하여 그중 일부만을 선별수리하여 이들을 의원면직처리한 것은 정당한 이유나 정당한 절차를 거치지 아니한 해고조치로서 근로기준법 제27조 등의 강행법규에 위배되어 당연무효이다(대판 1992.5.26. [92다3670]).

第107條 (眞意아닌 意思表示) ① 意思表示는 表意者가 眞儀아님을 알고한 것이라도 그 效力이 있다. 그러나 相對方이 表意者의 眞儀아님을 알았거나 이를 알 수 있었을 境遇에는 無效로 한다.

(2) 대항요건

진의 아닌 의사표시의 무효는 선의의 제3자에게 대항하지 못한다(민법 제107조제2항). 즉 의사표시자는 제3자에 대항하기 위하여 제3자가 악의임을 입증해야 한다.

第107條 (眞意아닌 意思表示) ② 前項의 意思表示의 無效는 善意의 第三者에게 對抗하지 못한다.

2. 통정한 허위의 의사표시

(1) 효과

상대방과 통정한 허위의 의사표시는 무효로 한다(민법 제108조제1항). 즉 법률행위자와 상대방 사이에 있어서 그 의사표시는 아무런 법적 효력이 없다. 예컨대, 상호신용금고법상의 동일인 대출한도를 회피하기 위하여 상호

---

191) 근로자가 회사의 경영방침에 따라 사직원을 제출하고 회사가 이를 받아들여 퇴직처리를 하였다가 즉시 재입사하는 형식을 취함으로써 근로자가 그 퇴직전후에 걸쳐 실질적인 근로관계의 단절이 없이 계속 근무하였다면 그 사직원제출은 근로자가 퇴직을 할 의사없이 퇴직의사를 표시한 것으로서 비진의의사표시에 해당하고 재입사를 전제로 사직원을 제출케 한 회사 또한 그와 같은 진의 아님을 알고 있었다고 봄이 상당하다 할 것이므로 위 사직원제출과 퇴직처리에 따른 퇴직의 효과는 생기지 아니한다(대판 1988.5.10. [87다카2578]).

신용금고의 양해하에 형식상 제3자 명의를 빌려 체결된 대출약정은 허위표시에 해당된다.[192] 마찬가지로 판례는 장인과 사위 사이의 농지매매는 허위표시로 볼 수 있고,[193] 부부 사이의 부동산매매도 특단의 사정이 없는 한 허위표시로 보았다.[194]

第108條 (通情한 虛僞의 意思表示) ① 相對方과 通情한 虛僞의 意思表示는 無效로 한다.

(2) 대항요건

통정한 허위의 의사표시의 무효는 선의의 제3자에게 대항하지 못한다(민법 제108조제2항). 즉 통정한 허위의 의사표시는 당사자와 제3자에 대하여도 무효이다. 다만, 선의의 제3자에 대하여만 이를 대항하지 못한다. 여기서 제3자의 선의는 추정되므로 무효를 주장하는 자가 제3자가 악의임을 증명하여야 하고[195], '제3자'는 선의이면 족하고 무과실은 요건이 아니다.[196] 예컨대, 허위의 근저당권에 대하여 배당이 이루어진 경우 배당채권자는 채권자취소의

---

192) 동일인에 대한 대출액 한도를 제한한 구 상호신용금고법(1995. 1. 5. 법률 제4867호로 개정되기 전의 것) 제12조의 적용을 회피하기 위하여 실질적인 주채무자가 실제 대출받고자 하는 채무액에 대하여 제3자를 형식상의 주채무자로 내세우고, 상호신용금고도 이를 양해하여 제3자에 대하여는 채무자로서의 책임을 지우지 않을 의도하에 제3자 명의로 대출관계서류를 작성받은 경우에는, 제3자는 형식상의 명의만을 빌려 준 자에 불과하고 그 대출계약의 실질적인 당사자는 상호신용금고와 실질적 주채무자이므로, 제3자 명의로 되어 있는 대출약정은 상호신용금고의 양해하에 그에 따른 채무부담 의사 없이 형식적으로 이루어진 것에 불과하여 통정허위표시에 해당하는 무효의 법률행위이다(대판 2001.2.23. [2000다65864]).

193) 대판 1965.5.31. [65다623]

194) 특별한 사정없이 없이 동거하는 부부간에 있어 남편이 처에게 토지를 매도하고 그 소유권이전등기까지 경료한다 함은 이례에 속하는 일로서 가장매매라고 추정하는 것이 경험칙에 비추어 타당하다(대판 1978.4.25. [78다226]).

195) 대판 2006.3.10. [2002다1321]

196) 대판 2004.5.28. [2003다70041]

소로써 통정허위표시를 취소하지 않았다 하더라도 그 무효를 주장하여 그에 기한 채권의 존부, 범위, 순위에 관한 배당이의의 소를 제기할 수 있다.[197]

민법 제108조제2항에서 허위표시를 선의의 제3자에게 대항하지 못하게 한 취지는 이를 기초로 하여 별개의 법률원인에 의하여 고유한 법률상의 이익을 갖는 법률관계에 들어간 자를 보호하기 위한 것이다. 따라서 제3자의 범위는 권리관계에 기초하여 형식적으로만 파악할 것이 아니라 허위표시 행위를 기초로 하여 새로운 법률상 이해관계를 맺었는지 여부에 따라 실질적으로 파악하여야 한다.[198] 예컨대, 통정한 허위표시에 의하여 외형상 형성된 법률관계로 생긴 채권을 가압류한 경우, 그 가압류권자는 허위표시에 기초하여 새로운 법률상 이해관계를 가지게 되므로 제3자에 해당한다.[199] 또 채무자의 법률행위가 통정허위표시인 경우에도 채권자취소권의 대상이 되고, 채권자취소권의 대상으로 된 채무자의 법률행위라도 통정허위표시의 요건을 갖춘 경우에는 무효이다.[200] 그러나 담보권설정의 대리권을 수여받은 자가 그 부동산을 자신의 명의로 소유권이전등기를 한 후 제3자에게 다시 소유권이전등기를 경료 한 경우 이를 통정·용인하였거나 이를 알면서 방치하였다고 볼 수 없다면 제108조제2항을 유추 적용할 수 없다.[201]

---

197) 대판 2001.5.8. [2000다9611]

198) 보증인이 주채무자의 기망행위에 의하여 주채무가 있는 것으로 믿고 주채무자와 보증계약을 체결한 다음 그에 따라 보증채무자로서 그 채무까지 이행한 경우, 그 보증인이 주채무자의 채권자에 대한 채무 부담행위라는 허위표시에 기초하여 구상권 취득에 관한 법률상 이해관계를 가지게 되었다고 보아 민법 제108조제2항 소정의 '제3자'에 해당한다(대판 2000.7.6. [99다51258]).

199) 대판 2004.5.28. [2003다70041]

200) 대판 1998.2.27. [97다50985]

201) 乙이 甲으로부터 부동산에 관한 담보권설정의 대리권만 수여받고도 그 부동산에 관하여 자기 앞으로 소유권이전등기를 하고 이어서 丙에게 그 소유권이전등기를 경료한 경우, 丙은 乙을 갑의 대리인으로 믿고서 위 등기의 원인행위를 한 것도 아니고, 甲도 乙명의의 소유권이전등기가 경료된 데 대하여 이를 통정·용인하였거나 이를 알면서 방치하였다고 볼 수 없다면 이에 민법 제126조나 제108조 제2항을 유추할 수는 없다(대판 1991.12.27. [91다3208]).

第108條 (通情한 虛僞의 意思表示) ② 前項의 意思表示의 無效는 善意의 第三者에게 對抗하지 못한다.

Ⅲ. 하자있는 의사표시

법률행위자가 의사와 표시의 불일치를 알지 못하고서 상대방과 법률행위를 한 경우에는 '착오로 인한 의사표시'와 '사기 또는 강박에 의한 의사표시'로 나눌 수 있다. 여기서 사기에 의한 의사표시는 의사와 표시의 불일치가 있을 수 없고 단지 의사의 형성과정, 즉 의사표시의 동기에 착오가 있는 것에 불과하여 착오에 의한 의사표시에 따른 취소권의 행사가 문제된다.[202)]

1. 착오로 인한 의사표시

(1) 효과

의사표시는 법률행위의 내용의 중요부분에 착오(錯誤)가 있는 경우 취소

---

202) 사기에 의한 의사표시란 타인의 기망행위로 말미암아 착오에 빠지게 된 결과 어떠한 의사표시를 하게 되는 경우이므로 거기에는 의사와 표시의 불일치가 있을 수 없고, 단지 의사의 형성과정 즉 의사표시의 동기에 착오가 있는 것에 불과하며, 이 점에서 고유한 의미의 착오에 의한 의사표시와 구분되는데, 신원보증서류에 서명날인한다는 착각에 빠진 상태로 연대보증의 서면에 서명날인한 경우, 결국 위와 같은 행위는 강학상 기명날인의 착오(또는 서명의 착오), 즉 어떤 사람이 자신의 의사와 다른 법률효과를 발생시키는 내용의 서면에, 그것을 읽지 않거나 올바르게 이해하지 못한 채 기명날인을 하는 이른바 표시상의 착오에 해당하므로, 비록 위와 같은 착오가 제3자의 기망행위에 의하여 일어난 것이라 하더라도 그에 관하여는 사기에 의한 의사표시에 관한 법리, 특히 상대방이 그러한 제3자의 기망행위 사실을 알았거나 알 수 있었을 경우가 아닌 한 의사표시자가 취소권을 행사할 수 없다는 민법 제110조제2항의 규정을 적용할 것이 아니라, 착오에 의한 의사표시에 관한 법리만을 적용하여 취소권 행사의 가부를 가려야 한다(대판 2005.5.27. [2004다43824]).

할 수 있다(민법 제109조제1항 전단). 여기서 '법률행위의 내용의 중요부분'이란 법률행위의 당사자를 중시하는 경우 당사자에 관한 착오[203], 법률행위의 목적물에 관한 착오 및 법률행위의 성질에 관한 착오 등을 가리킨다. 따라서 동기의 착오는 법률행위의 내용의 중요부분의 착오에 해당함을 이유로 표의자가 법률행위를 취소하려면 그 동기를 당해 의사표시의 내용으로 삼을 것을 상대방에게 표시하고 의사표시의 해석상 법률행위의 내용으로 되어 있다고 인정되면 충분하다. 당사자들 사이에 별도로 그 동기를 의사표시의 내용으로 삼기로 하는 합의까지 이루어질 필요는 없다. 다만, 그 법률행위의 내용의 착오는 보통 일반인이 표의자의 입장에 섰더라면 그와 같은 의사표시를 하지 아니하였으리라고 여겨질 정도로 그 착오가 중요한 부분에 관한 것이어야 한다.[204] 예컨대, 매매대상 토지 중 20~30평 가량만 도로에 편입될 것이라는 중개인의 말을 믿고 주택 신축을 위하여 토지를 매수하였고 그와 같은 사정이 계약 체결 과정에서 현출되어 매도인도 이를 알고 있었는데 실제로는 전체 면적의 약 30%에 해당하는 197평이 도로에 편입된 경우, 동기의 착오를 이유로 매매계약을 취소할 수 있다.

---

203) "금융기관의 불량거래처에 대한 정보교환 및 규제 규약"에 따라 금융불실거래자로 규제되어 자기의 이름으로는 대출이나 신용보증을 받을 수 없게 된 갑이 동생인 을 명의로 기업을 경영하면서 을의 주민등록증에 자기 사진을 붙이고 을 명의의 인감도장과 인감증명서 및 사업자등록증을 소지하여 을로 행세하고, 나아가 신용보증을 신청할 때에도 을 명의로 신청하였으므로, 기술신용보증기금이 을을 보증대상기업의 경영주로 오인하고 그에 대한 신용조사를 한 다음 신용보증을 하였다면 기술신용보증기금은 위 신용보증의 신청인이 갑이라는 사실을 알았더라면 신용보증을 체결하지 아니하였을 것이 명백하고, 갑이 금융불실거래자가 아니라 신용있는 자로 착각하여 위 신용보증을 하게 된 것으로서, 이는 법률행위의 중요부분에 착오가 있는 경우에 해당한다(대판 1993.10.22. [93다14912]).

204) 동기의 착오가 법률행위의 내용의 중요부분의 착오에 해당함을 이유로 표의자가 법률행위를 취소하려면 그 동기를 당해 의사표시의 내용으로 삼을 것을 상대방에게 표시하고 의사표시의 해석상 법률행위의 내용으로 되어 있다고 인정되면 충분하고 당사자들 사이에 별도로 그 동기를 의사표시의 내용으로 삼기로 하는 합의까지 이루어질 필요는 없지만, 그 법률행위의 내용의 착오는 보통 일반인이 표의자의 입장에 섰더라면 그와 같은 의사표시를 하지 아니하였으리라고 여겨질 정도로 그 착오가 중요한 부분에 관한 것이어야 한다(대판 2000.5.12. [2000다12259]).

그러나 그 착오가 표의자의 중요한 과실로 인한 때에는 취소하지 못한다(같은 조 제1항 후단). 여기서 '중대한 과실'이란 표의자의 직업, 행위의 종류, 목적 등에 비추어 보통 요구되는 주의를 현저히 결여하는 것을 의미한다. 예컨대, 부동산 매수시 등기부를 확인하지 아니한 경우, 주식양도 제한의 유무에 관하여 정관을 조사하지 않은 경우, 공장을 경영하는 자가 공장이 협소하여 새로운 공장을 설립할 목적으로 토지를 매수함에 있어 토지상에 공장을 건축할 수 있는지 여부를 관할관청에 알아보지 아니한 경우,[205] 신용보증기금의 신용보증서를 담보로 금융채권자금을 대출해 준 금융기관이 위 대출자금이 모두 상환되지 않았음에도 착오로 신용보증기금에게 신용보증서 담보설정 해지를 통지한 경우[206] 등이 포함된다. 그러나 부동산중개업자가 다른 점포를 매매 목적물로 잘못 소개하여 매수인이 매매목적물에 관하여 착오를 일으킨 경우 매수인에게는 중대한 과실이 없다.[207] 한편, 계약당사자 쌍방이 계약의 전제나 기초가 되는 사항에 관하여 같은 내용으로 착오가 있고 이로 인하여 그에 관한 구체적 약정을 하지 아니하였다면, 당사자가 그러한 착오가 없을 때에 약정하였을 것으로 보이는 내용으로 당사자의 의사를 보충하여 계약을 해석할 수 있는데, 여기서 보충되는 당사자의 의사는 당사자의 실제 의사 또는 주관적 의사가 아니라 계약의 목적, 거래관행, 적용법규, 신의칙 등에 비추어 객관적으로 추인되는 정당한 이익조정 의사를 말한다. 예컨대, 국가와 기부채납자가 국유지인 대지 위에 건물을 신축하여 기부채납하고 위 대지 및 건물에 대한 사용수익권을 받기로 약정하면서 그 기부채납이 부가가치세 부과대상인 것을 모른 채 계약을 체결한 사안에서, 두 계약당사자의 진의(眞意)가 국가가 부가가치세를 부담하는 것이었다고 추정하여 그러한 내용으로 계약을 수정 해석하여야 한다.[208]

---

205) 대판 1993.6.29. [92다38881]
206) 대판 2000.5.12. [99다64995]
207) 대판 1997.11.28. [97다32772,32789]

第109條 (錯誤로 因한 意思表示) ① 意思表示는 法律行爲의 內容의 重要部分에 錯誤가 있는 때에는 取消할 수 있다. 그러나 그 錯誤가 表意者의 重大한 過失로 因한 때에는 取消하지 못한다.

(2) 대항요건

착오로 인한 의사표시의 취소는 선의의 제3자에게 대항하지 못한다(민법 제109조제2항). 여기서 '제3자'란 사기에 의한 의사표시를 취소한 이후에 비로소 이해관계를 가지게 된 제3자도 포함된다.[209)]

第109條 (錯誤로 因한 意思表示) ② 前項의 意思表示의 取消는 善意의 第三者에게 對抗하지 못한다.

2. 사기 또는 강박에 의한 의사표시

(1) 효과

사기(詐欺)나 강박(强迫)에 의한 의사표시는 취소할 수 있다(민법 제110조제1항). 즉 법률행위의 당사자 사이에 사기 또는 강박이 있었던 경우 피해 당사자는 언제든지 취소할 수 있다. 먼저, 사기에 의한 의사표시가 성립

---

208) 대판 2006.11.23. [2005다13288]

209) 사기에 의한 법률행위의 의사표시를 취소하면 취소의 소급효로 인하여 그 행위의 시초부터 무효인 것으로 되는 것이요 취소한 때에 비로소 무효로 되는 것이 아니므로 취소를 주장하는 자와 양립되지 아니하는 법률관계를 가졌던 것이 취소 이전에 있었던가 이후에 있었던가는 가릴 필요없이 사기에 의한 의사표시 및 그 취소 사실을 몰랐던 모든 제3자에 대하여는 그 의사표시의 취소를 대항하지 못한다고 보아야 할 것이고 이는 거래안전의 보호를 목적으로 하는 민법 제110조제3항의 취지에도 합당한 해석이 된다(대판 1975.12.23. [75다533]).

하기 위해서는 ① 사기자의 고의, ② 기망행위[210], ③ 인과관계의 존재, ④ 기망행위의 위법성이 있어야 한다. 다음으로, 강박에 의한 의사표시가 성립하기 위해서는 ① 강박자의 고의, ② 강박행위[211], ③ 인과관계, ④ 강박행위의 위법성이 있어야 한다. 여기서 강박에 의한 의사표시라고 하려면 상대방이 불법으로 어떤 해악을 고지함으로 말미암아 공포를 느끼고 의사표시를 한 것이어야 한다. 또 어떤 해악을 고지하는 강박행위가 위법하다고 하기 위하여는, 강박행위 당시의 거래관념과 제반 사정에 비추어 해악의 고지로써 추구하는 이익이 정당하지 아니하거나 강박의 수단으로 상대방에게 고지하는 해악의 내용이 법질서에 위배된 경우 또는 어떤 해악의 고지가 거래관념상 그 해악의 고지로써 추구하는 이익의 달성을 위한 수단으로 부적당한 경우 등에 해당하여야 한다.[212]

상대방 있는 의사표시에 관하여 제3자가 사기나 강박을 행한 경우에는

---

210) 건설산업기본법에 따라 설립된 공제조합이 그 조합원과의 보증위탁계약에 따라 조합원이 도급받은 공사 등의 계약이행과 관련하여 부담하는 계약보증금의 납부에 관한 의무이행을 보증하기 위하여 계약보증서를 발급하는 방법으로 그 도급인과 보증계약을 체결하는 경우, 공제조합은 그 조합원이 도급계약에 따른 채무를 이행하지 아니함으로 말미암아 도급인에게 부담하게 될 채무를 보증하는 것이므로, 선급금의 액수와 그 지급방법 및 선급금이 정하여진 용도로 실제 사용될 것인지 여부 등은 보증사고에 해당하는 수급인의 채무불이행 여부를 판정하는 기준이 되는 계약상 중요한 사항으로서 조합원 등이 이를 거짓으로 고지할 경우 공제조합에 대한 기망행위가 될 수 있다(대판 2002.11.26. [2002다34727]).

211) 강박에 의한 의사표시라고 하려면 상대방이 불법으로 어떤 해악을 고지함으로 말미암아 공포를 느끼고 의사표시를 한 것이어야 하고, 강박에 의한 법률행위가 하자 있는 의사표시로서 취소되는 것에 그치지 않고 나아가 무효로 되기 위하여는, 강박의 정도가 단순한 불법적 해악의 고지로 상대방으로 하여금 공포를 느끼도록 하는 정도가 아니고, 의사표시자로 하여금 의사결정을 스스로 할 수 있는 여지를 완전히 박탈한 상태에서 의사표시가 이루어져 단지 법률행위의 외형만이 만들어진 것에 불과한 정도이어야 한다(대판 2003.5.13. [2002다73708,73715]).

212) 甲이 자신이 최대주주이던 A 금융회사로 하여금 실질상 자신 소유인 B 회사에 부실대출을 하도록 개입하였다고 판단한 A 금융회사의 새로운 경영진이 甲에게 위 대출금채무를 연대보증하지 않으면 甲 소유의 C 회사에 대한 어음대출금을 회수하여 부도를 내겠다고 위협하여 甲이 법적 책임 없는 위 대출금채무를 연대보증한 경우, 강박에 의한 의사표시에 해당하지 않는다(대판 2000.3.23. [99다64049]).

상대방이 그 사실을 알았거나 알 수 있었을 때에 한하여 그 의사표시를 취소할 수 있다(같은 조 제2항). 여기서 '제3자'란 단순히 상대방의 피용자이거나 상대방이 사용자책임을 져야 할 관계에 있는 피용자에 지나지 않는 자를 의미한다. 따라서 의사표시에 관한 상대방의 대리인 등 상대방과 동일시할 수 있는 자는 제3자에서 제외된다.[213] 예컨대, 은행의 출장소장이 어음할인을 부탁받자 그 어음이 부도날 경우를 대비하여 담보조로 받아두는 것이라고 속이고 금전소비대차 및 연대보증 약정을 체결한 사안에서 출장소장의 행위를 제3자에 의한 사기로 볼 수 없다.[214]

第110條 (詐欺, 强迫에 依한 意思表示) ① 詐欺나 强迫에 依한 意思表示는 取消할 수 있다.
② 相對方있는 意思表示에 關하여 第三者가 詐欺나 强迫을 行한 境遇에는 相對方이 그 事實을 알았거나 알 수 있었을 境遇에 限하여 그 意思表示를 取消할 수 있다.

(2) 대항요건

사기·강박에 의한 의사표시의 취소는 선의의 제3자에게 대항하지 못한다(민법 제110조제3항). 여기서 '선의의 제3자'란 법률행위의 취소에 의한 말소등기가 행하여지는 시기를 기준으로 하여 그 시기까지 취소의 의사표시가 있었음을 알지 못하고 새로운 이해관계를 맺은 자를 뜻한다.[215]

第110條 (詐欺, 强迫에 依한 意思表示) ③ 前2項의 意思表示의 取消는 善意의 第三者에게 對抗하지 못한다.

---

213) 대판 1998.1.23. [96다41496]

214) 대판 1999.2.23. [98다60828,60835]

215) 사기에 의한 법률행위의 의사표시를 취소하면 취소의 소급효로 인하여 그 행위의 시초부터 무효인 것으로 되는 것이요 취소한 때에 비로소 무효로 되는 것이 아니므로 취소를 주장하는 자와 양립되지 아니하는 법률관계를 가졌던 것이 취소 이전

Ⅳ. 의사표시의 효력발생

1. 의사표시의 효력발생시기

상대방이 있는 의사표시는 상대방에게 도달한 때에 그 효력이 생긴다(민법 제111조제1항). 여기서 '도달'이란 사회통념상 상대방이 통지의 내용을 알 수 있는 객관적 상태에 놓여 있는 경우를 가리키는 것으로서, 상대방이 통지를 현실적으로 수령하거나 통지의 내용을 알 것까지는 필요로 하지 아니한다. 따라서 상대방이 정당한 사유 없이 통지의 수령을 거절한 경우에는 상대방이 그 통지의 내용을 알 수 있는 객관적 상태에 놓여 있는 때에 해당되어 의사표시의 효력이 생기는 것으로 보아야 한다.[216] 예컨대, 우편물이 수취인 가구의 우편함에 투입되었다는 사실만으로 수취인이 그 우편물을 실제로 수취하였다고 추단할 수는 없다.[217] 따라서 보통우편의 경우는 발송되었다는 사실만으로는 그 우편물이 상당기간 내에 도달하였다고 추정할 수 없고 송달의 효력을 주장하는 측에서 증거에 의하여 도달사실을 입증하여야 한다.[218] 그러나 우편물이 등기로 발송된 경우 반송되는 등의 특별한 사정이 없는 한 그 무렵 수취인에게 배달된 것으로 본다.[219]

의사표시의 효력은 의사표시자가 그 통지를 발송한 후 사망하거나 제한능력자가 되어도 영향을 미치지 아니한다(같은 조 제2항).

에 있었던가 이후에 있었던가는 가릴 필요 없이 사기에 의한 의사표시 및 그 취소 사실을 몰랐던 모든 제3자에 대하여는 그 의사표시의 취소를 대항하지 못한다고 보아야 할 것이고 이는 거래안전의 보호를 목적으로 하는 민법 제110조제3항의 취지에도 합당한 해석이 된다(대판 1975.12.23. [75다533]).

216) 대판 2008.6.12. [2008다19973]

217) 대판 2006.3.24. [2005다66411]

218) 내용증명우편이나 등기우편과는 달리, 보통우편의 방법으로 발송되었다는 사실만으로는 그 우편물이 상당기간 내에 도달하였다고 추정할 수 없고 송달의 효력을 주장하는 측에서 증거에 의하여 도달사실을 입증하여야 한다(대판 2002.7.26. [2000다25002]).

219) 우편법 등 관계 규정의 취지에 비추어 볼 때 우편물이 등기취급의 방법으로 발송된 경우 반송되는 등의 특별한 사정이 없는 한 그 무렵 수취인에게 배달되었다고 보아야 한다(대판 1992.3.27. [91누3819]).

제111조(의사표시의 효력발생시기) ① 상대방이 있는 의사표시는 상대방에게 도달한 때에 그 효력이 생긴다.
② 의사표시자가 그 통지를 발송한 후 사망하거나 제한능력자가 되어도 의사표시의 효력에 영향을 미치지 아니한다.

2. 의사표시의 공시송달

의사표시는 표의자가 과실없이 상대방을 알지 못하거나 상대방의 소재를 알지 못하는 경우 민사소송법의 공시송달에 관한 규정(민사소송법 제194조 내지 제196조)에 따라 송달할 수 있다(민법 제113조).

第113條 (意思表示의 公示送達) 表意者가 過失없이 相對方을 알지 못하거나 相對方의 所在를 알지 못하는 境遇에는 意思表示는 民事訴訟法 公示送達의 規定에 依하여 送達할 수 있다.

3. 의사표시의 수령능력

의사표시의 상대방이 의사표시를 받은 때에 제한능력자인 경우 의사표시자는 그 의사표시로써 대항할 수 없다. 다만, 그 상대방의 법정대리인이 의사표시가 도달한 사실을 안 후에는 대항할 수 있다(민법 제112조).

제112조(제한능력자에 대한 의사표시의 효력) 의사표시의 상대방이 의사표시를 받은 때에 제한능력자인 경우에는 의사표시자는 그 의사표시로써 대항할 수 없다. 다만, 그 상대방의 법정대리인이 의사표시가 도달한 사실을 안 후에는 그러하지 아니하다.

제3절 대리

Ⅰ. 개관

1. 대리의 의의

대리는 타인의 법률행위를 마치 본인이 직접 행한 것과 같이 의제하여 그 법률행위의 효과를 본인에게 귀속하게 하는 제도이다. 오늘날 대리제도는 일정한 사무에 관련하여 기초적 법률관계를 형성하고 그에 기초하여 해당 업무에 관한 것에 한하여 대리권을 수여하는 것이 일반적이다. 즉 특정한 사무에 관련하여 본인을 대신하여 그 사무에 대한 법률행위를 할 수 있는 권한만을 가진 대리가 주로 사용된다. 따라서 위임과 대리를 구별하기 곤란한 점이 있다. 이와 같은 대리제도는 법률행위에 한하여 허용되고, 가족법상의 일신전속적인 법률행위(혼인, 인지, 유언 등)는 허용되지 않는다.

대리는 원래 본인과 유사한 지위에서 법률행위 또는 의사표시를 할 수 있는 독립된 인격체를 법률상 만드는 것을 의미한다. 이 경우 대리는 민법 제118조 권한을 정하지 아니한 대리인으로서의 대리권만 행사할 수 있다. 따라서 본인이 대리인에게 수여한 대리할 수 있는 지위나 자격은 포괄적인 위임과 비슷하다. 그렇지만 위임계약의 수임인은 본인을 대신하여 의사표시를 할 수 없다는 점에서 차이가 있다. 예컨대, 변호사의 소송행위는 대리이고, 의사의 의료행위는 위임이다.

2. 대리의 발생

대리에는 '본인의 기초적 법률관계의 형성에 의한 임의대리'와 '본인의 제한능력 등 법률의 규정에 의한 법정대리'가 있다.

(1) 임의대리(任意代理)

타인을 자신의 대리인으로 하는 임의대리에는 두 가지의 방법이 있다. 첫째, 본인이 '기초적 법률관계를 형성하게 하는 행위', 즉 본인의 대리인이라는 사실을 공고하거나 또는 상대방에게 통지하는 행위에 의하여 대리관계를 형성할 수 있다. 이 경우 대리인은 민법 제118조의 권한이 정해지지 아니한 대리인으로 그 한도에서만 대리권이 있다. 이러한 대리관계는 본인에 의한 기초적 법률관계의 형성행위와 동일한 방법으로 철회하여 소멸하게 할 수 있다. 즉 공고에 의한 경우는 공고로, 통지에 의한 경우는 통지로 소멸한다. 둘째, 본인의 '대리권 수여행위', 즉 대리인임을 증명하는 위임장 등에 의하여 대리관계가 성립하고 그 수여된 한도에서 대리권이 있다.

(2) 법정대리(法定代理)

법정대리는 법률의 규정에 의하여서만 성립한다. 예컨대, ① 본인과 일정한 지위에 있는 자가 당연히 대리인이 되는 경우로 친권자(민법 제911조), 후견인(민법 제932조, 제933조), ② 본인이외의 일정한 지정권자의 지정으로 대리인이 되는 경우로 지정후견인(민법 제931조), 지정유언집행자(민법 제1093조, 제1094조), ③ 법원이 선임하는 자가 대리인이 되는 경우로 부재자의 재산관리인(민법 제23조), 상속재산관리인(민법 제1040조제1항, 제1053조), 유언집행자(민법 제1096조제1항)가 여기에 해당된다.

Ⅱ. 대리권

1. 대리권 수여

대리권의 수여는 본인이 다른 사람에게 일정한 범위를 정하여 대리할 수 있는 권한을 주는 의사표시를 의미한다. 판례는 위임장을 포함하여 부동산에 관한 등기서류(등기필증 · 인감증명서)를 교부한 경우와 본인이 타인에게 자신의 명의를 사용할 것을 허락한 경우 등이 여기에 해당된다고 보았다.[220)]

2. 대리권의 범위와 그 제한

(1) 대리권의 범위

임의대리의 대리권 범위는 수권행위에 따라 정하여진다. 기초적 법률관계는 있지만 구체적인 대리권을 수여받지 아니한 임의대리의 경우 대리인은 ① 보존행위와 ② 대리의 목적인 물건이나 권리의 성질을 변하지 아니하는 범위내에서 그 이용 또는 개량하는 행위만을 할 수 있다(민법 제118조). 여기서 '보존행위'는 재산의 가치를 현상 그대로 유지하는 것을 목적으로 하는 행위를 말한다. 예컨대, 가옥의 수선, 소멸시효의 중단, 미등기부동산의 등기 등이다. '대리의 목적인 물건이나 권리의 성질을 변하지 아니하는 범위내에서 그 이용 또는 개량하는 행위'에는 임대용 건물을 임대하는 행위, 무이자금전대여를 이자부로 하는 행위 등이 해당된다.

통상 임의대리권은 수권행위의 내용으로서 그 권한에 부수하여 필요한 한도에서 상대방의 의사표시를 수령하는 이른바 수령대리권을 포함한다.[221)] 따라서 부동산 매매계약 체결의 대리권을 수여받은 대리인은 중도금과 잔금을 수령할 권한을 가지나,[222)] 그 부동산을 처분할 대리권을 가지지는 않

220) 甲이 자기의 사위인 乙에게 상호를 포함한 영업일체를 양도하여서 동일상호를 사용하여 영업을 계속하게 하는 동안 자기의 당좌거래를 이용하여 대금결제를 하도록 하였다면 甲이 丙으로 하여금 乙이 甲명의의 수표를 사용할 권한이 있다고 믿게 할 만한 외관을 조성하였다 할 것이고 이와같은 외관을 가지고서 乙이 甲의 인장을 남용하여 수표를 위조한 행위는 대리권수여표시에 의한 표현대리에 해당한다(대판 1987.3.24. [86다카1348]).

221) 대판 1994.2.8. [93다39379]

222) 부동산의 소유자로부터 매매계약을 체결할 대리권을 수여받은 대리인은 특별한 사정이 없는 한 그 매매계약에서 약정한 바에 따라 중도금이나 잔금을 수령할 권한

는다.[223)] 매매계약의 체결과 이행에 관하여 포괄적으로 대리권을 수여받은 대리인은 특별한 사정이 없는 한 상대방에 대해 약정된 매매대금 지급기일을 연기하여 줄 권한도 가진다.[224)] 그러나 예금계약의 체결을 위임받은 자가 가지는 대리권에 당연히 그 예금을 담보로 하여 대출을 받거나 이를 처분할 수 있는 대리권이 포함되어 있는 것은 아니며,[225)] 특별한 다른 사정이 없는 한, 본인을 대리하여 금전소비대차 내지 그를 위한 담보권설정계약을 체결할 권한을 수여받은 대리인에게 본래의 계약관계를 해제할 대리권까지 있다고 볼 수는 없다.[226)] 마찬가지로 어떠한 계약의 체결에 관한 대리권을 수여받은 대리인이 수권된 법률행위를 하게 되면 그것으로 대리권의 원인된 법률관계(기초적 내부관계)는 원칙적으로 목적을 달성하여 종료되는 것이고, 법률행위에 의하여 수여된 대리권은 그 원인된 법률관계의 종료에 의하여 소멸하는 것이므로 그 계약을 대리하여 체결하였다 하여 곧바로 그 사람이 체결된 계약의 해제 등 일체의 처분권과 상대방의 의사를 수령할 권한까지 가지고 있다고 볼 수는 없다.[227)]

법정대리의 경우는 법률에서 정한 바에 따라 그 대리권의 범위가 정해진다. 예컨대, 친권자는 민법 제920조와 민법 제921조에 반하지 아니하는 한 독자적인 대리권을 가지고, 후견인은 민법 제950조에서 정한 행위를 함에는 후견감독인의 동의를 얻어야 한다. 부재자의 재산관리인과 상속재산관리인은 민법 제118조의 권한넘은 행위를 함에는 법원의 허가를 얻어야 한다(민법 제24조와 민법 제1023조제2항).

도 있다고 보아야 한다(대판 1994.2.8. [93다39379]).

223) 대판 1991.2.12. [90다7364]

224) 부동산의 소유자로부터 매매계약을 체결할 대리권을 수여받은 대리인은 특별한 다른 사정이 없는 한 그 매매계약에서 약정한 바에 따라 중도금이나 잔금을 수령할 수도 있다고 보아야 하고, 매매계약의 체결과 이행에 관하여 포괄적으로 대리권을 수여받은 대리인은 특별한 다른 사정이 없는 한 상대방에 대하여 약정된 매매대금지급기일을 연기하여 줄 권한도 가진다고 보아야 할 것이다(대판 1992.4.14. [91다43107]).

225) 대판 1995.8.22. [94다59042]

226) 대판 1993.1.15. [92다39365]

227) 대판 2008.1.31. [2007다74713]

第118條 (代理權의 範圍) 權限을 定하지 아니한 代理人은 다음 各號의 行爲만을 할 수 있다.
1. **保存行爲**
2. **代理의 目的인 物件이나 權利의 性質을 變하지 아니하는 範圍에서 그 利用 또는 改良하는 行爲**

(2) 대리권의 제한

(가) 각자대리(各自代理)

대리인이 수인인 경우에 법률 또는 수권행위에서 달리 정한 바가 없는 때에는 각자가 본인을 대리한다(민법 제119조). 즉 대리는 원칙적으로 각자가 단독으로 대리할 수 있지만 대리권 행사를 제한하는 방법으로 공동대리만을 허용할 수도 있다.

第119條 (各自代理) 代理人이 數人인 때에는 各自가 本人을 代理한다. 그러나 法律 또는 授權行爲에 다른 定한 바가 있는 때에는 그러하지 아니하다.

(나) 자기계약(自己契約)과 쌍방대리(雙方代理)

대리인은 본인의 허락이 없으면 본인을 위하여 자기와 법률행위를 하거나 동일한 법률행위에 관하여 당사자 쌍방을 대리하지 못한다(민법 제124조 전단). 이를 위반한 대리행위는 무권대리행위로 본인이 추인하지 아니하면 무효이다(민법 제130조). 판례는 제소전화해의 신청인이 피신청인의 소송대리인을 선임한 것이 피신청인의 위임에 의하여 이루어진 것이라면 유효한 것이고 쌍방대리의 원칙에 따라 무효라고 할 수는 없다고 보았다.[228]

---

228) 제소전 화해의 신청인이 피신청인의 소송대리인을 선임한 것이 피신청인의 위임에

그러나 채무의 이행은 자기계약 또는 쌍방대리를 할 수 있다(민법 제124조 후단). 다만, 채무의 이행중에서 다툼이 있는 채무의 이행이나 대물변제 등은 하지 못한다.

第124條 (自己契約, 雙方代理) 代理人은 本人의 許諾이 없으면 本人을 爲하여 自己와 法律行爲를 하거나 同一한 法律行爲에 關하여 當事者雙方을 代理하지 못한다. 그러나 債務의 履行은 할 수 있다.

3. 대리권의 소멸

대리권의 소멸원인에는 임의대리와 법정대리에 공통한 것과 특유한 것으로 나눌 수 있다.

(1) 공통한 소멸사유

대리권은 ① 본인의 사망과 ② 대리인의 사망, 성년후견의 개시 또는 파산의 사유로 소멸한다(민법 제127조). 본인 사망의 경우에 임의대리와 법정대리의 대리권은 모두 소멸한다. 그러나 상인이 그 영업에 관하여 수여한 대리권은 본인의 사망으로 인하여 소멸하지 아니한다(상법 제50조).

법정대리인의 경우는 긴박한 사정이 있는 때에 상속인이나 다른 법정대리인이 사무를 처리할 수 있을 때까지 그 사무의 처리를 계속해야 한다(민법 제691조 참조).

제127조(대리권의 소멸사유) 대리권은 다음 각 호의 어느 하나에 해당하는 사유가 있으면 소멸된다.

의하여 이루어진 것이라면 그것은 유효한 것이고 쌍방대리의 원칙에 따라 무효한 행위였다고 할 수는 없다(대판 1990.12.11. [90다카27853]).

1. 본인의 사망
2. 대리인의 사망, 성년후견의 개시 또는 파산

(2) 임의대리에 특유한 소멸사유

임의대리는 '기초적 법률관계의 형성행위에 의한 대리'와 '수권행위라는 법률행위에 의한 대리'로 나누어지데, 전자는 기초적 법률관계의 형성행위를 철회로 소멸시킬 수 있고 후자는 대리행위의 목적을 완성한 경우에 그 원인된 법률관계의 종료에 의하여 소멸한다(민법 제128조 전단). 여기서 '원인이 된 법률관계의 종료'란 수권행위에 대하여 철회하고 위임장 등을 회수하거나 또는 수권행위에 표시된 법률행위가 종료된 경우에는 철회의 의사표시가 없어도 대리권이 소멸한다.

법률관계의 종료 전에 본인이 수권행위(授權行爲)를 철회한 경우에도 대리권은 소멸한다(민법 제128조 후단). 즉 대리권 수여의 의사표시에 의한 대리는 대리행위를 완성하기 전에 그 의사표시를 철회하여 대리권을 소멸시킬 수 있다.

第128條 (任意代理의 終了) 法律行爲에 依하여 授與된 代理權은 前條의 境遇外에 그 原因된 法律關係의 終了에 依하여 消滅한다. 法律關係의 終了前에 本人이 授權行爲를 撤回한 境遇에도 같다.

(3) 법정대리의 특유한 소멸사유

민법 제1편 총칙에서는 대리의 공통적인 소멸사유와 임의대리의 특수한 소멸사유만을 규정하고 있으며, 법정대리에 특유한 소멸사유는 관련 분야의 법정대리에 관한 조항에서 별도로 규정하고 있다. 예컨대, 부재자재산관리인의 경우는 본인이 재산관리인을 선임하거나 또는 부재자가 재산관리인을 선임한 후 생사가 불명하게 된 때(민법 제22조제2항 · 제23조)에 대리권이 소멸한다. 친권자의 경우는 친권을 상실하거나(민법 제924조), 자의 재산에 대한 부적당한 관리로 인하여 대리권이나 관리권을 상실한 때에 대리권이 소멸한다(민법 제925조). 후견인의 경우는 후견인의 결격사유에 해당하거나(민법 제937조) 또는 가정법원이 피후견인의 복리를 위하여 후견인을 변경한 때(민법 제940조)에 대리권이 소멸한다.

Ⅲ. 대리행위

1. 대리의사의 표시

(1) 현명주의(顯明主義)

대리인이 그 권한 내에서 본인을 위한 것임을 표시하여야 하고 제3자도 대리인에게 의사표시를 하는 경우에 본인을 위한 것임을 표시하여야 한다(민법 제114조제1항 및 제2항). 판례는 대리에 있어 본인을 위한 것임을 표시하는 이른바 현명은 반드시 명시적으로만 할 필요는 없고 묵시적으로도 할 수 있다고 보았다.[229] 또한 판례는 본인이 대리인에게 대리권을 준 경우에 해당 대리권한의 범위 내에서 대리인이 마치 본인인 양 계약을 체결하여도 유효하다고 보았다.[230]

---

229) 대리에 있어 본인을 위한 것임을 표시하는 이른바 현명은 반드시 명시적으로만 할 필요는 없고 묵시적으로도 할 수 있는 것이고, 채권양도통지를 함에 있어 현명을 하지 아니한 경우라도 채권양도통지를 둘러싼 여러 사정에 비추어 양수인이 대리인으로서 통지한 것임을 상대방이 알았거나 알 수 있었을 때에는 민법 제115조 단서의 규정에 의하여 유효하다(대판 2004.2.13. [2003다43490]).

230) 甲이 부동산을 농업협동조합중앙회에 담보로 제공함에 있어 동업자인 乙에게 그에 관한 대리권을 주었다면 乙이 동 중앙회와의 사이에 그 부동산에 관하여 근저당권 설정계약을 체결함에 있어 그 피담보채무를 동업관계의 채무로 특정하지 아니하고

한편, 계약을 체결하는 행위자가 다른 사람의 이름으로 법률행위를 한 경우에 행위자 또는 명의인 가운데 누구를 계약의 당사자로 볼 것인가에 관하여는, 우선 행위자와 상대방의 의사가 일치한 경우에는 그 일치한 의사대로 행위자 또는 명의인을 계약의 당사자로 확정해야 하고, 행위자와 상대방의 의사가 일치하지 않는 경우에는 그 계약의 성질·내용·목적·체결 경위 등 그 계약 체결 전후의 구체적인 제반 사정을 토대로 상대방이 합리적인 사람이라면 행위자와 명의자 중 누구를 계약 당사자로 이해할 것인가에 의하여 당사자를 결정하여야 한다. 그러므로 일방 당사자가 대리인을 통하여 계약을 체결하는 경우에 있어서 계약의 상대방이 대리인을 통하여 본인과 사이에 계약을 체결하려는 데 의사가 일치하였다면 대리인의 대리권 존부 문제와는 무관하게 상대방과 본인이 그 계약의 당사자에 해당된다.[231)]

第114條 (代理行爲의 效力) ① 代理人이 그 權限內에서 本人을 爲한 것임을 表示한 意思表示는 直接 本人에게 對하여 效力이 생긴다.
② 前項의 規定은 代理人에게 對한 第三者의 意思表示에 準用한다.

(2) 현명하지 않은 행위

대리인이 본인을 위한 것임을 표시하지 아니한 경우 그 의사표시는 자기를 위한 것으로 본다(민법 제115조 전단). 다만, 상대방이 대리인으로서 한 것임을 알았거나 알 수 있었을 때에는 본인에게 효력이 생긴다(민법 제115조 후단). 판례도 현명을 하지 아니한 경우 여러 사정에 비추어 대리인으로서 행위한 것임을 상대방이 알았거나 알 수 있었을 때에는 본인에게 효력이 미친다고 보았다.[232)]

또 대리관계를 표시함이 없이 마치 자신이 甲 본인인 양 행세하였다 하더라도 위 근저당권설정계약은 대리인인 위 乙이 그의 권한 범위안에서 한 것인 이상 그 효력은 본인인 甲에게 미친다(대판 1987.6.23. [86다카1411]).

231) 대판 2003.12.12. [2003다44059]

그렇지만 상행위의 경우 대리인이 본인을 위한 것임을 표시하지 아니하여도 그 행위는 본인에 대하여 효력이 있으며, 상대방이 본인을 위한 것임을 알지 못한 때에는 대리인에 대하여도 이행을 청구할 수 있다(상법 제48조).

第115條 (本人을 爲한 것임을 表示하지 아니한 行爲) 代理人이 本人을 爲한 것임을 表示하지 아니한 때에는 그 意思表示는 自己를 爲한 것으로 본다. 그러나 相對方이 代理人으로서 한 것임을 알았거나 알 수 있었을 때에는 前條第1項의 規定을 準用한다.

2. 대리행위의 하자

대리행위의 경우 의사표시의 효력이 의사의 흠결, 사기, 강박 또는 어느 사정을 알았거나 과실로 알지 못한 것으로 인하여 영향을 받을 때에 그 사실의 유무는 대리인을 기준으로 하여 결정한다(민법 제116조제1항). 예컨대, 대리인이 매도인과 분양자와의 매매계약에 있어서 매수인의 1인으로서 그 계약내용, 잔금의 지급 기일, 그 지급 여부 및 연체 지연손해금 액수에 관하여 잘 알고 있었다고 인정되는 때에는, 설사 매수인이 연체 지연손해금 여부 및 그 액수에 관하여 모른 채로 대리인에게 대리권을 수여하여 매도인과의 사이에 그 매매계약을 체결하였다고 하더라도 매수인으로서는 그 자신의 착오를 이유로 매도인과의 매매계약을 취소할 수는 없다.[233] 그렇지만 대리인에게 특정한 법률행위를 위임한 경우에 대리인이 본인의 지시에

232) 대판 2008.5.15. [2007다14759]

233) 매수인이 대리인을 통하여 분양택지 매수지분의 매매계약을 체결한 경우, 대리행위의 하자의 유무는 대리인을 표준으로 판단하여야 하므로, 대리인이 매도인과 분양자와의 매매계약에 있어서 매수인의 1인으로서 그 계약내용, 잔금의 지급 기일, 그 지급 여부 및 연체 지연손해금 액수에 관하여 잘 알고 있었다고 인정되는 때에는, 설사 매수인이 연체 지연손해금 여부 및 그 액수에 관하여 모른 채로 대리인에게 대리권을 수여하여 매도인과의 사이에 그 매매계약을 체결하였다고 하더라도 매수인으로서는 그 자신의 착오를 이유로 매도인과의 매매계약을 취소할 수는 없게 되었다고 볼 여지가 있다(대판 1996.2.13. [95다41406]).

좇아 그 행위를 한 때에는 본인은 자기가 안 사정 또는 과실로 인하여 알지 못한 사정에 관하여 대리인의 부지(不知)를 주장하지 못한다(같은 조 제2항). 예컨대, 본인이 결정한 의사를 대리인으로 하여금 표시케 한 경우 그 의사표시는 대리행위가 아니므로 오로지 본인에 대하여서만 지(知)·부지(不知)·착오 등이 문제된다.[234)]

第116條 (代理行爲의 瑕疵) ① 意思表示의 效力이 意思의 欠缺, 詐欺, 强迫 또는 어느 事情을 알았거나 過失로 알지 못한 것으로 因하여 影響을 받을 境遇에 그 事實의 有無는 代理人을 標準하여 決定한다.
② 特定한 法律行爲를 委任한 境遇에 代理人이 本人의 指示에 좇아 그 行爲를 한 때에는 本人은 自己가 안 事情 또는 過失로 因하여 알지 못한 事情에 關하여 代理人의 不知를 主張하지 못한다.

3. 대리인의 행위능력

대리인은 행위능력자임을 요하지 아니한다(민법 제117조). 즉 대리행위는 대리자가 제한능력자라는 사실에 영향을 받지 아니하고 본인에게 법률효과는 귀속된다. 다만, 제한능력자는 타인의 대리인이 되기 위해서는 법정대리인의 동의를 얻어야 하고(민법 제5조, 제10조), 제한능력자가 타인의 대리인이 된 경우 제한능력자나 그 법정대리인은 대리행위 이전에 언제든지 대리인자격을 발생하게 하는 기초적 법률행위를 취소할 수 있다.

미성년자, 피성년후견인, 피한정후견인, 피특정후견인, 피임의후견인은 후견인이 될 수 없다(민법 제937조).

第117條 (代理人의 行爲能力) 代理人은 行爲能力자임을 要하지 아니한다.

234) 대판 1967.4.18. [66다661]

Ⅳ. 대리행위의 효과

대리인이 그 권한 내에서 표시한 의사표시는 직접 본인에게 대하여 효력이 생기고, 대리인에게 대한 제3자의 의사표시도 직접 본인에 대하여 효력이 생긴다(민법 제114조제1항 및 제2항 참조).

Ⅴ. 복대리

1. 복대리의 의의 및 법적 성질

(1) 의의

복대리(複代理)는 대리인이 자신의 책임 하에 자신의 이름으로 대리인을 선임하는 경우를 말한다. 이 경우 복대리는 본인의 대리인이다.

(2) 법적 성질

복대리인은 대리권을 수여한 대리인의 대리권 또는 대리권에 제한이 있는 경우에는 그 범위내에서 본인을 대리한다. 복대리인의 대리권은 대리권을 수여한 대리인의 대리권과 병존적으로 존재한다.

2. 대리인의 복임권과 임무

(1) 임의대리인의 복임권과 그 책임

임의대리의 경우 대리인은 본인의 승낙이 있거나 부득이한 사유있는 때가 아니면 복대리인을 선임하지 못한다(민법 제120조). 즉 임의대리의 경우에 원칙적으로 복대리를 할 수 없다. 예컨대, 아파트 분양업무를 위임받은 자가 분양자 본인의 명시적인 승낙 없이 복대리인을 선임할 수 없다.[235] 여기서 '부득이한 사유'란 예컨대, 본인의 승낙을 얻을 수 없는 상황에서 소송을 하게 된 때에 그 소송대리인을 선임하는 경우 등이 포함된다.

임의대리인이 복대리인을 선임한 때에는 본인에 대하여 그 선임 감독의 책임이 있다(민법 제121조제1항). 다만, 대리인이 본인의 지명에 의하여 복대리인을 선임한 경우에는 그 부적임 또는 불성실함을 알고 본인에게 통지나 그 해임을 해태한 때가 아니면 책임이 없다(같은 조 제2항).

第120條 (任意代理人의 復任權) 代理權이 法律行爲에 依하여 付與된 境遇에는 代理人은 本人의 承諾이 있거나 不得已한 事由있는 때가 아니면 復代理人을 選任하지 못한다.

第121條 (任意代理人의 復代理人選任의 責任) ① 前條의 規定에 依하여 代理人이 復代理人을 選任한 때에는 本人에게 對하여 그 選任監督에 關한 責任이 있다.
② 代理人이 本人의 指名에 依하여 復代理人을 選任한 境遇에는 그 不適任 또는 不誠實함을 알고 本人에게 對한 通知나 그 解任을 怠慢한 때가 아니면 責任이 없다.

(2) 법정대리인의 복임권과 그 책임

법정대리인은 그 책임으로 복대리인을 선임할 수 있고 부득이한 사유로 인한 때에는 선임감독의 책임만이 있다(민법 제122조). 즉 법정대리인은 원칙적으로 그의 책임으로 복대리인을 선임할 수 있지만 부득이한 사유로 복대리인을 선임한 경우에는 선임감독의 책임만이 있다.

---

235) 임의대리인은 본인의 승낙이 있거나 부득이한 사유가 있지 아니하면 복대리인을 선임할 수 없는 것인바, 아파트 분양업무는 그 성질상 분양 위임을 받은 수임인의 능력에 따라 그 분양사업의 성공 여부가 결정되는 사무로서, 본인의 명시적인 승낙 없이는 복대리인의 선임이 허용되지 아니하는 경우로 보아야 한다(대판 1999.9.3. [97다56099]).

第122條 (法定代理人의 復任權과 그 責任) 法定代理人은 그 責任으로 復代理人을 選任할 수 있다 그러나 不得已한 事由로 因한 때에는 前條第1項에 定한 責任만이 있다.

3. 복대리인의 권한

복대리인은 그 권한 내에서 본인을 대리하고, 본인이나 제3자에 대하여 대리인과 동일한 권리의무가 있다(민법 제123조제1항 및 제2항). 즉 복대리인은 본인의 대리인이고 복임권의 한도 내에서 대리권이 있다.

第123條 (復代理人의 權限) ① 復代理人은 그 權限內에서 本人을 代理한다.
② 復代理人은 本人이나 第三者에 대하여 代理人과 同一한 權利義務가 있다.

Ⅵ. 표현대리

1. 의의

표현대리(表現代理)는 대리인에게 대리권이 없음에도 불구하고 마치 대리권이 있는 것과 같은 외관이 있거나 또는 본인이 그러한 외관의 발생에 기여한 경우에는 그 외관을 신뢰한 제3자를 보호하기 위하여 본인에게 책임을 부담하게 하는 것을 말한다.

2. 대리권수여의 표시에 따른 표현대리

제3자에 대하여 타인에게 대리권을 수여함을 표시한 자는 그 대리권의 범위내에서 행한 그 타인과 그 제3자 사이의 법률행위에 대하여 책임이 있다(민법 제125조 전단). 이 경우 표현대리는 본인이 타인에게 대리권을 수여하지 아니한 상태에서 제3자에게 대리권을 수여했음을 표시한 경우에 발생한다. 따라서 이 표현대리는 본인이 임의대리인을 선임하는 경우 또는 임의대리인이나 법정대리인이 복대리인을 선임하는 경우에 나타날 수 있다. 판례는 민법 제125조가 규정하는 대리권 수여의 표시에 의한 표현대리는 본인과 대리행위를 한 자 사이의 기본적인 법률관계의 성질이나 그 효력의 유무와는 직접적인 관계가 없이 어떤 자가 본인을 대리하여 제3자와 법률행위를 함에 있어 본인이 그 자에게 대리권을 수여하였다는 표시를 제3자에게 한 경우에는 성립될 수가 있고, 또 본인에 의한 대리권 수여의 표시는 반드시 대리권 또는 대리인이라는 말을 사용하여야 하는 것이 아니라 사회통념상 대리권을 추단할 수 있는 직함이나 명칭 등의 사용을 승낙 또는 묵인한 경우에도 대리권 수여의 표시가 있은 것으로 볼 수 있다고 보았다.[236] 예컨대, 호텔 등의 시설이용 우대회원 모집계약을 체결하면서 자신의 판매점, 총대리점 또는 연락사무소 등의 명칭을 사용하여 회원모집 안내를 하거나 입회계약을 체결하는 것을 승낙 또는 묵인하였다면 이 표현대리가 성립할 수 있다.

그러나 제3자가 대리권 없음을 알았거나 알 수 있었을 때에는 대리권 수여의 표시에 의한 표현대리가 성립하지 아니한다(민법 제125조 후단).

第125條 (代理權授與의 表示에 依한 表現代理) 第三者에 對하여 他人에게 代理權을 授與함을 表示한 者는 그 代理權의 範圍內에서 行한 그 他人과 그 第三者間의 法律行爲에 對하여 責任이 있다. 그러나 第三者가 代理權없음을 알았거나 알 수 있었을 때에는 그러하지 아니하다.

236) 대판 1998.6.12. [97다53762]

3. 권한을 넘은 표현대리

대리인이 권한외의 법률행위를 한 경우에 제3자가 그 권한이 있다고 믿을 만한 정당한 이유가 있다면 본인은 그 행위에 대하여 책임이 있다(민법 제126조). 이와 같은 표현대리는 대리인이 대리권을 넘어서 법률행위를 하는 경우와 권한을 정하지 아니한 대리인이 민법 제118조 대리권의 범위를 넘은 행위를 한 경우에 발생한다. 여기서 '정당한 이유'란 실질적으로 대리권이 없음에도 불구하고 대리권이 있다고 믿을 만한 수여행위가 있는 경우이고, 정당한 이유의 판단시기는 대리행위시이고 대리행위시에 존재하는 제반사정을 객관적으로 관찰하여 판단하여야 하며, 그 후의 사정을 고려해서는 아니된다.[237] 그리고 '제3자'란 대리행위의 직접적인 상대방이고 제3자로부터 전득한 자는 포함되지 아니한다.[238]

판례는 다음과 같은 비통상적인 경우에 상대방에게 조사·확인의무가 있음을 전제로 민법 제126조의 표현대리 성립을 부정한다. 예컨대, ① 수급인이 도급인을 대리하여 임대하는 방법으로 공사대금에 충당하는 비통상적인 거래에서 하수급인이 아무런 조사도 하지 아니한 채 건축주의 인감증명서 1통만으로 그 대리권이 있다고 본 경우,[239] ② 후견인으로부터 제한능력자

237) 여기서 정당한 이유의 존부는 자칭 대리인의 대리행위가 행하여 질 때에 존재하는 제반사정을 객관적으로 관찰하여 판단하여야 하는 것이지 당해 법률행위가 이루어지고 난 훨씬 뒤의 사정을 고려하여 그 존부를 결정해야 하는 것은 아니다(대판 1987.7.7. [86다카2475]).

238) 권한을 넘은 표현대리에 관한 민법 제126조의 규정에서 제3자라 함은 당해 표현대리행위의 직접 상대방이 된 자만을 지칭하는 것이고, 이는 위 규정을 배서와 같은 어음행위에 적용 또는 유추적용할 경우에 있어서도 마찬가지로 보아야 할 것이며, 약속어음의 배서행위의 직접 상대방은 그 배서에 의하여 어음을 양도받은 피배서인만을 가리키고 그 피배서인으로부터 다시 어음을 취득한 자는 민법 제126조 소정의 제3자에는 해당하지 아니한다(대판 1994.5.27. [93다21521]).

239) 공사를 도급받은 자가 그 공사에 의하여 완성될 다가구주택 전부 또는 일부를 도급인을 대리하여 임대하는 방법으로 공사대금에 충당하는 것이 통상적으로 행하여지는 거래형태라고는 볼 수 없을 것이므로, 하수급인이 하도급받은 공사대금 채권을 담보하기 위하여 하도급인과 사이에 장차 완공될 다가구주택의 일부에 대한 전세계약을

소유의 부동산을 매수하는 경우,[240] ③ 어음 자체에 위조자의 권한이나 어음행위의 진정성을 의심하게 할 만한 사정이 있는 경우,[241] ④ 대리권 수여 여부를 본인에게 쉽게 확인할 수 있는 경우,[242] ⑤ 상대방이 금융기관인 경우 그 권한의 유무나 본인의 의사를 조사·확인할 의무를 인정하여 권한을 넘은 표현대리의 성립을 부정한다.[243] 다만, ① 당해 대리행위에 필요한 일

체결함에 있어서는, 건축주에게 직접 확인할 수 없는 부득이한 사정이 있는 경우를 제외하고는 직접 건축주에게 과연 당해 다가구주택을 담보로 제공할 의사를 가지고 있는지를 확인하여 보는 것이 보통인바, 하수급인이 아무런 조사도 하지 아니한 채 건축주의 인감증명서 1통만으로 그 대리권이 있는 것으로 믿었다면 그에게 과실이 있다는 이유로, 표현대리의 성립을 부정한다(대판 1995.9.26. [95다23743]).

240) 거래상대방이 후견인으로서 상당기간 피후견인의 재산을 관리하여 왔다고 할지라도 후견인을 상대로 중요한 재산적 가치를 가지는 한정치산자의 부동산을 매수하는 자로서는 친족회의 동의가 있었는지 여부를 확인하였어야 할 것인데도 막연히 부동산 중개업자를 통하여 거래상대방이 후견인으로 선임된 후 1년 이상 부동산의 관리를 전담하여 온 사실만을 확인하였을 뿐 친족회의 동의에 관하여는 전혀 확인하지 아니하였다면, 매수인은 후견인을 상대로 거래하는 자로서 마땅히 해야 할 주의를 다하지 못한 과실이 있다고 하지 않을 수 없으며, 또한 권한을 넘은 표현대리에 있어서 정당한 이유의 유무는 대리행위 당시를 기준으로 하여 판정하여야 하고 매매계약 성립 이후의 사정은 고려할 것이 아니므로, 피후견인이 위 매매로 인한 소유권이전등기를 경료하기에 앞서 그 거래에 관한 친족회원의 선임 및 친족회의 소집에 관한 법원의 심판을 받았고 그에 따라 작성된 친족회 의사록을 후견인으로부터 교부받았다고 할지라도 이로써 후견인이 매매 당시 친족회의 동의를 받았다고 믿을 만한 정당한 이유가 된다고 볼 수 없다(대판 1997.6.27. [97다3828]).

241) 민법상의 표현대리에 관한 규정이 어음행위의 위조에 관하여 유추 적용되기 위하여서는 상대방이 위조자에게 어음행위를 할 권한이 있다고 믿거나 피위조자가 진정하게 당해 어음행위를 한 것으로 믿은 것만으로는 부족하고, 그와 같이 믿은 데에 정당한 사유가 있어야 하는바, 이러한 정당한 사유는 어음행위 당시에 존재한 여러 사정을 객관적으로 관찰하여 보통인이면 유효한 행위가 있었던 것으로 믿는 것이 당연하다고 보여지면 이를 긍정할 수 있지만, 어음 자체에 위조자의 권한이나 어음행위의 진정성을 의심하게 할 만한 사정이 있는데도 불구하고 그 권한 유무나 본인의 의사를 조사·확인하지 아니하였다면 상대방의 믿음에 정당한 사유가 있다고 하기 어렵다(대판 2000.2.11. [99다47525])

242) 부동산의 소유자가 아닌 제3자로부터 근저당권을 취득하려는 자로서는, 그 소유자의 인감증명 외에 그 소유자에게 과연 담보제공의 의사가 있는지 여부 및 그 제3자가 소유자로부터 담보제공에 관한 위임을 받았는지 여부를 그 소유자에게 확인해 보아야 할 것이고, 만약 그러한 조사를 하지 아니하였다면 그 제3자에게 그 소유자를 대리할 권한이 있다고 믿은 데에 과실이 있다(대판 1992.11.27. [92다31842]).

체의 서류를 소지하고 있는 경우,[244] ② 특히 보증보험연대보증에서 본인 발급의 인감증명서가 구비된 경우[245] 또는 ③ 동종의 거래가 반복된 경우[246]에 민법 제126조의 표현대리를 인정한다.

第126條 (權限을 넘은 表現代理) 代理人이 그 權限外의 法律行爲를 한 境遇에 第三者가 그 權限이 있다고 믿을 만한 正當한 理由가 있는 때에는 本人은 그 行爲에 對하여 責任이 있다.

4. 대리권 소멸후의 표현대리

대리권의 소멸은 선의의 제3자에게 대항하지 못한다. 그러나 제3자가 과

243) 일반적으로 주식회사의 경리부장은 경상자금의 수입과 지출, 은행거래, 경리장부의 작성 및 관리 등 경리사무 일체에 관하여 그 권한을 위임받은 것으로 봄이 타당하고 그 지위나 직책, 회사에 미치는 영향, 특히 회사의 자금차입을 위하여 이사회의 결의를 요하는 등의 사정에 비추어 보면 특별한 사정이 없는 한 독자적인 자금차용은 회사로부터 위임되어 있지 않다고 보아야 할 것이므로 경리부장에게 자금차용에 관한 상법 제15조의 부분적 포괄대리권이 있다고 할 수 없다(대판 1990.1.23. [88다카3250]).

244) 대리인에 의하여 보증보험계약이 체결되는 경우, 본인의 자필서명을 받지 아니하였다는 사정만으로 표현대리의 성립을 부정한다면 모든 대리행위에 있어 본인의 출석을 요구하여야 한다는 결과를 초래하여 결국 대리행위의 필요성을 부정하는 데까지 나아갈 우려가 있어 본인의 자필서명이 그 보증보험계약의 유효요건이 된다고 볼 수 없고, 또한 반드시 본인에게 전화 등으로 보증의사를 확인하여야 할 의무가 있다고도 볼 수 없다(대판 1997.7.8. [97다9895]).

245) 인감증명서가 본인이 발급받은 것이고 그 용도란에 "보증보험연대보증용"이라는 문구가 기재되어 있는 등 보증보험약정서상의 연대보증인이 되겠다는 의사가 객관적으로 표명된 연대보증인의 인감증명서가 제출된 경우에는, 특별한 사정이 없는 한, 연대보증계약의 체결에 앞서 그 보증인에 대하여 직접 보증의사를 확인할 것을 요구하지 않는다(대판 2002.3.26. [2002다2478]).

246) 甲의 아들인 乙이 甲이 경영하는 사업체의 대외관계일을 甲을 대리하여 처리하여 오면서 전에도 6번에 걸쳐 甲명의로 어음에 배서를 하여 丙에게 양도하였는데 그 때마다 그 어음들은 각 지급기일에 아무탈없이 결제되었다면 丙으로서는 乙에게 甲을 대리하여 甲명의로 어음행위를 할 권한이 있다고 믿을 만한 정당한 이유가 있고 甲에게 확인하지 아니하였다고 하여 과실이 있다고 할 수 없다(대판 1989.5.23. [88다카22626]).

실로 인하여 대리권의 소멸을 알지 못한 경우에는 제3자에게 대항할 수 있다(민법 제129조). 이를 대리권 소멸 후의 표현대리라고 하고, 민법 제129조의 대리권 소멸 후의 표현대리는 법정대리인의 대리권소멸에 관하여도 적용된다.[247] 민법 제129조의 표현대리는 본래 무효인 무권대리행위의 효과를 본인에게 미치게 한 것으로서 표현대리가 성립된다고 하여도 무권대리의 성질이 유권대리로 전환되는 것은 아니다.[248] 민법 제129조의 대리권 소멸 후의 표현대리로 인정되는 경우에 그 표현대리의 권한을 넘는 대리행위가 있을 때에는 민법 제126조의 표현대리도 성립될 수 있다.[249]

민법 제129조의 표현대리는 '공고나 통지에 따른 대리의 경우' 또는 '대리권 수여의 의사표시에 따른 대리의 경우'에 있어서 수권행위의 철회를 제3자에게 알리지 아니한 때 또는 대리권을 증명하는 위임장 등을 회수하지 아니한 때에 발생할 수 있다. 따라서 어떠한 대리권도 없는 자에 대하여는 대리권한의 유월 또는 소멸후의 표현대리 관계가 성립할 여지가 없다.[250]

第129條 (代理權消滅後의 表現代理) 代理權의 消滅은 善意의 第三者에게 對抗하지 못한다. 그러나 第三者가 過失로 因하여 그 事實을 알지 못한 때에는 그러하지 아니하다.

---

247) 대판 1975.1.28. [74다1199]

248) 유권대리에 있어서는 본인이 대리인에게 수여한 대리권의 효력에 의하여 법률효과가 발생하는 반면 표현대리에 있어서는 대리권이 없음에도 불구하고 법률이 특히 거래상대방 보호와 거래안전유지를 위하여 본래 무효인 무권대리행위의 효과를 본인에게 미치게 한 것으로서 표현대리가 성립된다고 하여 무권대리의 성질이 유권대리로 전환되는 것은 아니므로, 양자의 구성요건 해당사실 즉 주요사실은 다르다고 볼 수 밖에 없으니 유권대리에 관한 주장 속에 무권대리에 속하는 표현대리의 주장이 포함되어 있다고 볼 수 없다(대판(전합) 1983.12.13. [83다카1489]).

249) 대판 1979.3.27. [79다234]

250) 기본적인 어떠한 대리권도 없는 자에 대하여 대리권한의 유월 또는 소멸 후의 표현대리관계는 성립할 여지가 없는 것인바 피고가 소외 (甲)의 원고와의 상거래에 대한 재정보증서와 그에 필요한 인감증명서 및 납세증명서를 위 (甲)의 언니인 소외 (乙)에게 우송하였음에 지나지 아니한 것이라면 위 (乙)이 자기가 (甲)이라고 참칭하고 원고와 상거래를 함에 있어 위 재정보증서 등을 사용하였다는 사실만으로서는 위 (乙)이 피고로부터 표현대리를 인정할 기본적 대리권을 수여받은 것이라고 볼 수 없다(대판 1984.10.10. [84다카780]).

Ⅶ. 무권대리

1. 의의

대리권 없는 자가 타인의 대리인으로 한 계약은 본인이 이를 추인하지 아니하면 본인에 대하여 효력이 없다(민법 제130조). 즉 기초적 법률관계의 형성행위에 의한 대리인이 그 권한을 넘은 경우, 대리권의 소멸 등으로 대리권이 없는 경우, 또는 처음부터 대리관계가 없는 경우에 그 법률행위는 본인에게 효력이 없다. 예컨대, 甲이 자 乙을 법정대리하여 丙과 계약을 체결한 경우 계약체결시 이미 乙이 성년에 도달한 때에는 甲의 법정대리는 무권대리에 해당되어 乙에게 효력이 없다. 여기서 추인은 무권대리행위가 있음을 알고 그 행위의 효과를 자기에게 귀속시키도록 하는 단독행위이다. 예컨대, 증권회사의 고객이 그 직원의 임의매매를 묵시적으로 추인하였다고 하기 위하여는 자신이 처한 법적 지위를 충분히 이해하고 진의에 기하여 당해 매매의 손실이 자기에게 귀속된다는 것을 승인하는 것으로 볼 만한 사정이 있어야 한다.[251)]

무권대리행위의 추인은 특별한 방식이 요구되는 것이 아니므로 명시적

---

251) 추인은 무권대리행위가 있음을 알고 그 행위의 효과를 자기에게 귀속시키도록 하는 단독행위인바, 증권회사의 고객이 그 직원의 임의매매를 묵시적으로 추인하였다고 하기 위하여는 자신이 처한 법적 지위를 충분히 이해하고 진의에 기하여 당해 매매의 손실이 자기에게 귀속된다는 것을 승인하는 것으로 볼 만한 사정이 있어야 할 것이고, 나아가 임의매매를 사후에 추인한 것으로 보게 되면 그 법률효과는 모두 고객에게 귀속되고 그 임의매매행위가 불법행위를 구성하지 않게 되어 임의매매로 인한 손해배상청구도 할 수 없게 되므로, 임의매매의 추인, 특히 묵시적 추인을 인정하려면, 고객이 임의매매 사실을 알고도 이의를 제기하지 않고 방치하였는지 여부, 임의매수에 대해 항의하면서 곧바로 매도를 요구하였는지 아니면 직원의 설득을 받아들이는 등으로 주가가 상승하기를 기다렸는지, 임의매도로 계좌에 입금된 그 증권의 매도대금(예탁금)을 인출하였는지 또는 신용으로 임의매수한 경우 그에 따른 그 미수금을 이의 없이 변제하거나, 미수금 변제독촉에 이의를 제기하지 않았는지 여부 등의 여러 사정을 종합적으로 검토하여 신중하게 판단하여야 할 것이다(대판 2002.10.11. [2001다59217]).

인 방법만 아니라 묵시적인 방법으로도 할 수 있고, 그 추인은 무권대리인, 무권대리행위의 직접의 상대방 및 그 무권대리행위로 인한 권리 또는 법률관계의 승계인에 대하여도 할 수 있다.[252]

第130條 (無權代理) 代理權없는 者가 他人의 代理人으로 한 契約은 本人이 이를 追認하지 아니하면 本人에 對하여 效力이 없다.

2. 계약과 무권대리

(1) 상대방의 최고권과 철회권

(가) 최고권

대리권 없는 자가 타인의 대리인으로 계약을 한 경우 상대방은 상당한 기간을 정하여 본인에게 그 추인여부의 확답을 최고(催告)할 수 있고, 본인이 그 기간 내에 확답을 발하지 아니한 때에는 추인을 거절한 것으로 본다(민법 제131조).

第131條 (相對方의 催告權) 代理權없는 者가 他人의 代理人으로 契約을 한 境遇에 相對方은 相當한 期間을 定하여 本人에게 그 追認與否의 確答을 催告할 수 있다. 本人이 그 期間內에 確答을 發하지 아니한 때에는 追認을 拒絶한 것으로 본다.

(나) 철회권

대리권 없는 자가 한 계약은 본인의 추인이 있을 때까지 상대방은 본인이나 그 대리인에 대하여 이를 철회(撤回)할 수 있다. 그러나 계약당시에 상

252) 대판 1981.4.14. [80다2314]

대방이 대리권 없음을 안 때에는 철회할 수 없다(민법 제134조).

第134條 (相對方의 撤回權) 代理權없는 者가 한 契約은 本人의 追認이 있을 때까지 相對方은 本人이나 그 代理人에 對하여 이를 撤回할 수 있다. 그러나 契約當時에 相對方이 代理權 없음을 안 때에는 그러하지 아니하다.

(2) 추인 및 거절의 상대방과 효력

추인 또는 거절의 의사표시는 상대방에 대하여 하지 아니하면 그 상대방에 대항하지 못한다. 그러나 상대방이 그 사실을 안 때에는 대항할 수 있다(민법 제132조). 여기서 추인은 제3자의 권리를 해하지 못하고 또 다른 의사표시가 없는 때에는 계약시에 소급하여 그 효력이 생긴다(민법 제133조). 추인은 사후에 대리권을 수여하는 것이 아니라 무권대리의 효과를 자기에게 직접 발생케하는 것을 목적으로 하는 단독행위이고 그 성질은 형성권에 해당된다.[253] 또한 추인은 의사표시의 전부에 대하여 이루어져야 하고, 그 일부에 대한 추인이거나 그 내용을 변경하는 추인에 해당하는 때에는 상대방의 동의가 없는 한 효력이 없다.[254]

第132條(追認, 拒絕의 相對方) 追認 또는 拒絕의 意思表示는 相對方에 對하여 하지 아니하면 그 相對方에 對抗하지 못한다. 그러나 相對方이 그 事實을 안 때에는 그러하지 아니하다.

第133條 (追認의 效力) 追認은 다른 意思表示가 없는 때에는 契約時에 遡及하여 그 效力이 생긴다. 그러나 第三者의 權利를 害하지 못한다.

---

253) 무권대리행위는 그 효력이 불확정 상태에 있다가 본인의 추인 유무에 따라 본인에 대한 효력발생 여부가 결정되는 것인바, 그 추인은 무권대리행위가 있음을 알고 그 행위의 효과를 자기에게 귀속시키도록 하는 단독행위이다(대판 1995.11.14. [95다28090]).

254) 무권대리행위의 추인은 무권대리인에 의하여 행하여진 불확정한 행위에 관하여 그

(3) 무권대리인의 상대방에 대한 책임

다른 자의 대리인으로서 계약을 맺은 자가 그 대리권을 증명하지 못하고 또 본인의 추인을 받지 못한 경우에는 그는 상대방의 선택에 따라 계약을 이행할 책임 또는 손해를 배상할 책임이 있다(민법 제135조제1항). 예컨대, 남편 甲과 제3자 丙이 처 乙명의의 부동산을 매매하는 계약을 체결한 경우 甲이 아무런 대리권한을 입증하지 못한다면, 丙은 甲에 대하여 계약의 이행 또는 손해배상을 청구할 수 있다.

그러나 대리인으로서 계약을 맺은 자에게 대리권이 없다는 사실을 상대방이 알았거나 알 수 있었을 때 또는 대리인으로서 계약을 맺은 사람이 제한능력자일 때에는 계약의 이행이나 손해배상의 책임이 없다(같은 조 제2항).

제135조(상대방에 대한 무권대리인의 책임) ① 다른 자의 대리인으로서 계약을 맺은 자가 그 대리권을 증명하지 못하고 또 본인의 추인을 받지 못한 경우에는 그는 상대방의 선택에 따라 계약을 이행할 책임 또는 손해를 배상할 책임이 있다.
② 대리인으로서 계약을 맺은 자에게 대리권이 없다는 사실을 상대방이 알았거나 알 수 있었을 때 또는 대리인으로서 계약을 맺은 사람이 제한능력자일 때에는 제1항을 적용하지 아니한다.

3. 단독행위와 무권대리

단독행위에는 그 행위 당시에 상대방이 대리인이라 칭하는 자의 대리권 없는 행위에 동의하거나 그 대리권을 다투지 아니한 때에 한하여 무권대리(민법 제130조), 상대방의 최고권(민법 제131조), 추인 및 거절의 상대방(민

행위의 효과를 자기에게 직접 발생케 하는 것을 목적으로 하는 의사표시이며, 무권대리인 또는 상대방의 동의나 승낙을 요하지 않는 단독행위로서 추인은 의사표시의 전부에 대하여 행하여져야 하고, 그 일부에 대하여 추인을 하거나 그 내용을 변경하여 추인을 하였을 경우에는 상대방의 동의를 얻지 못하는 한 무효이다(대판 1982.1.26. [81다카549]).

법 제132조), 추인의 효력(민법 제133조), 상대방의 철회권(민법 제134조), 무권대리인의 상대방에 대한 책임(민법 제135조)의 규정을 준용한다(민법 제136조 전단). 예컨대, 甲은 乙에게 불법행위로 인한 100만원의 채권을 가지고 있고 乙 또한 甲에 대하여 100만원의 금전채권을 가지고 있는 경우 제3자 丙이 甲의 채권을 자동채권으로 쌍방의 채권을 상계하고, 이에 대하여 乙이 丙의 대리권 없음에 대하여 아무런 이의를 제기하지 아니하면 乙은 丙의 상계행위에 대한 추인 여부를 甲에게 최고할 수 있다.

대리권 없는 자에 대하여 그 동의를 얻어 단독행위를 한 때에도 같다(같은 조 후단). 예컨대, 성년의 甲과 丙 사이에 상호 상계할 수 있는 100만원의 채권이 존재하고 있는 경우 甲의 모인 乙의 동의를 얻어 제3자 丁이 丙에 대하여 甲의 채권을 자동채권으로 상계의 의사표시를 하고, 이에 대하여 丙이 동의하면 丙은 丁의 상계행위에 대한 추인 여부를 甲에게 최고할 수 있다.

第136條 (單獨行爲와 無權代理) **單獨行爲**에는 그 **行爲當時**에 **相對方**이 **代理人**이라 **稱**하는 **者**의 **代理權**없는 **行爲**에 **同意**하거나 그 **代理權**을 다투지 아니한 때에 한하여 **前6條**의 **規定**을 **準用**한다. **代理權** 없는 **者**에 **對**하여 그 **同意**를 얻어 **單獨行爲**를 한 때에도 같다.

제4절 무효와 취소

Ⅰ. 법률행위의 무효

1. 무효와 그 성질

무효행위에는 의사의 결여에 따른 법률행위, 무권리자의 법률행위, 민법 제103조와 민법 제104조의 위반행위, 강행규정의 위반행위, 법률이 정한 절차나 방식에 위반행위 등이 해당된다. 무효는 법률행위가 성립한 당초부터 법률상 당연히 그 효력이 발생하지 아니한다. 따라서 당사자는 물론 제3자에게도 대항할 수 있다. 이에 반하여 진의 아닌 의사표시(민법 제107조), 통정한 허위의 의사표시(민법 제108조)와 같은 의사표시의 무효는 선의의 제3자에 대항하지 못하는 상대적 무효이다.

2. 일부무효

법률행위에서 일부분이 무효인 경우에 원칙적으로 그 전부를 무효로 한다. 다만, 그 무효부분이 없었더라도 법률행위를 하였을 것이라고 인정될 때에는 나머지 부분은 유효로 한다(민법 제137조).

第137條 (法律行爲의 一部無效) 法律行爲의 一部分이 無效인 때에는 그 全部를 無效로 한다. 그러나 그 無效部分이 없더라도 法律行爲를 하였을 것이라고 認定될 때에는 나머지 部分은 無效가 되지 아니한다.

3. 무효행위의 전환

무효인 법률행위는 원칙적으로 효력이 없다. 다만, 무효인 법률행위가 다른 법률행위의 요건을 구비하고 당사자가 그 무효를 알았더라면 다른 법률행위를 하는 것을 의욕하였으리라고 인정될 때에는 다른 법률행위로서 효력을 가진다(민법 제138조). 판례는 당사자가 무효로 된 처음의 근저당권설정등기를 유용하기로 합의하고 새로 거래를 계속하는 경우 유용합의 전에 등기부상 이해관계 있는 제3자가 없는 때에는 그 근저당권설정등기는 유효하다고 보았다.[255] 또한 판례는 매매계약이 약정된 매매대금의 과다로 말미암

255) 대판 1963.10.10. [63다583]

아 민법 제104조에서 정하는 '불공정한 법률행위'에 해당하여 무효인 경우에도 무효행위의 전환에 관한 민법 제138조가 적용될 수 있다고 보았다.256)

第138條 (無效行爲의 轉換) 無效인 法律行爲가 다른 法律行爲의 要件을 具備하고 當事者가 그 無效를 알았더라면 다른 法律行爲를 하는 것을 意慾하였으리라고 認定될 때에는 다른 法律行爲로서 效力을 가진다.

4. 무효행위의 추인

무효인 법률행위는 추인하여도 그 효력이 생기지 아니한다. 그러나 당사자가 그 무효임을 알고 추인한 때에는 새로운 법률행위로 본다(민법 제139조). 이 경우 판례는 새로운 법률행위를 한 것으로 간주할 뿐이고 소급효가 없는 것이므로 무효인 가등기를 유효한 등기로 전용키로 한 약정은 그 때부터 유효하고 이로써 위 가등기가 소급하여 유효한 등기로 전환될 수는 없다고 보았다.257)

무효행위의 추인은 무효사유가 종료된 후에 하여야 하고,258) 사회질서에

---

256) 재건축사업부지에 포함된 토지에 대하여 재건축사업조합과 토지의 소유자가 체결한 매매계약이 매매대금의 과다로 말미암아 불공정한 법률행위에 해당하지만, 그 매매대금을 적정한 금액으로 감액한 매매계약은 그 유효성을 인정된다(대판 2010.7.15. [2009다50308]).

257) 대판 1992.5.12. [91다26546]

258) 취소한 법률행위는 처음부터 무효인 것으로 간주되므로 취소할 수 있는 법률행위가 일단 취소된 이상 그 후에는 취소할 수 있는 법률행위의 추인에 의하여 이미 취소되어 무효인 것으로 간주된 당초의 의사표시를 다시 확정적으로 유효하게 할 수는 없고, 다만 무효인 법률행위의 추인의 요건과 효력으로서 추인할 수는 있으나, 무효행위의 추인은 그 무효 원인이 소멸한 후에 하여야 그 효력이 있고, 따라서 강박에 의한 의사표시임을 이유로 일단 유효하게 취소되어 당초의 의사표시가 무효로 된 후에 추인한 경우 그 추인이 효력을 가지기 위하여는 그 무효 원인이 소멸한 후일 것을 요한다고 할 것인데, 그 무효 원인이란 바로 위 의사표시의 취소사유라 할 것이므로 결국 무효 원인이 소멸한 후란 것은 당초의 의사표시의 성

반하는 법률행위나 강행법규에 위반하는 법률행위로서 무효인 경우에 추인하여도 효력이 없다.[259] 따라서 불공정한 법률행위로서 무효인 경우에는 추인하여도 무효인 법률행위가 유효로 될 수 없다.[260]

第139條 (無效行爲의 追認) 無效인 法律行爲는 追認하여도 그 效力이 생기지 아니한다. 그러나 當事者가 그 無效임을 알고 追認한 때에는 새로운 法律行爲로 본다.

Ⅱ. 법률행위의 취소

1. 법률행위의 취소와 그 성질

법률행위가 제한능력자에 의하여 행하여졌거나 또는 의사표시의 착오나 사기·강박으로 행하여진 경우 일단 유효하게 성립한 법률행위의 효력을 후에 취소권자가 행위시에 소급하여 그 법률행위를 소멸시킬 수 있는데, 이를 취소라 한다. 제한능력자의 법률행위(민법 제5조제2항, 제10조, 제13조)의 취소는 제3자에게 대항할 수 있으나, 착오에 의한 의사표시와 사기 또는 강박에 의한 의사표시의 취소는 선의의 제3자에게 대항하지 못한다. 다만, 제한능력자의 법률행위 취소는 동산에 대하여 선의취득의 요건을 충족한 그 취득자들에게 대항하지 못하나, 부동산의 경우는 등기에 공신력이 인정되지 아니하므로 취득자의 선·악의에 관계없이 언제든지 취소의 대상이 된다.

법률행위의 취소와 구별해야 하는 것으로 법률의 규정에 따른 취소가

립 과정에 존재하였던 취소의 원인이 종료된 후, 즉 강박 상태에서 벗어난 후라고 보아야 한다(대판 1997.12.12. [95다38240]).

259) 취득시효 완성 후 경료된 무효인 제3자 명의의 등기에 대하여 시효완성 당시의 소유자가 무효행위를 추인하여도 그 제3자 명의의 등기는 그 소유자의 불법행위에 제3자가 적극 가담하여 경료된 것으로서 사회질서에 반하여 무효이다(대판 2002.3.15. [2001다77352,77369]).

260) 대판 1994.6.24. [94다10900]

있다. 법률의 규정에 따른 취소에는 성년후견과 한정후견의 심판(민법 제11조, 제14조), 실종선고의 취소(민법 제29조), 법인설립허가의 취소(민법 제38조), 영업허락의 취소(민법 제8조제2항), 사해행위의 취소(민법 제406조), 혼인의 취소(민법 제816조 내지 제823조), 이혼의 취소(민법 제838조), 친생자 승인의 취소(민법 제854조), 입양의 취소(민법 제978조), 인지취소(민법 제861조), 부양관계의 취소(민법 제978조), 부담부유언의 취소(민법 제1111조) 등이 있다. 이들 취소는 법률행위가 취소되더라도 장래에 대하여만 효력이 없는 경우가 있는 등 일반적인 법률행위의 취소와 달리 법률행위의 성질이나 효력에 있어서 차이가 있다.

2. 취소권

(1) 취소권자

취소할 수 있는 법률행위는 제한능력자, 착오로 인하거나 사기·강박에 의하여 의사표시를 한 자, 그의 대리인 또는 승계인만이 취소할 수 있다(민법 제140조).

> 제140조(법률행위의 취소권자) 취소할 수 있는 법률행위는 제한능력자, 착오로 인하거나 사기·강박에 의하여 의사표시를 한 자, 그의 대리인 또는 승계인만이 취소할 수 있다.

(2) 취소의 상대방

취소할 수 있는 법률행위의 상대방이 확정된 경우 그 취소는 상대방에 대한 의사표시로 하여야 한다(민법 제142조).

第142條 (取消의 相對方) 取消할 수 있는 法律行爲의 相對方이 確定한 境遇에는 그 取消는 그 相對方에 對한 意思表示로 하여야 한다.

(3) 취소의 효과

취소된 법률행위는 처음부터 무효인 것으로 본다(민법 제141조 전단). 즉 계약이 취소되면 처음부터 무효였던 것으로 된다. 따라서 계약에 의한 급부와 반대급부는 동시에 반환하여야 하는 채권적 청구권이 발생하며, 계약당사자의 점유로 인한 이익이나 과실을 취득한 경우에는 반환하여야 하며 그 반환의 성질은 부당이득의 반환청구에 해당된다.

그렇지만 제한능력자는 그 행위로 인하여 받은 이익이 현존하는 한도에서 상환(償還)할 책임이 있다(민법 제141조 후단). 즉 제한능력자를 이유로 법률행위를 취소한 때에는 부당이득의 법리에 따라 처리되나, 제한능력자는 받은 이익이 현존하는 이득의 한도에서만 반환할 책임이 있다. 이 경우 현존이익에 대한 입증책임은 상대방에게 있다. 판례는 무능력자의 책임을 제한하는 민법 제141조 단서는 부당이득에 있어 수익자의 반환범위를 정한 민법 제748조의 특칙으로서 무능력자의 보호를 위해 그 선의·악의를 묻지 아니하고 반환범위를 현존 이익에 한정시키려는 데 그 취지가 있으므로, 의사능력의 흠결을 이유로 법률행위가 무효가 되는 경우에도 유추적용되어야 한다고 보았다.[261]

제141조(취소의 효과) 취소된 법률행위는 처음부터 무효인 것으로 본다. 다만, 제한능력자는 그 행위로 인하여 받은 이익이 현존하는 한도에서 상환(償還)할 책임이 있다.

---

261) 무능력자의 책임을 제한하는 민법 제141조 단서는 부당이득에 있어 수익자의 반환범위를 정한 민법 제748조의 특칙으로서 무능력자의 보호를 위해 그 선의·악의를 묻지 아니하고 반환범위를 현존 이익에 한정시키려는 데 그 취지가 있으므로, 의

3. 취소할 수 있는 행위의 추인

(1) 추인의 요건

추인은 취소의 원인이 소멸된 후에 하여야만 효력이 있다(민법 제144조 제1항). 즉 제한능력자는 능력자가 된 후에, 착오나 사기·강박에 의한 의사표시를 한 자는 착오나 사기·강박의 상태를 벗어난 후에 추인하여야 한다.

그러나 법정대리인 또는 후견인은 언제든지 추인할 수 있다(같은 조 제2항).

제144조(추인의 요건) ① 추인은 취소의 원인이 소멸된 후에 하여야만 효력이 있다.
② 제1항은 법정대리인 또는 후견인이 추인하는 경우에는 적용하지 아니한다.

(2) 추인의 방법과 효과

추인할 수 있는 법률행위의 상대방이 확정된 경우에는 그 추인은 상대방에 대한 의사표시로 하여야 하고, 취소할 수 있는 법률행위는 제한능력자, 하자있는 의사표시를 한 자, 그 대리인 또는 승계인이 추인할 수 있고 추인 후에는 취소하지 못한다(민법 제143조).

第143條 (追認의 方法, 效果) ① 取消할 수 있는 法律行爲는 第140條에 規定한 者가 追認할 수 있고 追認후에는 取消하지 못한다.
② 前條의 規定은 前項의 境遇에 準用한다.

사능력의 흠결을 이유로 법률행위가 무효가 되는 경우에도 유추적용되어야 할 것이나, 법률상 원인 없이 타인의 재산 또는 노무로 인하여 이익을 얻고 그로 인하여 타인에게 손해를 가한 경우에 그 취득한 것이 금전상의 이득인 때에는 그 금전은 이를 취득한 자가 소비하였는가의 여부를 불문하고 현존하는 것으로 추정되므로, 위 이익이 현존하지 아니함은 이를 주장하는 자, 즉 의사무능력자 측에 입증책임이 있다(대판 2009.1.15. [2008다58367])

4. 취소할 수 있는 행위의 법정추인

취소할 수 있는 법률행위에 관하여 추인할 수 있는 요건이 충족된 후에 이의를 보유하지 아니하고 ① 전부나 일부의 이행, ② 이행의 청구, ③ 경개, ④ 담보의 제공, ⑤ 취소할 수 있는 행위로 취득한 권리의 전부나 일부의 양도, ⑥ 강제집행의 사유가 있으면 추인한 것으로 본다(민법 제145조).

> 第145條 (法定追認) 取消할 수 있는 法律行爲에 關하여 前條의 規定에 依하여 追認할 수 있는 後에 다음 各號의 事由가 있으면 追認한 것으로 본다. 그러나 異議를 保留한 때에는 그러하지 아니하다.
>
> 1. 全部나 一部의 履行
> 2. 履行의 請求
> 3. 更改
> 4. 擔保의 提供
> 5. 取消할 수 있는 行爲로 取得한 權利의 全部나 一部의 讓渡
> 6. 强制執行

5. 취소권의 소멸

취소권은 추인할 수 있는 날로부터 3년 내에, 법률행위를 한 날로부터 10년 내에 행사하여야 한다(민법 제146조). 여기서 '추인할 수 있는 날'이란 취소의 원인이 종료되어 취소권행사에 관한 장애가 없어져서 취소권자가 취소의 대상인 법률행위를 추인할 수도 있고 취소할 수도 있는 상태가 된 때를 가리킨다.[262] 이 경우 취소권은 형성권의 일종으로서 그 행사기간을 제척기

262) 민법 제146조 전단은 "취소권은 추인할 수 있는 날로부터 3년 내에 행사하여야 한다."고 규정하는 한편, 민법 제144조 제1항에서는 "추인은 취소의 원인이 종료한 후에 하지 아니하면 효력이 없다."고 규정하고 있는바, 위 각 규정의 취지와 추인은 취소권의 포기를 내용으로 하는 의사표시인 점에 비추어 보면, 민법 제146조 전단에서 취소권의 제척기간의 기산점으로 삼고 있는「추인할 수 있는 날」이란 취소의 원인이 종료되어 취소권행사에 관한 장애가 없어져서 취소권자가 취소의

간으로 보아야 하고, 권리행사의 방법은 소를 제기하는 것에 한정하는 것이 아니라 재판외에서 의사표시를 하는 방법으로도 가능하다고 보았다.263)

第146條 (取消권의 消滅) 取消權은 追認할 수 있는 날로부터 3年內에 法律行爲를 한 날로부터 10年內에 行使하여야 한다.

제5절 조건과 기한

Ⅰ. 조건

1. 조건부 법률행위

(1) 조건의 의의

조건(條件)은 법률행위 효력의 발생 또는 소멸을 장래의 불확정한 사실의 성부에 의존케하는 법률행위의 부관이고, 조건이 외부에 표시되지 않으면 법률행위의 동기에 불과하다.264) 조건은 법률행위효력의 발생을 장래의

대상인 법률행위를 추인할 수도 있고 취소할 수도 있는 상태가 된 때를 가리킨다고 보아야 한다(대판 1998.11.27. [98다7421]).

263) 미성년자 또는 친족회가 민법 제950조제2항에 따라 제1항의 규정에 위반한 법률행위를 취소할 수 있는 권리는 형성권으로서 민법 제146조에 규정된 취소권의 존속기간은 제척기간이라고 보아야 할 것이지만, 그 제척기간 내에 소를 제기하는 방법으로 권리를 재판상 행사하여야만 되는 것은 아니고, 재판 외에서 의사표시를 하는 방법으로도 권리를 행사할 수 있다(대판 1993.7.27. [92다52795]).

264) 조건은 법률행위의 효력의 발생 또는 소멸을 장래의 불확실한 사실의 성부에 의존케 하는 법률행위의 부관으로서 당해 법률행위를 구성하는 의사표시의 일체적인 내용을 이루는 것이므로, 의사표시의 일반원칙에 따라 조건을 붙이고자 하는 의사 즉 조건의사와 그 표시가 필요하며, 조건의사가 있더라도 그것이 외부에 표시되지 않으면 법률행위의 동기에 불과할 뿐이고 그것만으로는 법률행위의 부관으로서의

불확실한 사실에 의존케 하는 조건인 정지조건[265]과 법률행위 효력의 소멸을 이에 의존케하는 조건인 해제조건[266]으로 나눌 수 있다.

(2) 조건부 법률행위의 효력

(가) 조건의 성취 전의 효력

(a) 조건부권리의 침해금지

조건있는 법률행위의 당사자는 조건의 성취가 미정한 동안에 조건의 성취로 인하여 생길 상대방의 이익을 해하지 못한다(민법 제148조).

第148條 (條件附權利의 侵害禁止) 條件있는 法律行爲의 當事者는 條件의 成否가 未定한 동안에 條件의 成就로 因하여 생길 相對方의 利益을 해하지 못한다.

(b) 조건부권리의 처분 등

조건의 성취가 미정한 권리의무는 처분, 상속, 보존 또는 담보로 할 수 있다(민법 제149조).

第149條 (條件附權利의 處分등) 條件의 成就가 未定한 權利義務는 一般規定에 依하여 處分, 相續, 保存 또는 擔保로 할 수 있다.

조건이 되는 것은 아니다(대판 2003.5.13. [2003다10797]).

265) 매매당사자들이 유치원부지에 대하여 유치원을 다른 곳으로 이전하거나 폐원함으로써 매매목적 토지상에 유치원이 존재하지 아니할 것을 조건으로 매매계약을 체결한 경우 그 유치원의 이전이나 폐원이 불가능하지 않다면 위의 규정들에 불구하고 그 매매계약은 유효하게 된다(대판 2002.9.27. [2002다29152]).

266) 주택건설을 위한 원·피고간의 토지매매계약에 앞서 양자간의 협의에 의하여 건축허가를 필할 때 매매계약이 성립하고 건축허가 신청이 불허되었을 때에는 이를 무효로 한다는 약정 아래 이루어진 본건 계약은 해제조건부계약이다(대판 1983.8.23. [83다카552]).

(나) 조건성취 후의 효력

정지조건 있는 법률행위는 조건이 성취한 때로부터 그 효력이 생긴다(민법 제147조제1항). 예컨대, 甲은 乙이 대학에 입학하면 매달 50만원의 생활비를 乙에게 주기로 하는 계약을 체결한 경우 이는 정지조건이고, 乙의 대학입학으로 계약의 효력이 발생한다.

해제조건 있는 법률행위는 조건이 성취한 때부터 그 효력을 잃는다(민법 제147조제2항). 예컨대, 甲은 乙에게 丙과의 혼인생활을 계속하면 매달 50만원의 생활비를 주기로 약정한 경우 이는 해제조건이고, 乙과 丙의 이혼으로 계약은 소멸한다.

당사자가 조건성취의 효력을 그 성취 전에 소급하게 할 의사를 표시한 때에는 그 의사에 따른다(같은 조 제3항). 예컨대, 甲은 乙에게 대학에 입학하는 것을 조건으로 매달 50만원의 생활비를 주기로 하는 증여계약을 체결하면서 그 생활비의 지급시기를 계약체결시(2012년 1월 1일)까지 소급하기로 한 경우 乙이 2014년 3월 1일 대학에 입학하면 2012년 1월 1일까지 소급하여 생활비를 청구할 수 있다.

第147條 (條件成就의 效果) ① 停止條件있는 法律行爲는 條件이 成就한 때로부터 그 效力이 생긴다.
② 解除條件 있는 法律行爲는 條件이 成就한 때로부터 그 效力을 잃는다.
③ 當事者가 條件成就의 效力을 그 成就前에 遡及하게 할 意思를 表示한 때에는 그 意思에 依한다.

2. 조건의 사회적 타당성

(1) 불법조건과 기성조건

(가) 불법조건(不法條件)

조건이 선량한 풍속 기타 사회질서에 위반한 것인 때에는 그 법률행위는 무효로 한다(민법 제151조제1항). 즉 조건이 있는 법률행위의 경우 그 조건이 무효이면 법률행위 자체도 무효가 된다. 예컨대, 甲은 乙에게 丙을 살해하는 것을 조건으로 1,000만원을 주기로 약정한 경우 불법조건에 해당하는 '살인' 뿐만 아니라 甲과 乙사이의 증여계약까지 무효가 된다. 이 경우 조건이 사회질서에 반하느냐 않느냐는 사회관념에 따르고 조건 자체가 판단기준이 된다.

불법조건은 조건을 붙임으로써 법률행위가 무효가 되는 친족법상 행위, 즉 혼인 · 인지 · 이혼 · 입양 · 파양 등과는 구별되고 이들 친족법상 행위에 조건을 붙이면 어느 경우이든 간에 법률행위 전부가 무효화된다. 예외적으로 어음법 제12조제1항과 수표법 제15조제1항에 따라 어음 또는 수표의 배서에는 조건을 붙일 수 없고 배서에 붙은 조건은 적지 아니한 것으로 본다.

第151條 (不法條件, 旣成條件) ① 條件이 善良한 風俗 其他 社會秩序에 違反한 것인 때에는 그 法律行爲는 無效로 한다.

(나) 기성조건(旣成條件)

조건이 법률행위 당시 이미 성취한 것인 경우에는 그 조건이 정지조건이면 조건 없는 법률행위로 하고, 해제조건이면 그 법률행위는 무효로 한다(민법 제151조제2항). 예컨대, 甲은 乙에게 대학에 다닐 것을 조건으로 생활비를 지급하기로 한 경우 이미 대학에 다니고 있는 때에는 조건 없는 법률행위로 효력이 생긴다. 그렇지만 계약체결시 이미 乙이 중퇴하였다면, 그 계약은 효력이 없다.

조건이 법률행위의 당시에 이미 성취할 수 없는 것인 경우에는 그 조건이 해제조건이면 조건 없는 법률행위로 하고, 정지조건이면 그 법률행위는 무효로 한다(민법 제151조제3항). 예컨대, 甲은 자신 소유의 주택을 乙과 丙이 무상으로 사용하되, 丙이 사망하면 반환하기로 약정한 경우에 계약체결시 이미 丙이 사망하였다면, 이 계약은 유효하다. 그렇지만 이 경우 乙이 丙을 부양할 것을 추가적인 조건으로 하였다면, 계약체결시 이미 丙이 사망하였으므로 이 계약은 효력이 없다.

第151條 (不法條件, 旣成條件) ② 條件이 法律行爲의 當時 이미 成就한 것인 境遇에는 그 條件이 停止條件이면 條件없는 法律行爲로 하고 解除條件이면 그 法律行爲는 無效로 한다.

③ 條件이 法律行爲의 當時에 이미 成就할 수 없는 것인 境遇에는 그 條件이 解除條件이면 條件없는 法律行爲로 하고 停止條件이면 그 法律行爲는 無效로 한다.

(2) 조건성취와 불성취에 대한 반신의행위

조건의 성취로 인하여 불이익을 받을 당사자가 신의성실에 반하여 조건의 성취를 방해한 때에는 상대방은 그 조건을 성취한 것으로 주장할 수 있다(민법 제150조제1항). 마찬가지로 조건의 불성취로 의무를 면하게 될 자가 신의성실에 반하여 조건의 성취를 위하여 자기가 이행하여야 할 의무를 불이행한 경우에도 상대방은 조건의 성취를 주장할 수 있다.[267)]

조건의 성취로 인하여 이익을 받을 당사자가 신의성실에 반하여 조건을 성취시킨 때에는 상대방은 그 조건을 성취하지 아니한 것으로 주장할 수 있다(같은 조 제2항).

---

267) 대판 1990.11.13. [88다카29290]

第150條 (條件成就, 不成就에 對한 反信義行爲) ① **條件**의 **成就**로 **因**하여 **不利益**을 받을 **當事者**가 **信義成實**에 **反**하여 **條件**의 **成就**를 **妨害**한 때에는 **相對方**은 그 **條件**이 **成就**한 것으로 **主張**할 수 있다.

② **條件**의 **成就**로 **因**하여 **利益**을 받을 **當事者**가 **信義成實**에 **反**하여 **條件**을 **成就**시킨 때에는 **相對方**은 그 **條件**이 **成就**하지 아니한 것으로 **主張**할 수 있다.

Ⅱ. 기한

1. 기한부 법률행위

(1) 기한의 의의

기한(期限)이란 당사자가 법률행위와 동시에 또는 그 후에 법률행위의 효력의 발생 또는 소멸을 장래 발생함이 확실한 사실에 의존케 하는 것을 말한다. 그러므로 불확정한 것은 기한이 아니라 조건이다. 예컨대, 상속인 乙과 매수인 丙은 피상속인 甲이 사망하면 乙이 상속하는 재산 중에서 건물을 丙에게 매매하기로 약정한 경우 이 계약은 기한부 법률행위에 해당된다. 한편, 부관이 붙은 법률행위에 있어서 부관에 표시된 사실이 발생하지 아니하면 채무를 이행하지 아니하여도 된다고 보는 것이 상당한 경우에는 조건으로 보아야 하고, 표시된 사실이 발생한 때에는 물론이고 반대로 발생하지 아니하는 것이 확정된 때에도 그 채무를 이행하여야 한다고 보는 것이 상당한 경우에는 표시된 사실의 발생 여부가 확정되는 것을 불확정기한으로 정한 것으로 보아야 한다. 따라서 이미 부담하고 있는 채무의 변제에 관하여 일정한 사실이 부관으로 붙여진 경우에는 특별한 사정이 없는 한 그것은 변제기를 유예한 것으로서 그 사실이 발생한 때 또는 발생하지 아니하는 것으로 확정된 때에 기한이 도래한다.[268]

기한에는 법률행위의 효력을 발생하게 하는 시기(時期)와 그 효력을 소멸시키는 종기(終期)로 나누어지며, 조건에 있어서의 정지조건과 해제조건에 상응한다. 그렇지만 조건과는 달리 기한 자체는 불법이 있을 수 없지만 법률행위에 기한을 붙이는 것이 사회질서에 반하는 경우(친족법상의 행위)에는 효력이 없다. 어음행위와 수표행위는 기한을 붙일 수 있다.

(2) 기한부법률행위의 효력

(가) 기한도래전(期限到來前)의 효력

기한있는 법률행위의 당사자는 기한의 성부가 미정한 동안에 기한의 도래로 인하여 생길 상대방의 이익을 침해하지 못하고 기한의 성취가 미정한 권리의무는 처분, 상속, 보존 또는 담보로 할 수 있다(민법 제154조).

第154條 (期限附權利와 準用規定) 第148條와 第149條의 規定은 期限있는 法律行爲에 準用한다.

(나) 기한도래후(期限到來後)의 효력

시기있는 법률행위는 기한이 도래한 때부터 그 효력이 생긴다(민법 제152조제1항). 예컨대, 상속인 乙과 제3자 丙은 피상속인 甲이 사망하면 乙이 상속하는 재산 중 건물을 丙에게 증여하기로 약정한 경우 甲의 사망으로 증여계약의 효력이 발생한다.

268) 정리회사 동아건설 주식회사의 관리인 김○○이 원고에 대하여 2000. 12. 4.부터 2000. 12. 8.까지 희망퇴직신청을 하는 경우에는 회사정리계획 인가결정일로부터 1개월 이내에 평균임금 3개월분의 퇴직위로금을 지급하겠다는 의사표시는 회사정리계획인가를 조건으로 정한 것이 아니라 불확정한 사실의 도래를 변제기로 정한 것이고, 따라서 회사정리절차가 폐지되어 정리계획인가를 받을 수 없는 것으로 확정되었으므로 그 때에 기한이 도래하였다(대판 2003.8.19. [2003다24215]).

종기있는 법률행위는 기한이 도래한 때로부터 그 효력을 잃는다(같은 조 제2항). 예컨대, 甲은 乙에게 매월 100만원씩을 주기로 하는 종신정기금계약을 체결한 경우 乙의 사망으로 그 법률행위는 효력을 상실한다.

第152條 (期限到來의 效果) ① **時期**있는 **法律行爲**는 **期限**이 **到來**한 때로부터 그 **效力**이 생긴다.
② **終期**있는 **法律行爲**는 **期限**이 **到來**한 때로부터 그 **效力**을 잃는다.

2. 기한의 이익과 그 포기

기한은 채무자의 이익을 위한 것으로 추정한다(민법 제153조제1항). 기한의 이익은 이를 포기할 수 있으나 상대방의 이익을 해하지 못한다(같은 조 제2항).

기한이익 상실의 특약은 그 내용에 의하여 일정한 사유가 발생하면 채권자의 청구 등을 요함이 없이 당연히 기한의 이익이 상실되어 이행기가 도래하는 것으로 하는 정지조건부 기한이익 상실의 특약과 일정한 사유가 발생한 후 채권자의 통지나 청구 등 채권자의 의사행위를 기다려 비로소 이행기가 도래하는 것으로 하는 형성권적 기한이익 상실의 특약의 두 가지로 구분할 수 있다. 기한이익 상실의 특약이 어느 것에 해당하느냐는 당사자의 의사해석의 문제이지만 일반적으로 기한이익 상실의 특약이 채권자를 위하여 둔 것인 점에 비추어 명백히 정지조건부 기한이익 상실의 특약이라고 볼 만한 특별한 사정이 없는 이상 형성권적 기한이익 상실의 특약으로 추정한다. 따라서 기한이익 상실의 특약이 있는 할부채무에 있어서는 1회의 불이행이 있더라도 각 할부금에 대해 그 각 변제기의 도래시마다 그 때부터 순차로 소멸시효가 진행하고 채권자가 특히 잔존 채무 전액의 변제를 구하는 취지의 의사를 표시한 경우에 한하여 전액에 대하여 그 때부터 소멸시효가 진행한다.[269] 반면에 정지조건부 기한이익상실의 특약을 한 경우에는 그 특약에 정한 기한이익의 상실사유가 발생함과 동시에 기한의 이익을 상실케 하는 채권자의 의사표시가 없더라도 이행기도래의 효과가 발생하고, 채무자는 특별한 사정이 없는 한 그때부터 이행지체의 상태에 놓이게 된다.[270]

第153條 (期限의 利益과 그 拋棄) ① **期限**은 **債務者**의 **利益**을 **爲**한 것으로 **推定**한다.
② **期限**의 **利益**은 이를 **拋棄**할 수 있다. 그러나 **相對方**의 **利益**을 **害**하지 못한다.

269) 대판 2002.9.4. [2002다28340]
270) 대판 1989.9.29. [88다카14663]

제7장 기간

Ⅰ. 기간의 의의와 적용 범위

1. 의의

기간이란 어느 시점에서 어느 시점까지의 계속된 시간을 말한다.

2. 적용 범위

기간의 계산은 법령·재판상의 처분 또는 법률행위에 다른 정한 바가 없으면 민법 제6장의 기간에 관한 규정에 따른다(민법 제155조).

第155條 (本章의 適用範圍) 期間의 計算은 法令, 裁判上의 處分 또는 法律行爲에 다른 정한 바가 없으면 本章의 規定에 依한다.

Ⅱ. 기간의 계산방법

법률행위의 당사자가 기간을 정하는 방법에는 크게 두 가지로 나눌 수 있다. 즉 '자연적 계산을 기준으로 정하는 방법'과 '달력(曆)을 기준으로 정하는 방법'이 있다.

1. 자연적 계산

(1) 기간의 기산점

기간의 기산점은 두 가지로 나눌 수 있다. 먼저, 기간을 시, 분, 초로 정한 때에는 즉시로부터 기산한다(민법 제156조). 다음으로, 기간을 일, 주, 월 또는 년으로 정한 때에는 그 기간이 오전 영시로부터 시작하는 때를 제외하고 기간의 초일은 산입하지 아니한다(민법 제157조). 그렇지만 민법 제157조의 초일 불산입을 원칙은 민법 제155조에 따라 법령이나 법률행위로 달리 정할 수 있으며,[271] 연령계산의 경우에는 출생일을 산입한다(민법 제158조).

第156條 (期間의 起算點) 期間을 時, 分, 秒로 定한 때에는 卽時로부터 起算한다.

第157條 (期間의 起算點) 期間을 日, 週, 月 또는 年으로 定한 때에는 期間의 初日은 算入하지 아니한다. 그러나 그 期間이 午前 零時로부터 始作하는 때에는 그러하지 아니하다.

第158條 (年齡의 起算點) 年齡計算에는 出生日을 算入한다.

(2) 기간의 만료점

기간을 일, 주, 월 또는 년으로 정한 때에는 기간 말일의 종료로 기간이 만료한다(민법 제159조). 예컨대, 2월말에 이행하기로 한 경우 2월 28일까지 이행하면 된다.

---

271) 민법 제157조는 “기간을 일, 주, 월 또는 년으로 정한 때에는 기간의 초일은 산입하지 아니한다”고 규정하여 초일 불산입을 원칙으로 정하고 있으나, 민법 제155조에 의하면 법령이나 법률행위 등에 의하여 위 원칙과 달리 정하는 것도 가능하다(대판 2007.8.23. [2006다62942]).

第159條 (期間의 滿了點) 期間을 日, 週, 月 또는 年으로 定한 때에는 期間末日의 終了로 期間이 滿了한다.

2. 역(曆)에 의한 계산

기간을 주, 월 또는 년으로 정한 때에는 양력을 기준으로 계산한다(민법 제160조제1항). 예컨대, 다음 달 말에 종료한다고 한 경우 계약체결 당시가 1월 15일이라면 2월 28일에 종료한다.

주, 월 또는 년의 처음으로부터 기간을 기산하지 아니한 때에는 최후의 주, 월 또는 년에서 그 기산일에 해당한 날의 전일로 기간이 만료한다(같은 조 제2항). 예컨대, 다음 달의 중순부터 다음 다음 달의 중순까지라고 한 경우 계약체결 당시가 1월 15일이면, 2월 15일부터 3월 14일까지를 의미한다.

월 또는 년으로 정한 경우에 최후의 월에 해당일이 없는 때에는 그 월의 말일로 기간이 만료한다(같은 조 제3항). 예컨대, 다음 달 30일에 만료한다고 한 경우에 2월은 30일이 없으므로 2월 28일에 만료한다.

第160條 (曆에 依한 計算) ① 期間을 週, 月 또는 年으로 定한 때에는 曆에 의하여 計算한다.

② 週, 月 또는 年의 처음으로부터 期間을 起算하지 아니하는 때에는 最後의 週, 月 또는 年에서 그 起算日에 該當한 날의 前日로 期間이 滿了한다.

③ 月 또는 年으로 定한 境遇에 最終의 月에 該當日이 없는 때에는 그 月의 末日로 期間이 滿了한다.

3. 공휴일 등과 기간의 계산

기간의 말일이 토요일 또는 공휴일에 해당한 때에 기간은 그 다음 날로

만료한다(민법 제161조). 즉 자연적 계산 또는 역에 의한 계산과 관계없이 기간말일이 토요일 또는 공휴일이면 그 다음날 만료한다.

第161條 (공휴일 등과 **期間**의 **滿了點**) **期間**의 **末日**이 토요일 또는 공휴일에 **該當**한 때에는 **期間**은 그 **翌日**로 **滿了**한다.

제8장 소멸시효

Ⅰ. 소멸시효의 의의

시효제도란 일정한 기간 사실상태가 계속됨으로써 법률상 일정한 효과, 즉 권리의 취득 또는 권리의 소멸을 일어나게 하는 것을 말한다. 전자의 경우는 취득시효(取得時效)이고, 후자의 경우는 소멸시효(消滅時效)이다. 취득시효는 어떤 사람이 마치 그가 권리자인 것과 같이 권리를 행사하고 있는 사실상태가 일정한 기간 동안 계속된 경우에 권리행사라는 외관의 사실 상태를 근거로 하여 그 사람이 과연 진실한 권리자이냐 아니냐를 묻지 않고서 처음부터 그 자가 권리자이었던 것으로 인정해 버리는 제도이다. 이에 반하여 소멸시효는 권리자가 그의 권리를 행사할 수 있음에도 불구하고 일정한 기간 동안 그 권리를 행사하지 않는 상태, 즉 권리불행사의 상태가 계속된 경우에 그 자의 권리를 소멸시켜 버리는 제도이다. 민법은 편별상으로 취득시효를 물권편에서 규정하고 소멸시효는 총칙편에서 규정하고 있다(민법에서 소멸시효는 '시효로 소멸한다'는 문구로 표시한다). 소멸시효제도의 존재이유는 영속된 사실상태를 존중하고 권리 위에 잠자는 자를 보호하지 않는다는 데에 있다.[272)]

---

272) 시효제도의 존재이유는 영속된 사실상태를 존중하고 권리 위에 잠자는 자를 보호하지 않는다는 데에 있고 특히 소멸시효에 있어서는 후자의 의미가 강하므로, 권리자가 재판상 그 권리를 주장하여 권리 위에 잠자는 것이 아님을 표명한 때에는 시효중단사유가 되는바, 이러한 시효중단사유로서의 재판상의 청구에는 그 권리 자체의 이행청구나 확인청구를 하는 경우만이 아니라, 그 권리가 발생한 기본적 법률관계에 관한 확인청구를 하는 경우에도 그 법률관계의 확인청구가 이로부터 발생한 권리의 실현수단이 될 수 있어 권리 위에 잠자는 것이 아님을 표명한 것으로 볼 수 있을 때에는 그 기본적 법률관계에 관한 확인청구도 이에 포함된다고 보는 것이 타당하다(대판 1992.3.31. [91다32053]).

민법은 권리행사의 기간에 대하여 시효제도와 구별되는 제척기간(除斥期間)이라는 제도를 두고 있는데, 이것은 일정한 권리에 관하여 법률이 예정하는 행사기간 내지는 존속기간이다. 따라서 권리의 존속기간인 제척기간이 만료하게 되면 그 권리는 당연히 실효하게 된다. 제척기간은 그 기간을 지난 후에는 당사자가 책임질 수 없는 사유로 그 기간을 준수하지 못하였더라도 추후에 보완될 수 없다.[273) 제척기간의 존재 이유는 그 권리를 중심으로 하는 법률관계를 신속히 확정하려는 사회적 필요성에 있다.

Ⅱ. 채권 및 재산권의 소멸시효

1. 소멸시효의 기산점

소멸시효는 권리를 행사할 수 있는 때로부터 진행한다(민법 제166조제1항). 즉 소멸시효는 객관적으로 권리가 발생하여 그 권리를 행사할 수 있는 때로부터 진행하고 그 권리를 행사할 수 없는 동안은 진행하지 않는다. 여기서 '권리를 행사할 수 없는' 경우란 그 권리행사에 법률상의 장애사유, 예컨대, 기간의 미도래나 조건불성취 등이 있는 경우를 말하는 것이고 사실상 존재나 권리행사 가능성을 알지 못하였고 알지 못함에 과실이 없다고 하여도 이러한 사유는 법률상 장애사유에 해당하지 않는다.[274)] 판례는 부동산을 등기하지 아니하고 점유하고 있는 경우 등기청구권은 채권적 청구권이라 해석할 것이나 소멸시효의 대상이 되지 아니한다고 보았다.[275)] 또한 판례는

273) 민법 제1019조제3항의 기간은 한정승인신고의 가능성을 언제까지나 남겨둠으로써 당사자 사이에 일어나는 법적 불안상태를 막기 위하여 마련한 제척기간이고, 경과규정인 개정 민법(2002. 1. 14. 법률 제6591호) 부칙 제3항 소정의 기간도 제척기간이라 할 것이며, 한편 제척기간은 불변기간이 아니어서 그 기간을 지난 후에는 당사자가 책임질 수 없는 사유로 그 기간을 준수하지 못하였더라도 추후에 보완될 수 없다(대판 2003.8.11. 자 [2003스32]).

274) 대판 1992.3.31. [91다32053]

275) 시효제도의 존재이유에 비추어 보아 부동산 매수인이 그 목적물을 인도받아서 이를

부동산의 매수인이 그 부동산을 인도받은 이상 이를 사용·수익하다가 그 부동산에 대한 보다 적극적인 권리 행사의 일환으로 다른 사람에게 그 부동산을 처분하고 그 점유를 승계하여 준 경우에도 이전등기청구권의 소멸시효는 진행되지 않는다고 보았다.[276] 다만, 이 경우 매수인이 그 목적물의 점유를 상실하여 더 이상 사용·수익하고 있는 상태가 아니라면 그 점유상실 시점으로부터 매수인의 이전등기청구권에 관한 소멸시효는 진행한다고 보았다.[277] 마찬가지로 판례는 담보가등기를 경료한 토지를 인도받아 점유하는 경우 담보가등기의 피담보채권의 소멸시효는 중단되지 아니한다. 따라서 담보가등기의 피담보채권이 시효로 소멸하면 대상 토지의 소유권이전등기 청구권의 소멸시효 중단 여부와 관계없이 담보가등기와 그에 기한 소유권 이전등기가 말소되어야 한다고 보았다.[278] 명의신탁 해지로 인한 등기청구권의 경우에도 소유권에 기한 청구권과 신탁관계의 해지를 이유로 한 반환

사용수익하고 있는 경우에는 그 매수인을 권리 위에 잠자는 것으로 볼 수도 없고 또 매도인 명의로 등기가 남아 있는 상태와 매수인이 인도받아 이를 사용수익하고 있는 상태를 비교하면 매도인 명의로 잔존하고 있는 등기를 보호하기 보다는 매수인의 사용수익상태를 더욱 보호하여야 할 것이므로 그 매수인의 등기청구권은 다른 채권과는 달리 소멸시효에 걸리지 않는다고 해석함이 타당하다(대판 1976.11.6. [76다148]).

276) 부동산의 매수인이 그 부동산을 인도받은 이상 이를 사용·수익하다가 그 부동산에 대한 보다 적극적인 권리 행사의 일환으로 다른 사람에게 그 부동산을 처분하고 그 점유를 승계하여 준 경우에도 그 이전등기청구권의 행사 여부에 관하여 그가 그 부동산을 스스로 계속 사용·수익만 하고 있는 경우와 특별히 다를 바 없으므로 위 두 어느 경우에나 이전등기청구권의 소멸시효는 진행되지 않는다고 보아야 한다(대판(전합) 1999.3.18 [98다32175]).

277) 부동산의 매수인이 매매목적물을 인도받아 사용수익하고 있는 경우에는 그 매수인의 이전등기청구권은 소멸시효에 걸리지 아니하나, 매수인이 그 목적물의 점유를 상실하여 더 이상 사용수익하고 있는 상태가 아니라면 그 점유상실시점으로부터 매수인의 이전등기청구권에 관한 소멸시효는 진행한다(대판 1992.7.24. [91다40924]).

278) 담보가등기를 경료한 토지를 인도받아 점유할 경우 담보가등기의 피담보채권의 소멸시효가 중단되는 것은 아니고, 담보가등기에 기한 소유권이전등기청구권의 소멸시효가 완성되기 전에 그 대상 토지를 인도받아 점유함으로써 소유권이전등기청구권의 소멸시효가 중단된다 하더라도 위 담보가등기의 피담보채권이 시효로 소멸한 이상 위 담보가등기 및 그에 기한 소유권이전등기는 결국 말소되어야 할 운명의 것이다(대판 2007.3.15. [2006다12701]).

청구가 모두 가능한 바, 소유권에 기한 반환청구의 내용인 등기말소청구권은 소멸시효의 대상이 되지 아니한다고 보았다.[279]

한편, 부작위를 목적으로 하는 채권의 소멸시효는 위반행위를 한 때로부터 진행한다(같은 조 제2항).

> **第166條 (消滅時效의 起算點)** ① 消滅時效는 權利를 行使할 수 있는 때로부터 進行한다.
> ② 不作爲를 目的으로 하는 債券의 消滅時效는 違反行爲를 한 때로부터 進行한다.

2. 채권의 소멸시효기간

(1) 일반채권의 소멸시효

일반채권은 10년간 행사하지 아니하면 소멸시효가 완성한다(민법 제162조제1항). 그렇지만 상행위로 인하여 생긴 채권은 5년간 행사하지 아니하면 소멸시효가 완성된다(상법 제64조).

> **第162條 (債權, 財産權의 消滅時效)** ① 債權은 10年間 行使하지 아니하면 消滅時效가 完成한다.

(2) 3년의 단기소멸시효

다음에 해당하는 채권은 3년간 행사하지 아니하면 소멸시효가 완성한다

279) 부동산의 소유자 명의를 신탁한 자는 특별한 사정이 없는 한 언제든지 명의신탁을 해지하고 소유권에 기하여 신탁해지를 원인으로 한 소유권이전등기절차의 이행을 청구할 수 있는 것으로서, 이와 같은 등기청구권은 소멸시효의 대상이 되지 않는다(대판 1991.11.26. [91다34387]).

(민법 제163조).

① 이자·부양료·급료·사용료·기타 1년 이내의 기간으로 정한 금전 또는 물건의 지급을 목적으로 한 채권. 여기서 '1년 이내의 기간으로 정한 금전 또는 물건의 지급을 목적으로 하는 채권'이란 1년 이내의 정기에 지급되는 채권을 의미하는 것이지, 변제기가 1년 이내의 채권을 말하는 것이 아니므로, 이자채권이라고 하더라도 1년 이내의 정기에 지급하기로 한 것이 아닌 이상 3년의 단기소멸시효에 걸리지 아니한다.280)

② 의사, 조산사(助産師), 간호사 및 약사의 치료, 근로 및 조제(調劑)에 관한 채권

③ 도급받은 자, 기사(技師) 기타 공사의 설계 또는 감독에 종사하는 자의 공사에 관한 채권. 여기서 '도급을 받은 자의 공사에 관한 채권'은 공사채권 뿐만 아니라 그 공사에 부수되는 채권도 포함하며 원래 도급은 도급계약의 거래관행상 위임적인 요소를 포함시키는 경우가 많음에 비추어 반드시 민법상의 계약유형의 하나인 도급계약만을 뜻하는 것이 아니고 광범위하게 공사의 완성을 맡은 것으로 볼 수 있다.281)

④ 변호사, 변리사, 공증인, 공인회계사 및 법무사에 대한 직무상 보관한 서류의 반환을 청구하는 채권

⑤ 변호사, 변리사, 공증인, 공인회계사 및 법무사의 직무에 관한 채권

⑥ 생산자 및 상인이 판매한 생산물 및 상품의 대가. 여기서 상인에는

---

280) 대판 1996.9.20. [96다25302]

281) 3년의 단기소멸시효에 관하여 민법 제163조제3호는 "도급을 받은 자의 공사에 관한 채권"이라고 규정하여 도급받은 공사채권 뿐만 아니라 그 공사에 부수되는 채권도 포함하고 있고 원래 도급은 도급계약의 거래관행상 위임적인 요소를 포함시키는 경우가 많음에 비추어 반드시 민법상의 계약유형의 하나인 도급계약만을 뜻하는 것이 아니고 광범위하게 공사의 완성을 맡은 것으로 볼 수 있는 경우까지도 포함되는 것이라고 할 것이므로 계약중에 택지조성공사이외에 부수적으로 토지형질변경허가신청과 준공허가 및 환지예정지지정신청등의 사무가 포함되어 있다고 하여 위 공사완성후의 계약에 따른 보수청구가 도급받은 자의 공사에 관한 채권이 아니라고 할 수는 없다(대판 1987.6.23. [86다카2549]).

농협협동조합이 포함되지 아니한다.[282)]

⑦ 수공업자 및 제조자의 업무에 관한 채권

第163條 (3年의 短期消滅時效) 다음 各號의 債權은 3年間 行使하지 아니하면 消滅時效가 完成한다.

1. **利子, 扶養料, 給料, 使用料 其他 1年 以內의 期間으로 定한 金錢 또는 物件의 支給을 目的으로 한 債權**
2. **醫師, 助産師, 看護師 및 藥師의 治療, 勤勞 및 調劑에 關한 債權**
3. **都給받은 者, 技師 其他 工事의 設計 또는 監督에 從事하는 者의 工事에 關한 債權**
4. **辯護士, 辨理士, 公證人, 公認會計士 및 法務士에 對한 職務上 保管한 書類의 返還을 請求하는 債權**
5. **辯護士, 辨理士, 公證人, 公認會計士 및 法務士의 職務에 關한 債權**
6. **生産者 및 商人이 販賣한 生産物 및 商品의 代價**
7. **手工業者 및 製造者의 業務에 關한 債權**

(3) 1년의 단기소멸시효

① 여관·음식점·대석(貸席)·오락장(娛樂場)의 숙박료·음식료·대석료·입장료, 소비물의 대가 및 배당금의 채권, ② 의복·침구(寢具)·장구(葬具) 기타 동산의 사용료의 채권, ③ 노역인(勞役人), 예술인의 임금 및 그에 공급한 물건의 대금채권, ④ 학생 및 수업자의 교육, 의식 및 유숙(留宿)에 관한 교주(校主), 숙주(塾主), 교사의 채권은 1년간 행사하지 아니하면 소멸시효가 완성한다(민법 제164조).

---

282) 농업협동조합법에 의하여 설립된 조합이 영위하는 사업의 목적은 조합원을 위하여 차별 없는 최대의 봉사를 함에 있을 뿐 영리를 목적으로 하는 것이 아니므로, 동 조합이 그 사업의 일환으로 조합원이 생산하는 물자의 판매사업을 한다 하여도 동 조합을 상인이라 할 수는 없고, 따라서 그 물자의 판매대금 채권은 3년의 단기소멸시효가 적용되는 민법 제163조제6호 소정의 '상인이 판매한 상품의 대가'에 해당하지 아니한다(대판 2000.2.11. [99다53292]).

第164條 (1年의 短期消滅時效) 다음 各號의 債權은 1年間 行使하지 아니하면 消滅時效가 完成한다.
1. 旅館, 飮食店, 貸席, 娛樂場의 宿泊料, 飮食料, 貸席料, 入場料, 消費物의 代價 및 替當金의 債權
2. 衣服, 寢具, 葬具 其他 動產의 使用料의 債權
3. 勞役人, 演藝人의 賃金 및 그에 供給한 物件의 代金債權
4. 學生 및 受業者의 敎育, 衣食 및 留宿에 關한 校主, 塾主, 敎師의 債權

(4) 판결 등에 따라 확정된 채권

판결에 따라 확정된 채권은 단기의 소멸시효에 해당한 것이라도 그 소멸시효는 10년으로 한다(민법 제165조제1항). 파산절차에 따라 확정된 채권 및 재판상의 화해, 조정 기타 판결과 동일한 효력이 있는 것에 의하여 확정된 채권도 10년의 소멸시효에 걸린다(같은 조 제2항).

그러나 판결 등으로 확정된 채권이 판결확정 당시에 변제기가 도래하지 아니한 채권인 경우에는 적용되지 아니한다(같은 조 제3항). 마찬가지로 판결 등의 효력은 당사자 사이에서만 미치므로 채권자의 연대보증인에 대한 연대보증채권의 소멸시효기간은 종전의 소멸시효기간에 따른다.[283] 이와 같이 민법 제165조의 규정은 10년보다 장기의 소멸시효를 10년으로 단축한다는 의미도 아니고 소멸시효의 대상이 아닌 권리가 확정판결을 받음으로써 10년의 소멸시효에 걸린다는 뜻도 아니다.[284]

283) 민법 제165조가 판결에 의하여 확정된 채권, 판결과 동일한 효력이 있는 것에 의하여 확정된 채권은 단기의 소멸시효에 해당한 것이라도 그 소멸시효는 10년으로 한다고 규정하는 것은 당해 판결등의 당사자 사이에 한하여 발생하는 효력에 관한 것이고 채권자와 주채무자 사이의 판결등에 의해 채권이 확정되어 그 소멸시효가 10년으로 되었다 할지라도 위 당사자 이외의 채권자와 연대보증인사이에 있어서는 위 확정판결등은 그 시효기간에 대하여는 아무런 영향도 없고 채권자의 연대보증인의 연대보증채권의 소멸시효기간은 여전히 종전의 소멸시효기간에 따른다(대판 1986.11.25. [86다카1569]).

第165條 (判決 等에 依하여 確定된 債權의 消滅時效) ① 判決에 依하여 確定된 債權은 短期의 消滅時效에 該當한 것이라도 그 消滅時效는 10年으로 한다.
② 破産節次에 依하여 確定된 債權 및 裁判上의 和解, 調停 其他 判決과 同一한 效力이 있는 것에 依하여 確定된 債權도 前項과 같다.
③ 前2項의 規定은 判決確定當時에 辨濟期가 到來하지 아니한 債權에 適用하지 아니한다.

3. 소유권이외의 재산권

채권 및 소유권 이외의 재산권은 20년간 행사하지 아니하면 소멸시효가 완성된다(민법 제162조제2항). 즉 소멸시효의 목적이 되는 권리는 재산권에 한하고, 친족법상의 권리와 인격권과 같은 비재산권은 소멸시효의 목적이 되지 아니한다.

第162條 (債權, 財産權의 消滅時效) ② 債權 및 所有權以外의 財産權은 20年間 行使하지 아니하면 消滅時效가 完成한다.

(1) 소유권

소유권은 소멸시효의 대상이 아니라 취득시효의 대상이 된다. 따라서 타인의 시효취득으로 원래 소유자의 소유권은 소멸한다.

(2) 점유권

점유권은 점유물을 점유하고 있는 한 소멸시효의 대상이 되지 않는다.

284) 대판 1981.3.24. [80다1888,1889]

(3) 담보물권

담보물권은 피담보채권이 존속하는 한 소멸시효에 걸리지 않는다. 예컨대, 甲이 1,000만원을 乙에게 대여하면서 乙소유의 토지에 저당권을 설정한 경우 1,000만원의 채권이 소멸하지 아니하는 한 저당권은 소멸시효의 대상이 되지 않는다.

(4) 소유권에 기한 청구권 등

소유권에 기초한 방해제거 및 예방청구권(민법 제214조)과 지상권(민법 제290조)·지역권(민법 제301조) 및 전세권(민법 제319조)에 기한 물권적인 청구권도 소멸시효의 대상에 해당되지 않는다. 다만, 점유방해제거청구권은 1년 내에 행사하여야 한다(민법 제205조).

(5) 상린관계에 관한 권리

이웃 토지와 상린관계(相隣關係)에 기한 각종 권리도 소멸시효의 대상이 되지 않는다.

Ⅲ. 소멸시효의 중단

1. 소멸시효 중단의 의의

원래 시효는 법률이 권리 위에 잠자는 자의 보호를 거부하고 사회생활상 영속되는 사실상태를 존중하여 여기에 일정한 법적 효과를 부여하는 제도이다. 그러므로 시효중단은 어떤 사실상의 상태가 계속 중 그 사실상의 상태와 공존할 수 없는 사정이 발생할 때에 그 사실상의 상태를 존중할 이유를 잃게 되어 이미 진행한 시효기간의 효력을 상실케 하는 것을 말한다.[285]

2. 시효중단의 사유

소멸시효는 ① 청구, ② 압류 또는 가압류·가처분, ③ 승인에 의하여 중단된다(민법 제168조).

第168條 (消滅時效의 中斷事由) 消滅時效는 다음 各號의 事由로 因하여 중단된다.
1. **請求**
2. **押留 또는 假押留, 假處分**
3. **承認**

(1) 청구

청구는 채무의 이행에 대한 단순한 최고와 재판상 청구로 나눌 수 있다.

(가) 최고

단순한 최고는 6월내에 재판상의 청구, 파산절차참가, 화해를 위한 소환, 임의출석, 압류 또는 가압류, 가처분을 하지 아니하면 시효중단의 효력이 없다(민법 제174조). 여기서 '최고'는 채무자에 대하여 채무이행을 구한다는 채권자의 의사통지(준법률행위)로서, 이에는 특별한 형식이 요구되지 아니할 뿐 아니라 행위 당시 당사자가 시효중단의 효과를 발생시킨다는 점을 알거나 의욕하지 않았다 하더라도 이로써 권리 행사의 주장을 하는 취지임이 명백하다면 최고에 해당하는 것으로 보아야 한다. 따라서 채권자가 확정판결에 기한 채권의 실현을 위하여 채무자의 제3채무자에 대한 채권에 관하여 압류 및 추심명령을 받아 그 결정이 제3채무자에게 송달이 되었다면 소멸시효 중단사유인 최고로서의 효력이 인정된다.[286)]

---

285) 대판 1979.7.10. [79다569]
286) 대판 2003.5.13. [2003다16238]

> 條174第 (催告와 時效中斷) 催告는 6月內에 裁判上의 請求, 破産節次參加, 和解를 爲한 召喚, 任意出席, 押留 또는 假押留, 假處分을 하지 아니하면 時效中斷의 效力이 없다.

(나) 재판상 청구 등

(a) 재판상 청구

재판상의 청구는 소송의 각하, 기각 또는 취하의 경우에는 시효중단의 효력이 없다(민법 제170조제1항). 소송의 각하, 기각 또는 취하한 경우에 다시 6월내에 재판상의 청구, 파산절차참가, 압류 또는 가압류, 가처분을 한 경우 시효는 최초의 재산상 청구로 인하여 중단된 것으로 본다(같은 조 제2항). 여기서 시효중단사유로서의 재판상의 청구에는 그 권리 자체의 이행청구나 확인청구를 하는 경우만이 아니라, 그 권리가 발생한 기본적 법률관계에 관한 확인청구를 하는 경우에도 그 법률관계의 확인청구가 이로부터 발생한 권리의 실현수단이 될 수 있어 권리 위에 잠자는 것이 아님을 표명한 것으로 볼 수 있을 때에는 그 기본적 법률관계에 관한 확인청구도 이에 포함된다.[287] 마찬가지로 채무자가 채권자를 상대로 채무부존재확인의 소를 제기한 데 대해 채권자가 응소를 하여 채권이 존재한다고 주장하는 것과 같이 채권자가 응소를 통하여 적극적으로 권리를 주장한 경우에도 시효가 중단된다.[288]

그렇지만 채권자가 동일한 목적을 달성하기 위하여 복수의 채권을 갖고

---

287) 대판(전합) 1992.3.31. [91다32053]

288) 민법 제 168조 제1호, 제170조 제1항에서 시효중단사유의 하나로 규정하고 있는 재판상의 청구라 함은, 통상적으로는 권리자가 원고로서 시효를 주장하는 자를 피고로 하여 소송물인 권리를 소의 형식으로 주장하는 경우를 가리키지만, 이와 반대로 시효를 주장하는 자가 원고가 되어 소를 제기한 데 대하여 피고로서 응소하여 그 소송에서 적극적으로 권리를 주장하고 그것이 받아들여진 경우도 마찬가지로 이에 포함되는 것으로 해석함이 타당하다(대판 1993.12.21. [92다47861]).

있는 경우에 채권자로서는 그 선택에 따라 권리를 행사할 수 있되, 그 중 어느 하나의 청구를 한 것만으로는 다른 채권 그 자체를 행사한 것으로 볼 수는 없으므로, 특별한 사정이 없는 한 다른 채권에 대한 소멸시효 중단의 효력은 없다.[289] 마찬가지로 채권자가 채무자를 상대로 공동불법행위자에 대한 구상금 청구의 소를 제기하였다고 하여 이로써 채권자의 사무관리로 인한 비용상환청구권의 소멸시효가 중단될 수는 없다.[290] 원인채권의 지급을 확보하기 위한 방법으로 어음이 수수된 경우에도 원인채권의 행사가 어음채권의 소멸시효를 중단시키는 효력이 없으나, 어음채권의 행사는 원인채권의 소멸시효를 중단시키는 효력이 있다.[291]

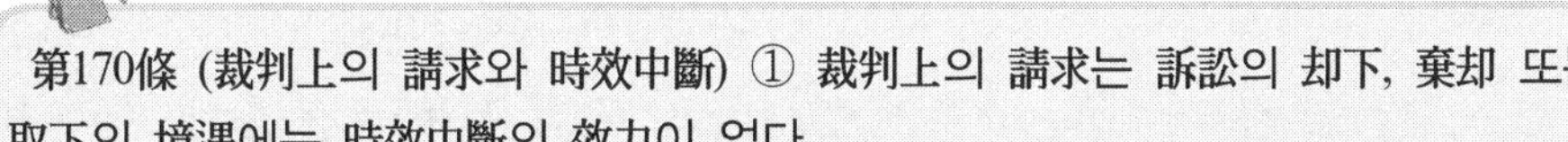

第170條 (裁判上의 請求와 時效中斷) ① 裁判上의 請求는 訴訟의 却下, 棄却 또는 取下의 境遇에는 時效中斷의 效力이 없다.

② 前項의 境遇에 6月內에 裁判上의 請求, 破産節次參加, 押留 또는 假押留, 假處分을 한 때에는 時效는 最初의 裁判上請求로 因하여 中斷된 것으로 본다.

(b) 파산절차참가

파산절차참가는 채권자가 이를 취소하거나 그 청구가 각하된 때에는 시효중단의 효력이 없다(민법 제171조).

---

289) 대판 2002.6.14. [2002다11441]

290) 대판 2001.3.23. [2001다6145]

291) 원인채권의 지급을 확보하기 위한 방법으로 어음이 수수된 경우, 이러한 어음은 경제적으로 동일한 급부를 위하여 원인채권의 지급수단으로 수수된 것으로서 그 어음채권의 행사는 원인채권을 실현하기 위한 것일 뿐만 아니라, 원인채권의 소멸시효는 어음금 청구소송에 있어서 채무자의 인적항변 사유에 해당하는 관계로 채권자가 어음채권의 소멸시효를 중단하여 두어도 채무자의 인적항변에 따라 그 권리를 실현할 수 없게 되는 불합리한 결과가 발생하게 되므로, 채권자가 원인채권에 기하여 청구를 한 것이 아니라 어음채권에 기하여 청구를 하는 반대의 경우에는 원인채권의 소멸시효를 중단시키는 효력이 있다고 봄이 상당하고, 이러한 법리는 채권자가 어음채권을 피보전권리로 하여 채무자의 재산을 가압류함으로써 그 권리를 행사한 경우에도 마찬가지로 적용된다(대판 1999.6.11. [99다16378]).

第171條 (破産節次參加와 時效中斷) 破産節次參加는 債權者가 이를 取消하거나 그 請求가 却下된 때에는 時效中斷의 效力이 없다.

(c) 지급명령

민법은 제172조에서 지급명령에 대하여 채권자가 법정기간 내에 가집행신청을 한 경우 시효중단의 효력이 있다고 규정하고 있는데, 개정된 현행 민사소송법에서 가집행신청이 폐지되어 민법 제172조가 사문화되었다. 즉 민사소송법 제474조에 따르면, 지급명령은 이의신청이 없거나, 이의신청을 취하하거나, 각하결정이 확정된 때에 확정판결과 같은 효력이 있다. 따라서 이 경우 한하여 시효중단의 효력이 발생하고, 민법 제165조제1항에 따라 10년의 소멸시효에 걸린다.

條172第 (支給命令과 時效中斷) 支給命令은 債權者가 法定期間內에 假執行申請을 하지 아니함으로 因하여 그 效力을 잃은 때에는 時效中斷의 效力이 없다.

(d) 화해를 위한 소환 또는 임의출석

화해를 위한 소환은 상대방이 출석하지 아니하거나 화해가 성립되지 아니한 경우 1월 내에 소를 제기하지 아니하면 시효중단의 효력이 없다(민법 제173조 전단). 임의출석의 경우에 화해가 성립되지 아니한 때에도 같다(민법 제173조 후단).

條173第 (和解를 爲한 召喚, 任意出席과 時效中斷) 和解를 爲한 召喚은 相對方이 出席하지 아니 하거나 和解가 成立되지 아니한 때에는 1月內에 訴를 提起하지 아니하면 時效中斷의 效力이 없다. 任意出席의 境遇에 和解가 成立되지 아니한 때에도 그러하다

(2) 압류, 가압류, 가처분

압류, 가압류, 가처분은 권리자의 청구에 따라 또는 법률의 규정에 따르지 아니함으로 인하여 취소된 때에는 시효중단의 효력이 없다(민법 제175조). 가압류에 의한 시효중단의 효력은 가압류의 집행보전의 효력이 존속하는 동안에 계속된다.[292)]

압류, 가압류, 가처분은 시효의 이익을 받은 자에 대하여 하지 아니한 때에는 이를 그에게 통지한 후가 아니면 시효중단의 효력이 없다(민법 제176조). 예컨대, 직접점유자를 상대로 점유이전금지가처분을 한 뜻을 간접점유자에게 통지한 바가 없으면 가처분은 간접점유자에 대하여 시효중단의 효력이 없다.[293)] 다만, 보증채무의 경우 주채무자에 대한 압류 등이 있으면 보증인에게 통지하지 않아도 보증채무는 시효가 중단된다(민법 제440조).[294)] 마찬가지로 압류할 목적물이 없어 압류를 실행하지 못한 경우에도 시효중단의 효력이 발생한다.[295)]

條175第 (押留, 假押留, 假處分과 時效中斷) 押留, 假押留 및 假處分은 權利者의 請求에 依하여 또는 法律의 規定에 따르지 아니함으로 因하여 取消된 때에는 時效中斷의 效力이 없다.

---

292) 대판 2006.7.27. [2006다32781]

293) 민법 제176조에 의하면 가처분은 시효의 이익을 받은 자에 대하여 하지 아니한 때에는 이를 그에게 통지한 후가 아니면 시효중단의 효력이 없다고 되어 있어 직접점유자를 상대로 점유이전금지가처분을 한 뜻을 간접점유자에게 통지한 바가 없다면 가처분은 간접점유자에 대하여 시효중단의 효력을 발생할 수 없다(대판 1992.10.27. [91다41064,41071]).

294) 민법 제169조는 '시효의 중단은 당사자 및 그 승계인 간에만 효력이 있다.'고 규정하고 있고, 한편 민법 제440조는 '주채무자에 대한 시효의 중단은 보증인에 대하여 그 효력이 있다.'라고 규정하고 있는바, 민법 제440조는 민법 제169조의 예외 규정으로서 이는 채권자 보호 내지 채권담보의 확보를 위하여 주채무자에 대한 시효중단의 사유가 발생하였을 때는 그 보증인에 대한 별도의 중단조치가 이루어지지 아니하여도 동시에 시효중단의 효력이 생기도록 한 것이고, 그 시효중단사유가 압류, 가압류 및 가처분이라고 하더라도 이를 보증인에게 통지하여야 비로소 시효중단의 효력이 발생하는 것은 아니다(대판 2005.10.27. [2005다35554, 35561]).

條176第 (押留, 假押留, 假處分과 時效中斷) 押留, 假押留 및 假處分은 時效의 利益을 받은 者에 對하여 하지 아니한 때에는 이를 그에게 通知한 後가 아니면 時效中斷의 效力이 없다.

(3) 승인

승인이란 시효이익을 받는 자와 상대방 사이에 채무의 이행을 다시 약정함으로써 시효의 진행을 중단시키는 것을 말한다. 여기서 시효중단의 효력있는 승인에는 상대방의 권리에 관한 처분의 능력이나 권한있음을 요하지 아니한다(민법 제177조). 예컨대, 피상속인 甲은 丙에 대하여 이행기를 8년이나 넘긴 1,000만원의 채권을 가지고 있는 경우 甲의 상속인 乙이 丙에게 채무이행을 독촉하여 丙이 연말까지 채무이행을 하겠다고 의사표시를 한 경우 이제까지 진행한 시효는 중단된다.

채권 시효 중단사유로서의 승인은 시효이익을 받을 당사자인 채무자가 그 시효의 완성으로 권리를 상실하게 될 자 또는 그 대리인에 대하여 그 권리가 존재함을 인식하고 있다는 뜻을 표시함으로써 성립한다고 할 것이며, 이 때 그 표시의 방법은 아무런 형식을 요구하지 아니하고 또한 명시적이건 묵시적이건 불문한다 할 것이나, 승인으로 인한 시효중단의 효력은 그 승인의 통지가 상대방에게 도달하는 때에 발생한다.[296] 이 경우 묵시적인 승인의 표시는 적어도 채무자가 그 채무의 존재 및 액수에 대하여 인식하고 있음을 전제로 하여 그 표시에 대하는 상대방으로 하여금 채무자가 그

295) 국세기본법 제28조제1항은 국세징수권의 소멸시효의 중단사유로서 납세고지, 독촉 또는 납부최고, 교부청구 외에 '압류'를 규정하고 있는바, 여기서의 '압류'란 세무공무원이 국세징수법 제24조 이하의 규정에 따라 납세자의 재산에 대한 압류 절차에 착수하는 것을 가리키는 것이므로, 세무공무원이 국세징수법 제26조에 의하여 체납자의 가옥·선박·창고 기타의 장소를 수색하였으나 압류할 목적물을 찾아내지 못하여 압류를 실행하지 못하고 수색조서를 작성하는 데 그친 경우에도 소멸시효 중단의 효력이 있다(대판 2001.8.21. [2000다12419]).

296) 대판 1995.9.29. [95다30178]

채무를 인식하고 있음을 그 표시를 통해 추단하게 할 수 있는 방법으로 행해져야 한다. 아울러 소멸시효의 중단사유로서 채무자에 의한 채무승인이 있었다는 사실은 이를 주장하는 채권자측에서 입증하여야 한다.[297)]

條177第 (承認과 時效中斷) 時效中斷의 效力있는 承認에는 相對方의 權利에 關한 處分의 能力이나 權限있음을 要하지 아니한다.

3. 시효중단의 효력

시효의 중단은 당사자 및 그 승계인 사이에만 효력이 있다(민법 제169조). 여기서 '당사자'는 중단에 관여한 직접의 당사자만을 의미하는 것이고 시효의 대상인 권리의 당사자를 말하는 것은 아니며, '승계'도 중단사유가 발생한 이후에 이루어져야 하고 중단사유 발생 이전의 승계인은 포함하지 아니한다.[298)] 예컨대, 손해배상청구권을 공동상속한 자 중 1인이 자기의 상속분을 행사하여 승소판결을 얻었더라도 다른 공동상속인의 상속분까지 중단의 효력이 미치는 것은 아니며,[299)] 공유자의 1인이 보존행위로서 한 재판상 청구로 인한 취득시효 중단의 효력은 다른 공유자에게는 미치지 아니한다.[300)] 마찬가지로 부동산 공유자 중 1인이 공유물의 보존행위로서 일부 지분에 관해서만 재판상 청구를 한 경우 시효중단의 효력은 그 공유자와 그 청구한 소송물에 한하여 발생한다.[301)]

---

297) 대판 2005.2.17. [2004다59959]

298) 민법 제169조의 "승계인"은 시효 중단에 관여한 당사자로부터 중단의 효과를 받는 권리를 그 중단효과 발생 이후에 승계한 자를 말한다(대판 1973.2.13. [72다1549]).

299) 대판 1967.1.24. [66다2279]

300) 대판 1979.6.26. [79다639]

301) 부동산 공유자 중의 한 사람은 당해 부동산에 관하여 제3자 명의로 원인무효의 소유권이전등기가 경료되어 있는 경우 공유물에 관한 보존행위로서 그 제3자에 대하여 그 등기 전부의 말소를 구할 수 있으나, 공유자의 한 사람이 공유물의 보존행

시효가 중단된 때에는 중단까지에 경과한 시효기간은 이를 산입하지 아니하고 중단사유가 종료한 때로부터 새로이 진행한다(민법 제178조제1항). 재판상의 청구로 인하여 중단한 소멸시효는 재판이 확정된 때로부터 새로이 진행한다(같은 조 제2항).

第169條 (時效中斷의 效力) 時效의 中斷은 當事者 및 그 承繼人間에만 效力이 있다.

第178條 (中斷後에 時效進行) ① 時效가 中斷된 때에는 中斷까지에 經過한 時效期間은 이를 算入하지 아니하고 中斷事由가 終了한 때로 부터 새로이 進行한다.
② 裁判上의 請求로 因하여 中斷한 時效는 前項의 規定에 依하여 裁判이 確定된 때로부터 새로이 進行한다.

Ⅳ. 소멸시효의 정지

1. 소멸시효 정지의 의의

시효기간이 진행하는 도중에 어떤 사정에 의하여 일시적으로 시효진행을 정지시키고 그 사유가 제거되면 다시 나머지 기간을 진행시키는 것을 시효의 정지라고 한다.

2. 소멸시효 정지의 사유

(1) 제한능력자와 시효정지

소멸시효의 기간만료전 6개월 내에 제한능력자의 법정대리인이 없는 때

위로서 그 공유물의 일부 지분에 관하여서만 재판상 청구를 하였으면 그로 인한 시효중단의 효력은 그 공유자와 그 청구한 소송물에 한하여 발생한다(대판 1999.8.20. [99다15146]).

에는 그가 능력자가 되거나 법정대리인이 취임한 때로부터 6개월 내에는 시효가 완성하지 아니한다(민법 제179조).

제179조(제한능력자의 시효정지) 소멸시효의 기간만료 전 6개월 내에 제한능력자에게 법정대리인이 없는 경우에는 그가 능력자가 되거나 법정대리인이 취임한 때부터 6개월 내에는 시효가 완성되지 아니한다.

(2) 재산관리자에 대한 제한능력자의 권리와 시효정지

재산을 관리하는 아버지, 어머니 또는 후견인에 대한 제한능력자의 권리는 그가 능력자가 되거나 후임 법정대리인이 취임한 때부터 6개월 내에는 소멸시효가 완성되지 아니한다(민법 제180조제1항).

제180조(재산관리자에 대한 제한능력자의 권리, 부부 사이의 권리와 시효정지)
① 재산을 관리하는 아버지, 어머니 또는 후견인에 대한 제한능력자의 권리는 그가 능력자가 되거나 후임 법정대리인이 취임한 때부터 6개월 내에는 소멸시효가 완성되지 아니한다.

(3) 부부 사이의 권리와 시효정지

부부 중 한쪽이 다른 쪽에 대하여 가지는 권리는 혼인관계가 종료된 때부터 6개월 내에는 소멸시효가 완성되지 아니한다(민법 제180조제2항).

제180조(재산관리자에 대한 제한능력자의 권리, 부부 사이의 권리와 시효정지)
② 부부 중 한쪽이 다른 쪽에 대하여 가지는 권리는 혼인관계가 종료된 때부터 6개월 내에는 소멸시효가 완성되지 아니한다.

(4) 상속재산에 관한 권리와 시효정지

상속재산에 속한 권리나 상속재산에 대한 권리는 상속인의 확정, 관리인의 선임 또는 파산선고가 있는 때로부터 6월 내에는 소멸시효가 완성하지 아니한다(민법 제181조).

第181條 (相續財産에 關한 權利와 時效停止) 相續財産에 屬한 權利나 相續財産에 對한 權利는 相續人의 確定, 管理人의 選任 또는 破産宣告가 있는 때로부터 6月內에는 消滅時效가 完成하지 아니한다.

(5) 천재 기타 사변과 시효정지

천재 기타 사변으로 인하여 소멸시효를 중단할 수 없을 때에는 그 사유가 종료한 때로부터 1월 내에는 시효가 완성하지 아니한다(민법 제182조).

第182條 (天災 其他 事變과 時效停止) 天災 其他 事變으로 因하여 消滅時效를 中斷할 수 없을 때에는 그 事由가 終了한 때로부터 1月內에는 時效가 完成하지 아니한다.

Ⅴ. 소멸시효의 효력

1. 소멸시효 완성의 효력

채권자는 소멸시효가 완성된 권리에 대하여 채무자에게 이행을 청구하지 못한다. 다만, 소멸시효가 완성된 채권이 그 완성 전에 상계할 수 있었던 것이면 상계할 수 있다(민법 제495조).

2. 소멸시효의 소급효

소멸시효는 그 기산일에 소급하여 효력이 생긴다(민법 제167조).

第167條 (消滅時效의 遡及效) 消滅時效는 그 起算日에 遡及하여 效力이 생긴다.

3. 종속된 권리에 대한 소멸시효의 효력

주된 권리의 소멸시효가 완성한 때에는 종속된 권리에 그 효력이 미친다(민법 제183조). 예컨대, 이자 또는 지연손해금은 주된 채권인 원본의 존재를 전제로 그에 대응하여 일정한 비율로 발생하는 종된 권리인데, 하나의 금전채권의 원금 중 일부가 변제된 후 나머지 원금에 대하여 소멸시효가 완성된 경우, 가분채권인 금전채권의 성질상 변제로 소멸한 원금 부분과 소멸시효 완성으로 소멸한 원금 부분을 구분하는 것이 가능하다. 따라서 소멸시효 완성의 효력은 소멸시효가 완성된 원금 부분으로부터 그 완성 전에 발생한 이자 또는 지연손해금에는 미치나, 변제로 소멸한 원금 부분으로부터 그 변제 전에 발생한 이자 또는 지연손해금에는 미치지 않는다.[302]

第183條 (從屬된 權利에 對한 消滅時效의 效力) 主된 權利의 消滅時效가 完成한 때에는 從屬된 權利에 그 效力이 미친다.

---

302) 이자 또는 지연손해금은 주된 채권인 원본의 존재를 전제로 그에 대응하여 일정한 비율로 발생하는 종된 권리인데, 하나의 금전채권의 원금 중 일부가 변제된 후 나머지 원금에 대하여 소멸시효가 완성된 경우, 가분채권인 금전채권의 성질상 변제로 소멸한 원금 부분과 소멸시효 완성으로 소멸한 원금 부분을 구분하는 것이 가능하고, 이 경우 원금에 종속된 권리인 이자 또는 지연손해금 역시 변제로 소멸한 원금 부분에서 발생한 것과 시효완성으로 소멸된 원금 부분에서 발생한 것으로 구분하는 것이 가능하므로, 소멸시효 완성의 효력은 소멸시효가 완성된 원금 부분으로부터 그 완성 전에 발생한 이자 또는 지연손해금에는 미치나, 변제로 소멸한 원

4. 소멸시효 이익의 포기 등

소멸시효 포기의 효과는 상대적이므로 포기자 외의 자에게 영향을 미치지 아니한다. 따라서 주채무가 시효로 소멸한 때에는 보증인도 그 시효소멸을 원용할 수 있으며, 주채무자가 시효의 이익을 포기하더라도 보증인에게는 그 효력이 없다.[303)]

소멸시효의 이익은 미리 포기하지 못한다(민법 제184조제1항). 판례는 시효완성후에 변제기한의 유예요청이나 채무의 승인을 한 경우에 시효이익을 포기한 것으로 보았고,[304)] 취득시효 완성으로 인한 권리변동의 당사자는 시효취득자와 취득시효 완성 당시의 진정한 소유자이므로, 시효이익의 포기는 특별한 사정이 없는 한 시효취득자가 취득시효 완성 당시의 진정한 소유자에 대하여 하여야 그 효력이 발생한다고 보았다.[305)] 또한 판례는 채무의 일부를 변제하는 경우도 그 채무 전부에 대한 시효이익을 포기한 것으로 보나, 그 채무가 별개로 성립되어 독립성을 갖고 있는 경우 별개의 채무에 대하여는 소멸시효의 이익을 포기한 것으로 보지 않았다.[306)]

소멸시효는 법률행위에 의하여 이를 배제, 연장 또는 가중할 수 없으나

금 부분으로부터 그 변제 전에 발생한 이자 또는 지연손해금에는 미치지 않는다(대판 2008.3.14. [2006다2940]).

303) 대판 1991.1.29. [89다카1114]

304) 수표법상 소구권이 시효에 의하여 소멸된 후에 수표상 채무를 승인했다면 소멸시효의 이익을 포기한 것이라 할 것이다(대판 1965.11.30. [65다1996]).

305) 시효이익의 포기는 달리 특별한 사정이 없는 한 시효취득자가 취득시효완성 당시의 진정한 소유자에 대하여 하여야 그 효력이 발생하는 것이지 원인무효인 등기의 등기부상 소유명의자에게 그와 같은 의사를 표시하였다고 하여 그 효력이 발생하는 것은 아니라 할 것이다(대판 1994.12.23. [94다40734]).

306) 동일 당사자간에 계속적인 거래로 인하여 같은 목적으로 하는 수개의 채권관계가 성립되어 있는 경우에 채무자가 특정채무를 지정하지 아니하고 그 일부의 변제를 한 때에는 다른 특별한 사정이 없다면 잔존채무에 대하여도 승인을 한 것으로 보아 시효중단이나 포기의 효력을 인정할 수 있을 것이나, 그 채무가 별개로 성립되어 독립성을 갖고 있는 경우에는 별개의 채무에 대하여서까지 소멸시효의 이익을 포기한 것이라고 볼 수 없다(대판 1993.10.26. [93다14936]).

이를 단축 또는 감경할 수는 있다(같은 조 제2항).

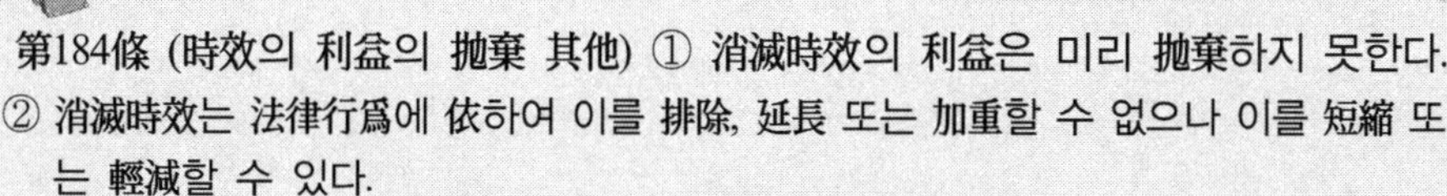

第184條 (時效의 利益의 抛棄 其他) ① 消滅時效의 利益은 미리 抛棄하지 못한다. ② 消滅時效는 法律行爲에 依하여 이를 排除, 延長 또는 加重할 수 없으나 이를 短縮 또는 輕減할 수 있다.

▮ 현 대 호

✦저자약력

충남대학교 법과대학 졸업
법학박사(충남대학교 대학원)
현재 한국법제연구원 경제법제연구실장(연구위원)
소비자분쟁조정위원회 위원
산업기술분쟁조정위원회 위원
국가지식재산위원회 전문위원, 국무총리실 전문위원, 경원대학교 겸임교수 역임

✦ 주요저서

물권법(동방문화사)
채권법(동방문화사)
친족·상속법(동방문화사)
산업보안학(박영사)
산업기술보호법(법문사)

한국민법 [I] 민법총칙

지은이 / 현 대 호
펴낸이 / 조 형 근
펴낸곳 / 도서출판 동방문화사

초판 2015. 3. 12

저자와의 합의, 인지생략

주 소 / 서울시 서초구 방배동 905-16. 지층
전 화 / 02)3473-7294 팩 스 / (02)587-7294
메 일 / 34737294@hanmail.net 등 록 / 서울 제22-1433호

파본은 바꿔 드립니다.
정 가 / 18,000원

ISBN 978-89-97569-98-4 93360